10년차 디자이너에게 1:1로 배우는

모션 그래픽&영상 디자인 강의

장유민 지음

 with 애프터 이펙트

한빛미디어
Hanbit Media, Inc.

지은이 **장유민**

홍익대학교에서 시각디자인을 공부했습니다. 편집 디자인과 영상 디자인에 관심이 많아 처음에는 북디자이너로 일을 시작했습니다. 스트릿 패션 매거진 CRACKER YOUR WARDROBE(크래커 유어 워드로브)의 아트디렉터로 재직하며 표지부터 본문까지 매달 재기발랄한 디자인에 대해 고민했습니다. 정지된 이미지를 디자인하다 보니 움직이는 영상 디자인에 대한 갈증이 남아 모션 그래픽 디자이너로 전향한 후, Mnet과 SBS 선거기획팀에서 방송 영상 디자인 작업을 했습니다. 이후 학생 때부터의 꿈이었던 그래픽 영상 디자인 스튜디오 NOWPLUSLATER(나우플러스레이터)를 만들어 다양한 일을 하고 있습니다. 다수의 TV프로그램 타이틀 영상, 바이럴 광고, 패션 필름, MV 작업을 진행하며 디노마드 학교와 홍익디자인 고등학교, 전국의 지역별 콘텐츠코리아랩에서 모션 그래픽 강의를 하기도 했습니다.

스튜디오 www.nowpluslater.com
이메일 graphiquejournal@gmail.com

10년차 디자이너에게 1:1로 배우는

모션 그래픽&영상 디자인 강의 with 애프터 이펙트

초판 1쇄 발행 2021년 2월 25일
초판 3쇄 발행 2024년 11월 11일

지은이 장유민 / **펴낸이** 전태호
펴낸곳 한빛미디어(주) / **주소** 서울시 서대문구 연희로2길 62 한빛미디어(주) IT출판1부
전화 02-325-5544 / **팩스** 02-336-7124
등록 1999년 6월 24일 제25100-2017-000058호 / **ISBN** 979-11-6224-399-2 13000

총괄 배윤미 / **책임편집** 장용희 / **기획·편집** 장용희
디자인 박정화 / **전산편집** 김희정
영업 김형진, 장경환, 조유미 / **마케팅** 박상용, 한종진, 이행은, 김선아, 고광일, 성화정, 김한솔 / **제작** 박성우, 김정우

이 책에 대한 의견이나 오탈자 및 잘못된 내용은 출판사 홈페이지나 아래 이메일로 알려주십시오.
파본은 구매처에서 교환하실 수 있습니다. 책값은 뒤표지에 표시되어 있습니다.
한빛미디어 홈페이지 www.hanbit.co.kr / 이메일 ask@hanbit.co.kr / 자료실 www.hanbit.co.kr/src/10399

지금 하지 않으면 할 수 없는 일이 있습니다.
책으로 펴내고 싶은 아이디어나 원고를 이메일(writer@hanbit.co.kr)로 보내주세요.
한빛미디어(주)는 여러분의 소중한 경험과 지식을 기다리고 있습니다.

꿈을 키워가는 디자이너

저는 음악을 좋아하는 학생이었습니다. 앨범 재킷 디자인과 뮤직비디오에도 관심이 많았던 터라 좋아하는 뮤지션의 음악을 들으며 앨범 재킷이 헤질 때까지 꼼꼼히 뜯어봤습니다. 폰트, 타이포그래피, 아트워크, 레이아웃 등 디자인의 개념도 몰랐지만 '사진은 이렇게 찍었구나, 로고는 이렇게 디자인을 했네'라며 앨범 재킷 디자인을 살펴봤습니다. 해외 MTV와 채널V, 국내 Mnet과 KMTV도 자주 보았습니다. 뮤직비디오와 각 방송국의 타이틀 영상, 채널ID(방송 채널의 아이덴티티를 나타내는 영상 그래픽 디자인)를 보며 시간 가는 줄도 몰랐습니다. 그러면서 직접 앨범 재킷을 디자인하고 뮤직비디오를 만들고 싶어졌습니다. 꿈은 점점 구체적으로 변해 방송국에서 영상 디자인, 모션 그래픽 디자인을 하겠다고 마음먹었습니다. 저는 그렇게 시각디자인을 시작했고 '내 디자인 스튜디오'를 만들겠다는 목표도 이루었습니다.

가려운 곳을 긁어주는 선배처럼

몇 년 간 애프터 이펙트 강의를 하면서 보아온 수강생들이 느낀 궁금증과 막연함을 떠올리며 최대한 꼼꼼하고 친절하게 설명하고자 노력했습니다. 또한 가려운 부분을 긁어주는 마음으로, 가까운 후배에게 알려주는 마음으로 집필했습니다. 모션 그래픽의 역사와 트렌드를 소개하고 제가 작업한 영상의 작업 과정을 실습 형태로 구성했습니다. 일곱 개의 프로젝트를 통해 애프터 이펙트의 기본기를 탄탄히 다지고, 더 나아가 자신만의 아트워크를 만들어보길 바랍니다.

마지막으로

자신과 타협하지 않으려 노력하는 디자이너가 되길 바랍니다. 작업을 하다 보면 복잡해지는 레이어와 타임라인, 버벅거리는 프리뷰, 길어지는 렌더링 시간에 '현타'가 올 것입니다. '이 정도면 되겠지'라는 마음은 '그 정도'의 결과물에 그친다는 것을 늘 생각하며 디자이너로서의 중심을 잡길 바랍니다. 아무쪼록 이 책이 애프터 이펙트와 모션 그래픽을 익히는 데 작은 도움이 되길 바랍니다. 좋은 기회를 만들어주신 한빛미디어에 감사 인사를 전합니다.

장유민

이 책의 구성

LESSON

모션 그래픽&영상 디자인 현장의 워크플로우를 따라 실무 이론과 최신 트렌드를 함께 살펴봅니다.

모션 그래픽 디자인 워크플로우

실제 제작했던 방송 타이틀 패키지 프로젝트의 제작 과정을 소개합니다. Mnet 〈월간 라이브 커넥션〉과 KBS 〈배틀 트립〉입니다. 두 작업 모두 기획부터 수정, 완료까지 한 달 정도의 제작 기간을 거쳤습니다. 그 과정을 함께 살펴보겠습니다.

Mnet 〈월간 라이브 커넥션〉 실무 워크플로우

01 제작 내용

로고, 범퍼, 트랜지션, 타이틀 영상, 엔딩 크레딧

TIP 타이틀 패키지는 076쪽의 Q&A에서 자세히 설명합니다.

02 기획 의도

이 프로그램은 리얼리티 다큐멘터리와 뮤직 라이브쇼의 성격을 함께 가졌습니다. 프로듀서는 기존의 스타 다큐에서 나아가 그가 가진 의외의 인맥과 그 속의 새로운 음악 세계를 월간의 기록으로 보여주려 했습니다. 매달 선정된 뮤지션 1명, 그리고 시청자들이 궁금해하는 그와 주변 인들의 인터뷰와 일상, 그 모임을 통해 만들어지는 음악과 공연, 음반 발표까지 이른바 '뮤지션 사모임 프로젝트'라는 콘셉트를 바탕으로 기존 방송보다 젊고 신선한 느낌의 디자인을 의뢰했습니다.

2D와 3D의 혼합

2D 그래픽과 3D 그래픽의 복합적인 사용이 많아지고 있습니다. 이전에는 2D와 3D 그래픽을 함께 사용하더라도 시각적 차이가 나도록 사용했다면, 최근에는 입체적인 2D, 플랫해 보이는 3D 등 혼합적인 이미지를 만듭니다.

01 Mark Butchko_Battle Patrol 2084

1980~1990년대에 유행한 콘솔 게임의 이미지를 플랫한 3D 벡터로 풀어낸 영상입니다. 게임에서 들을 법한 사운드와 독특한 효과음이 재미있게 적용되었고 뉴트로 트렌드에 어울리는 8비트 고전 게임 이미지를 재해석해 위트 있는 영상으로 제작되었습니다.

※ https://vimeo.com/457373826

영상 미리 보기 링크

트렌디한 모션 그래픽 영상을 소개하고 출처와 링크를 안내합니다. URL에 접속해 멋진 영상을 직접 확인하세요.

03 디자인 방향 설정과 리서치

TV 프로그램 타이틀 제작 시 타이틀을 영상용으로 따로 촬영된 출연자의 이미지나 영상 소스를 전달받는 경우가 있습니다. 혹은 소스용 촬영을 의뢰받아 직접 진행하기도 합니다. 이런 경우에는 촬영에 대한 전반적인 기획(의상 등의 소품 준비, 콘티 제작)도 함께 필요합니다. 하지만 〈월간 라이브 커넥션〉은 회차마다 바뀌는 여러 명의 출연진이 등장할 예정이었으므로, 구체적인 인물이 등장하는 것이 적합하지 않았습니다. 따라서 어떤 방식으로 영상 디자인을 풀지 고민하다가 프로그램 제목으로부터 핵심 개념을 정리하고 디자인 콘셉트를 이끌어내기로 했습니다.

> **TIP** 〈월간 라이브 커넥션〉 프로젝트를 의뢰한 메인 프로듀서와는 이미 친분이 있는 사이였습니다. 평소 새롭고 신선한 콘셉트의 콘텐츠와 디자인에 대한 관심이 비슷하다는 것을 알고 있어서, 프로젝트 진행 과정은 큰 문제없이 진행되었습니다. 때로는 클라이언트나 프로듀서가 갑의 위치에 서서 디자이너를 대하는 경우가 있습니다. 생각이 잘 통하는 클라이언트를 만난다는 것은 무척 다행스러운 일입니다.

먼저 **월간**(달), **라이브**(Raw, 날것의), **커넥션**(연결고리)의 세 가지 이슈로 나누었습니다. **월간**에서 연상되는 보름달과 원은 레코드 버튼(빨간색 원 ●)에 착안해 기록과 음반의 이중적인 의미를 부여한 후 전체 프로그램을 아우르는 메인 아이콘으로 사용하기로 결정했습니다.

위 이미지는 프로듀서가 기획 단계에서 제시했던 이미지입니다. 한 달을 음악으로 만든다는 프로그램의 구성을 시각화하는 의미입니다.

라이브는 덜 정제된, 살아있는, 날것의 Raw한 이미지를 이용해 표현하고자 했습니다. 이때 즈음부터 디자인, 음악 분야에서는 베이퍼웨이브(Vaporwave)의 기조가 트렌디하게 사용되고 있었습니다. 베이퍼웨이브는 1980~1990년대의 어설픈 컴퓨터 그래픽을 의도적으로 재현하거나, 1990년대 윈도우(Windows)와 맥(macOS)의 인터페이스, 픽셀 기반의 고전 콘솔 게임 그래픽, 글리치 효과로 망가뜨린 이미지나 영상을 사용하는 등 레트로 기반의 실험적인 그래픽

프로젝트 실습

모션 그래픽 현장에서 자주 볼 수 있는 프로젝트를 통해 애프터 이펙트 작업 과정을 꼼꼼히 구성했습니다. 영상 콘텐츠의 종류에 따라 기본 기능부터 고난도의 기능까지 실습할 수 있습니다.

댓글 영역 디자인하기

17 인스타그램 피드의 댓글 영역을 만들어보겠습니다. ① 펜 도구 ◢ 로 댓글 위치에 가로 선을 그립니다. ② 셰이프 레이어 이름을 **블루라인**으로 변경합니다. ③ [Fill]은 None, [Stroke]는 **#4486FF**, 15px로 설정합니다. ④ 레이어의 [Add]-[Repeater]를 클릭합니다. 처음 만든 블루라인이 나란히 수평으로 세 개 반복됩니다. ⑤ 다음 표를 참고해 [Transform: Repeater 1]의 [Position]의 속성을 설정하여 블루라인을 수직으로 정렬합니다. ⑥ Ctrl + Alt + Home 을 눌러 중심점을 정중앙으로 옮깁니다.

[Repeater 1]-[Transform: Repeater 1)-[Position] 0.32

10 년차 선배의 멘토링   세이프 레이어의 Add-Repeater 기능

Add 기능을 이용하면 셰이프 레이어에 다양한 속성을 추가할 수 있습니다. 그중 [Repeater]는 기존에 만든 셰이프를 반복하는 패턴이나 형태로 만들 수 있습니다. 반복되는 개수와 [Transform] 속성을 설정하여 유용하게 활용해보세요.

값을 설정할 때 유의할 점은 [Timeline] 패널에서 [Transform: Repeater 1]과 레이어 자체에 속한 [Transform]이 기능은 다르다는 것을 꼭 기억해야 합니다. [Transform: Repeater 1]은 반복되는 셰이프(오브젝트)를 개별적으로 움직이는 옵션이지만, 레이어 자체의 [Transform]은 반복되는 전체 셰이프(오브젝트)를 하나로 인식하여 통째로 움직이는 옵션입니다. 따라서 17 과정처럼 반복되는 셰이프를 개별적으로 움직이려면 [Transform: Repeater 1] 속성을 변경해야 합니다.

10년차 선배의 멘토링

실무에서 제대로 써먹는 애프터 이펙트 활용법, 놓치지 말아야 할 실무 지식을 담았습니다. 실수를 줄이고 더 빠르게 작업하는 노하우를 익혀보세요.

이 책의 구성

이것이 모션 그래픽이다

영상 프리뷰와 함께 10년차 선배의 영상 콘텐츠 제작 방법을 먼저 확인합니다. 어디에서도 볼 수 없고 들을 수 없던 알짜배기 디자인 가이드입니다. 실제 프로젝트를 작업하듯 재미있게 실습할 수 있습니다.

마스크(Mask)의 다양한 기능을 활용하자!
마스크(Mask)는 면을 분할하는 기능 외에도 마스크 패스(Mask Path)를 활용해 다양한 벡터 그래픽을 만드는 데 활용할 수 있습니다. 텍스트나 벡터 소스를 마스크로 변환시켜 활용할 수도 있습니다.

타이포그래피의 중요성을 잊지 말자!
적절한 폰트의 선택과 타이포그래피를 이용한 레이아웃은 모션 그래픽의 중요한 기본 요소입니다. 텍스트의 움직임에 다양한 변화를 주기 위해 고민해보고 다양하게 적용해봅니다.

Expression을 활용하자!
Expression 표현식의 loopOut()을 활용해 좀 더 쉽게 반복되는 움직임을 만들 수 있습니다.

질감과 다양한 컬러의 변화로 디자인에 디테일을 더하자!
블렌딩 모드 기능과 Tint, Fill, Invert, Echo 등의 기본 이펙트로 디테일한 색감 변화를 만들 수 있습니다.

디자이너의 비밀 노트

좋은 작업물을 볼 수 있는 웹사이트&인스타그램

좋은 모션 그래픽 디자인을 하기 위해서는 좋은 작업물을 참고하여 디자인에 대한 인사이트를 얻는 것이 중요합니다. 앞서 소개한 모션 그래픽의 트렌드를 익힌 후 다양한 디자인 작업물을 참고해보세요.

Vimeo _ https://vimeo.com/
전 세계 영상 크리에이터들이 자신의 작업물을 업로드하는 스트리밍 사이트입니다. 모션 그래픽뿐 아니라 애니메이션, 단편 영화, 패션 필름 등 다양하고 창의적인 영상들을 확인할 수 있습니다. 자신의 채널을 만들어 영상을 게시하거나 직접 영상을 편집할 수 있는 기능도 지원합니다.

디자이너의 비밀 노트

더 높은 품질의 디자인 결과물을 만들기 위한 풍부한 실무 활용 비법과 정보를 확인하세요.

준비 파일 Project/2_Mask/Mask 폴더
완성 파일 Project/2_Mask/Mask_완성.aep

▶ PLAY

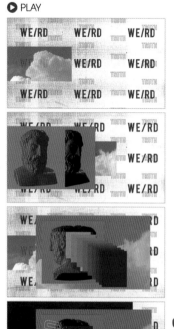

USE EFFECT

Curves　Expression
Motion Tile
Tint　Fill　Echo
Mosaic　Invert

AE BASIC NOTE

빠르게 진행되는 작업 과정에서 자칫하면 놓칠 수 있는 주요 사항을 정리했습니다. 실습을 진행하기 전 미리 살펴본다면 실수를 줄일 수 있습니다.

⬇ 이 책에 사용된 모든 실습 예제 및 완성 파일은 한빛출판네트워크 홈페이지(www. hanbit.co.kr)에서 다운로드할 수 있습니다. 홈페이지 메인 화면에서 자료실을 클릭한 후 자료실 페이지에서 도서명으로 검색합니다. 도서의 예제소스를 클릭하여 다운로드할 수 있습니다. 예제 파일은 따라 하기를 진행할 때마다 사용되므로 컴퓨터에 복사해두고 활용합니다. 좀 더 빠르게 다운로드하고 싶다면 www.hanbit.co.kr/src/10399로 접속해 다운로드합니다. 예제 파일의 무단 전재, 복사, 배포를 금합니다.

목차

모션 그래픽과 영상 디자인

PART 02

실전 모션 그래픽 디자인

목차

PROJECT 02
트렌디한 패션 필름 영상 만들기

목차

PROJECT 05

자유로운 브러시 드로잉 영상 만들기

PROJECT 06
캐릭터 리깅 애니메이션 만들기

PROJECT 07
Duik Bassel을 이용한 캐릭터 애니메이션 만들기

목차

10년차 디자이너에게 1:1로 배우는 모션 그래픽&영상 디자인 강의 with 애프터 이펙트

CONTENTS

모션 그래픽과
영상 디자인

PART

CHAPTER 01

—

모션 그래픽과
영상 디자인의 역사

많은 분이 모션 그래픽을 공부하기 위해 영상 프로그램 다루는 기술을 배우고 최신의 디자인을 연구합니다. 하지만 문화의 흐름과 기술 발전에 따른 변화에도 관심을 가지는 게 좋습니다. 현재와 미래는 과거로부터 창조되기 때문입니다. 지금부터 설명할 모션 그래픽과 영상 디자인의 역사가 모션 그래픽의 기본기를 갖추는 데 도움이 될 것입니다.

01 / 모션 그래픽이란 무엇인가?

영화나 광고, 각종 프로모션, 뮤직비디오, 패션 필름, TV 네트워크 디자인과 채널ID 등 모션 그래픽은 우리 주변에서 늘 볼 수 있고 자주 사용되고 있습니다. 그러나 막상 모션 그래픽의 개념과 역사에 대해 구체적으로 떠올려보면 핵심을 표현하기 힘듭니다. 그렇다면 모션 그래픽은 무엇일까요?

모션 그래픽(Motion Graphics)의 시작

요즘 우리는 신문이나 잡지와 같은 인쇄물보다 TV, 웹, 모바일과 같은 영상 매체를 통해 정보를 접하는 것이 익숙합니다. 영상 편집 프로그램이나 스마트폰 애플리케이션으로 손쉽게 영상물을 편집하고 제작해 유튜브나 SNS와 같은 영상 플랫폼에 업로드하는 것이 생활처럼 익숙해졌습니다. 언제 어디서나 쉽게 볼 수 있는 모션 그래픽은 언제부터 시작되었을까요?

모션 그래픽이라는 단어의 정립은 1950~1960년대로 거슬러 올라갑니다. 상업 영화를 제외한 영상 속의 추상적 움직임은 마르셀 뒤샹(Marcel Duchamp), 만 레이(Man Ray) 등의 예술가들이 오브제를 활용해 만든 실험 영상에서만 볼 수 있었습니다. 이러한 시기를 거친 후 등장한 존 휘트니(John Whitney)는 아날로그 컴퓨터를 이용해 기술과 사운드, 그래픽 요소를 결합한 초창기 비디오 아트 영상을 만들었습니다. 그는 Motion Graphics Inc. 회사를 설립했고 이 회사의 이름이 곧 모션 그래픽의 어원이 되었습니다.

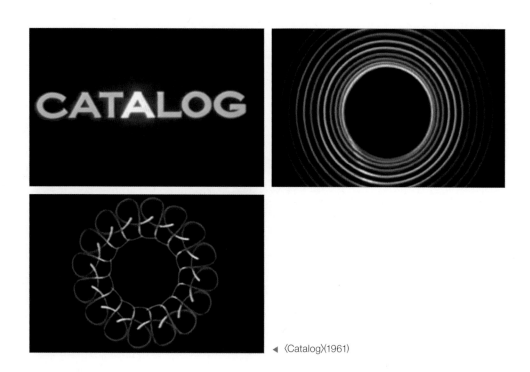

▶ 〈Catalog〉(1961)

019

TIP 존 휘트니의 카탈로그 영상을 링크(https://youtu.be/TbV7loKp69s)에서 확인하세요.

존 휘트니는 그래픽 디자이너 솔 바스(Saul Bass)와 함께 알프레드 히치콕(Alfred Hitchcock)의 영화 〈현기증〉의 타이틀 시퀀스를 공동 작업하기도 했습니다. 여기서 등장하는 솔 바스, 그리고 영화 타이틀 시퀀스의 역사를 빼놓고는 모션 그래픽에 관해서 이야기할 수 없습니다. 솔 바스로 인해 영화 타이틀 시퀀스에서 본격적으로 타이포그래피와 그래픽이 결합된 영상 디자인이 시작되었고, 상업 영화와 디자인적 예술성의 조화가 이루어졌기 때문입니다. 오늘날 타이틀 시퀀스가 영화나 드라마와 분리된 하나의 단독 장르로 자리 잡게 된 것도 그의 영향이 큽니다. 그 후로도 현재까지 수많은 디자이너와 아티스트의 창조적 시도를 거쳐 다양한 분야에서 모션 그래픽이 발전하고 있습니다.

솔 바스와 타이틀 시퀀스 디자인(Title Sequence Design)

솔 바스(Saul Bass)는 영화 포스터, 타이틀 시퀀스 디자인의 선구자로 알려져 있습니다. 그는 콘티넨탈 항공, 유나이티드 항공, 미국 통신회사 AT&T의 로고 등을 디자인한 그래픽 디자이너기도 했습니다. 솔 바스 이전의 영화 포스터나 타이틀 시퀀스는 주인공이 등장하거나 영화의 장면을 편집해놓는 등 단순하고 직접적인 표현 방식으로 제작되었습니다. 그러나 그는 간결하고 상징적인 그래픽을 이용해 영화의 주제를 함축적이면서 명료하게 표현했습니다. 이전에 없던 새로운 스타일을 만들어낸 것이죠. 강렬한 색감의 대비, 컷아웃 기법으로 만든 심플하고 기하학적인 요소들로 구성된 그의 인상적인 작업은 'Less is more'의 중요성을 상기시킵니다. 이러한 특징은 그의 디자인이 시간의 흐름과 상관없이 언제 다시 보아도 모던한 평가를 받는 요소가 되기도 합니다.

◀ 솔 바스 AT&T 로고(1983)

(출처 : 《A Life in Film & Design.(Courtesy of Laurence King Publishing)》, Saul Bass)

솔 바스는 40여 년의 시간 동안 알프레드 히치콕, 오토 프레밍거, 빌리 와일더, 스탠리 큐브릭, 마틴 스콜세지 등 유명 감독들과 함께 일했습니다. 그가 본격적으로 명성을 얻게 된 것은 완벽주의자로 유명했던 오토 프레밍거(Otto Preminger) 감독과의 작업 이후였습니다.

오토 프레밍거 감독은 일찍이 눈에 띄는 사전 홍보가 영화의 흥행에 도움이 된다고 생각한 인물이었습니다. 이를 위해 로고와 포스터, 홍보를 위한 인쇄물과 타이틀 시퀀스까지 하나로 연결된 흐름을 가지길 원했습니다. 이렇게 해서 솔 바스와 오토 프레밍거 감독은 영화에 관련된 인쇄물과 영상 그래픽을 일관된 아이덴티티를 가지도록 제작하였고, 그 작품이 〈황금팔을 가진 사나이〉로 탄생했습니다.

01 황금팔을 가진 사나이(The Man With The Golden Arm)—오토 프레밍거(Otto Preminger)

영화는 '황금팔'이라는 별명을 가진 뛰어난 도박사이자 마약 중독자의 이야기입니다. 당시의 분위기였다면 주인공인 프랭크 시나트라를 강조하는 이미지로 홍보물을 제작했을 것입니다. 하지만 솔 바스는 도박과 마약을 일삼는 일그러진 팔을 상징적인 그래픽 모티브로 설정했습니다. 이 모티브를 포스터와 타이틀 시퀀스에 일관되게 적용했고 직접적인 이미지 없이도 주인공의 불안하고 거친 삶을 표현해낼 수 있었습니다.

◀ 〈황금팔을 가진 사나이〉 포스터(1955)

(출처 : https://www.saulbassposterarchive.com)

타이틀 시퀀스는 단 한 컷의 영화 장면도 포함하지 않고 완성되었습니다. 검은 화면과 대비되는 흰색 직선들의 불규칙한 나열과 추상적인 움직임은 그동안의 전형적인 관행을 뒤엎고 제작된 것이라, 새로운 혁신을 만들어냈다고 할 수 있습니다. '팝콘 타임'이라 불리며 아무도 관심 갖지 않던 영화의 시작부인 타이틀 시퀀스에 사람들의 이목을 집중시킨 순간이었습니다.

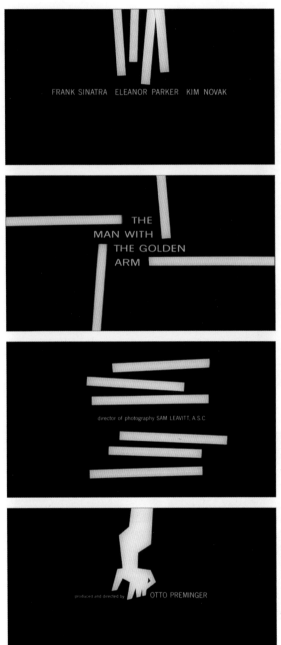

◀ 〈황금팔을 가진 사나이〉 타이틀 시퀀스(1955)

(출처 : https://www.artofthetitle.com/title/the-man-with-the-golden-arm/)

TIP 〈황금팔을 가진 사나이〉의 타이틀 시퀀스를 링크(https://www.artofthetitle.com/title/the-man-with-the-golden-arm/)에서 확인하세요.

02 현기증(Vertigo)—알프레드 히치콕(Alfred Hitchcock)

오토 프레밍거와의 작업을 눈여겨본 알프레드 히치콕 감독은 솔 바스에게 영화 〈현기증〉의 디자인을 의뢰했습니다. 이 영화의 타이틀 시퀀스는 대담한 클로즈업과 강렬한 색감, 타이포그래피와 대비, 불안과 긴장감을 소용돌이치는 기하학적인 그래픽과 사운드로 표현해 별개의 영상작품처럼 느껴집니다.

◀ 〈현기증〉 포스터(1958)

(출처 : https://www.saulbassposterarchive.com)

▲ 〈현기증〉 타이틀 시퀀스(1958)   (출처 : https://www.artofthetitle.com/title/vertigo/)

TIP 〈현기증〉의 타이틀 시퀀스를 링크(https://www.artofthetitle.com/title/vertigo/)에서 확인하세요.

03 살인의 해부(Anatomy Of A Murder)—오토 프레밍거(Otto Preminger)

영화는 주인공인 변호사가 살인사건의 진실을 밝히는 법정 드라마입니다. 솔 바스는 〈살인의 해부〉라는 제목에 착안해 분해된 인체를 그래픽 모티브로 사용합니다. 지극히 미국적인 일러스트레이션 감성을 표현한 이 인체 모티브는 대본 표지에서부터 홍보용 인쇄물과 타이틀 시퀀스까지 일관되게 적용되었습니다. 타이틀 시퀀스는 분리된 인체의 움직임으로 복잡한 살인사건의 이미지를 전달합니다.

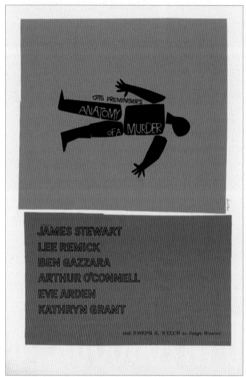

◀ 〈살인의 해부〉 포스터(1959)

(출처 : https://www.saulbassposterarchive.com)

▲ 〈살인의 해부〉 타이틀 시퀀스(1959)　　　(출처 : https://www.artofthetitle.com/title/anatomy-of-a-murder/)

TIP 〈살인의 해부〉의 타이틀 시퀀스를 링크(https://www.artofthetitle.com/title/anatomy-of-a-murder/)에서 확인하세요.

04 북북서로 진로를 돌려라(North by Northwest)—알프레드 히치콕(Alfred Hitchcock)

복잡한 대도시 뉴욕의 고층건물이 주는 긴장감, 서스펜스 스릴러 영화의 분위기를 사선으로 기울어진 그리드 위에 타이포그래피로 표현했습니다. 이전의 타이틀 시퀀스에서 볼 수 없었던 모던하고 심플한 구도가 인상적인 작업물입니다.

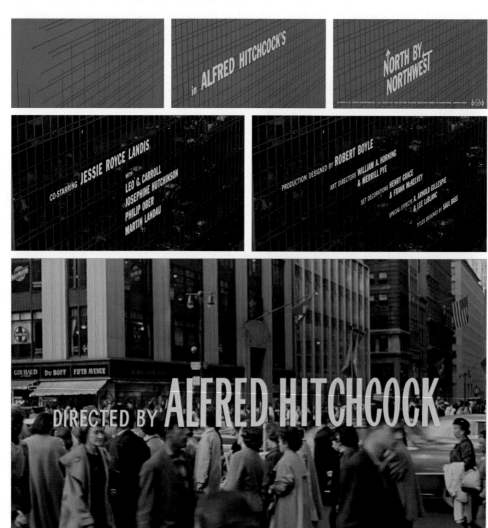

▲ 〈북북서로 진로를 돌려라〉 타이틀 시퀀스(1959)　　　　(출처 : https://www.artofthetitle.com/title/north-by-northwest/)

TIP 〈북북서로 진로를 돌려라〉의 타이틀 시퀀스를 링크(https://www.artofthetitle.com/title/north-by-northwest/)에서 확인하세요.

타이틀 시퀀스 디자인의 변화

솔 바스의 작업으로 인해 타이틀 시퀀스 디자인(Title Sequence Design)에도 변화가 생겼습니다. 천편일률적이던 타이틀 시퀀스는 다양한 디자이너의 작업으로 인해 타이포그래피, 애니메이션, 일러스트레이션 등으로 디자인되었습니다. 모션 그래픽의 정수라 할 수 있는 유명한 타이틀 시퀀스의 디자인 변화를 참고해보는 것도 모션 그래픽 공부에 도움이 됩니다.

01 007 살인번호(Dr. No)—테렌스 영(Terence Young)

60주년을 앞두고 있는 '007 시리즈'와 제임스 본드를 나타내는 가장 대표적인 장면은 총을 쏘는 건 베럴(Gun Barrel) 오프닝일 것입니다. 수많은 오마주와 패러디를 만들어내기도 한 이 영상을 만든 사람은 디자이너 모리스 바인더(Maurice Binder)로, 테렌스 영(Terence Young) 감독과 함께 인상 깊은 타이틀 시퀀스를 완성했습니다. 이 외에도 '007 시리즈'의 타이틀 시퀀스는 늘 시크하고 관능적인 기조를 유지하며 완성도가 높습니다. 모든 시리즈의 타이틀 시퀀스를 찾아보며 비교해보는 것도 좋습니다.

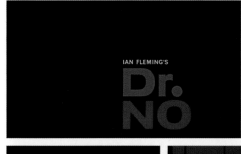

▲ 〈007 살인번호〉 타이틀 시퀀스(1962)　　　　　　　　(출처 : https://www.artofthetitle.com/title/dr-no/)

TIP 〈007 살인번호〉의 타이틀 시퀀스를 링크(https://www.artofthetitle.com/title/dr-no/)에서 확인하세요.

02 핑크 팬더(The Pink Panthe)—블레이크 에드워즈(Blake Edwards)

우리가 흔히 알고 있는 캐릭터 애니메이션이 아닌 실사 영화 〈핑크 팬더〉의 타이틀 시퀀스로, 애니메이션을 오프닝 영상으로 만든 것이 당시에 큰 화제가 되었습니다. 캐릭터와 함께 떠오르는 시그널사운드도 이 영상에서 시작되었습니다. 원래 핑크 팬더는 영화에 등장하는 다이아몬드의 이름으로, 핑크 팬더 캐릭터는 타이틀 시퀀스를 위해 처음 만들어져 큰 인기를 끈 후 애니메이션화되었습니다.

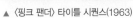

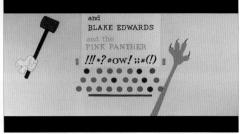

▲ 〈핑크 팬더〉 타이틀 시퀀스(1963)

(출처 : https://www.artofthetitle.com/title/the-pink-panther/)

TIP 〈핑크 팬더〉의 타이틀 시퀀스를 링크(https://www.artofthetitle.com/title/the-pink-panther/)에서 확인하세요.

03 프릭스 대모험(Freaked)—톰 스턴(Tom Stern), 알렉스 윈터(Alex Winter)

〈프릭스 대모험〉의 타이틀 시퀀스는 애니메이터 데이비드 다니엘스(David Daniels)의 작업으로, 그가 개발한 클레이 애니메이션 기법의 하나인 스트라타컷(Stratacut)을 이용해 만들었습니다. 독특한 설정의 비주얼이 가득한 영화와 어울리는 그로테스크하고 재기발랄한 분위기의 영상입니다.

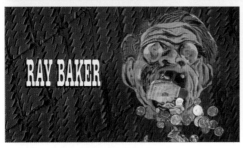

▲ 〈프릭스 대모험〉 타이틀 시퀀스(1962)　　　　　　　(출처 : https://www.artofthetitle.com/title/freaked/)

TIP 〈프릭스 대모험〉의 타이틀 시퀀스를 링크(https://www.artofthetitle.com/title/freaked/)에서 확인하세요.

04 세븐(Se7en)—데이비드 핀쳐(David Fincher)

타이틀 시퀀스 디자인을 논할 때 솔 바스와 함께 등장하는 인물이 카일 쿠퍼(Kyle Cooper)입니다. 그의 대표작인 〈세븐〉의 타이틀 시퀀스는 특유의 세기말적 분위기와 그런지(Grunge)한 감성, 배경음악으로 사용된 나인 인치 네일스(Nine Inch Nails)의 노래가 절묘하게 어우러져 하나의 장르가 되었습니다. 이후 등장하는 수많은 범죄 심리극의 타이틀 시퀀스 제작을 위한 교본이 된 것은 물론, 이 영상에서 아이디어를 얻은 듯한 광고와 뮤직비디오가 다양하게 제작되었습니다. 카일 쿠퍼는 〈세븐〉 이외에도 〈미션 임파서블〉, 〈도니 브래스코〉, 〈와일드 와일드 웨스트〉, 〈스파이더맨〉, 〈새벽의 저주〉, 〈워킹데드〉, 〈아메리칸 호러 스토리〉 등 수많은 영화와 드라마의 타이틀 시퀀스를 제작했습니다. 참고로 카일 쿠퍼는 세계적인 모션 그래픽 회사인 Prologue Films(http://www.prologue.com/)의 설립자입니다. 회사 웹사이트에 접속하여 다양한 타이틀 시퀀스를 확인해보는 것도 특별한 재미가 될 것입니다.

▲ 〈세븐〉 타이틀 시퀀스(1995)　　　　　　　　　　　(출처 : https://www.artofthetitle.com/title/se7en/)

TIP 〈세븐〉의 타이틀 시퀀스를 링크(https://www.artofthetitle.com/title/se7en/)에서 확인하세요.

05 재키 브라운(Jackie Brown)—쿠엔틴 타란티노(Quentin Tarantino)

〈재키 브라운〉 타이틀 시퀀스는 1960~1970년대 흑인 음악의 정서를 소울, 펑크 사운드와 함께 독특한 색감의 타이포그래피로 표현했습니다. 레트로 무드가 인기인 최근의 뮤직비디오에서 많이 볼 수 있는 콘셉트입니다. 이 타이틀 시퀀스는 배우 더스틴 호프만이 주연한 영화 〈졸업〉의 타이틀 시퀀스에 대한 오마주이기도 합니다. 비슷한 느낌의 두 영상을 비교해보는 것도 좋습니다.

◀ 〈재키 브라운〉 타이틀 시퀀스(1995)

(출처 : https://www.artofthetitle.com/title/jackie-brown/)

TIP 〈재키 브라운〉의 타이틀 시퀀스를 링크(https://www.artofthetitle.com/title/jackie-brown/)에서 확인하세요.

◀ 〈졸업〉 타이틀 시퀀스(1967)

(출처 : https://www.artofthetitle.com/title/the-graduat/)

TIP 〈졸업〉의 타이틀 시퀀스를 링크(https://www.artofthetitle.com/title/the-graduat/)에서 확인하세요.

06 캐치 미 이프 유 캔(Catch Me If You Can)—스티븐 스필버그(Steven Spielberg)

2000년대의 가장 유명한 오프닝 타이틀 시퀀스를 선택해야 한다면 많은 분들이 이 영화를 떠올릴 것입니다. 〈캐치 미 이프 유 캔〉의 타이틀 시퀀스는 1960년대의 솔 바스 스타일의 일러스트를 모던한 타이포그래피와 함께 현대적으로 재해석한 느낌으로, 스토리텔링의 기능적 역할도 충실히 해내고 있습니다. 이 영상의 모든 장면과 움직임은 계획적으로 잘 짜인 레이아웃으로 완성되어 시각적 즐거움을 주기도 합니다. 특히 이 타이틀 시퀀스는 2000년대 초중반 많은 아류작들을 만들어내기도 했습니다. 프랑스의 일러스트레이터이자 디자이너 듀오인 올리비에 쿤첼(Olivier Kuntzel)&플로렌스 데이가스(Florence Deygas)가 작업했으며 개별적인 하나의 모션 그래픽 영상으로도 손색이 없는 작품으로 평가받습니다.

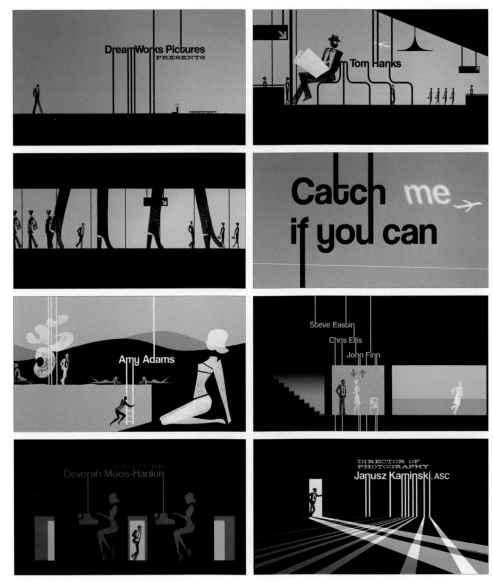

▲ 〈캐치 미 이프 유 캔〉 타이틀 시퀀스(2002)　　　(출처 : https://www.artofthetitle.com/title/catch-me-if-you-can/)

TIP 〈캐치 미 이프 유 캔〉의 타이틀 시퀀스를 링크(https://www.artofthetitle.com/title/catch-me-if-you-can/)에서 확인하세요.

07 나폴레옹 다이너마이트(Napoleon Dynamite)—자레드 헤스(Jared Hess)

너드(Nerd)의 미학을 한껏 보여주는 타이틀 시퀀스입니다. 일상에서 흔히 보이는 오브젝트에 은유적인 의미를 담아 레트로한 색감으로 재치 있게 만든 영상입니다.

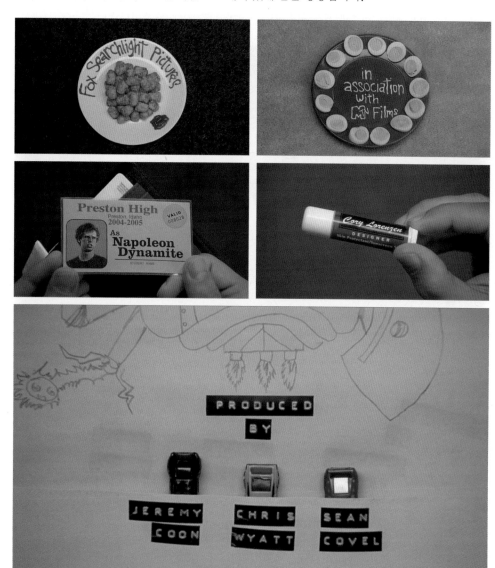

▲ 〈나폴레옹 다이너마이트〉 타이틀 시퀀스(2002)　　　　(출처 : https://www.artofthetitle.com/title/napoleon-dynamite/)

TIP 〈나폴레옹 다이너마이트〉의 타이틀 시퀀스를 링크(https://www.artofthetitle.com/title/napoleon-dynamite/)에서 확인하세요.

08 007 카지노 로얄(Casino Royale)-마틴 캠벨(Martin Campbell)

'007 시리즈'의 시그니처와도 같은 건 베럴(Gun Barrel) 신을 새롭게 해석한 것으로 유명합니다. 건 베럴 신으로 시작되는 타이틀 시퀀스는 다른 '007 시리즈'들과 다르게 실사 영상을 배제하고 플랫한 2D 그래픽 위주로 제작되어 새로운 이미지를 만들어냈습니다.

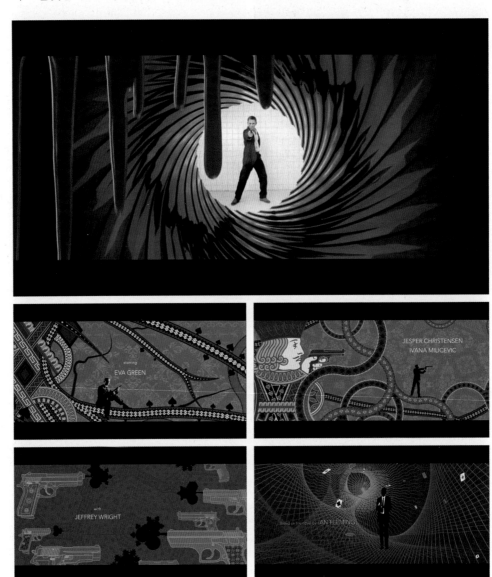

▲ 〈007 카지노 로얄〉 타이틀 시퀀스(2006)　　　　　(출처 : https://www.artofthetitle.com/title/casino-royale-2006/)

TIP 〈007 카지노 로얄〉의 타이틀 시퀀스를 링크(https://www.artofthetitle.com/title/casino-royale-2006/)에서 확인하세요.

09 엔터 더 보이드(Enter the Void)—가스파 노에(Gaspar Noe)

실험적인 플롯을 전개하는 가스파 노에 감독의 영화답게 타이틀 시퀀스 역시 플리커(Flickr) 효과를 이용해 환각 상태에 빠져들 것만 같은 사이키델릭한 이미지를 구현합니다. 이 영상을 구성하는 것은 오직 타이포그래피뿐입니다. 하지만 빠른 비트의 일렉트로닉 사운드와 함께 변화무쌍하게 사용된 폰트만으로도 완결된 아트워크를 보여줍니다.

▲ 〈엔터 더 보이드〉 타이틀 시퀀스(2009)　　　　　　(출처 : https://www.artofthetitle.com/title/enter-the-void/)

TIP 〈엔터 더 보이드〉의 타이틀 시퀀스를 링크(https://www.artofthetitle.com/title/enter-the-void/)에서 확인하세요.

10 꼬마 니콜라(Le Petit Nicolas)—로랑 티라르(Laurent Tirard)

수작업으로 이루어진 페이퍼 애니메이션과 그래픽의 조화로 따뜻한 분위기를 연출한 타이틀 시퀀스입니다. 영화 〈캐치 미 이프 유 캔〉의 타이틀 시퀀스를 제작한 올리비에 쿤첼(Olivier Kuntzel)&플로렌스 데이가스(Florence Deygas)의 작업물입니다.

▲ 〈꼬마 니콜라〉 타이틀 시퀀스(2009)　　　　　　　　　　(출처 : https://www.artofthetitle.com/title/le–petit–nicolas/)

TIP 〈꼬마 니콜라〉의 타이틀 시퀀스를 링크(https://www.artofthetitle.com/title/le–petit–nicolas/)에서 확인하세요.

11 밀레니엄:여자를 증오한 남자들(The Girl With The Dragon Tattoo)—데이빗 핀쳐(David Fincher)

블러 스튜디오(Blur Studio, https://blur.com)의 창립자이자 크리에이티브 디렉터인 팀 밀러(Tim Miller)가 제작한 타이틀 시퀀스입니다. 3D 그래픽으로 완성된 어둡고 끈적이는 이미지 안에 캐릭터와 영화의 중요한 상징적 요소들을 함축하여 담아내고 있습니다. 폭력적이고 기분 나쁘지만 오히려 이 점이 우아함으로 다가오는 시각적 매력이 있는 영상입니다. 레드 제플린(Led Zeppelin)의 〈Immigrant song〉을 리메이크한 배경음악도 탁월한 선택이라는 평을 들었습니다.

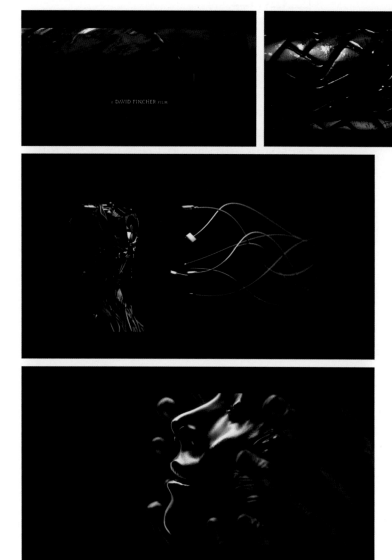

▲ 〈밀레니엄:여자를 증오한 남자들〉 타이틀 시퀀스(2011)　(출처 : https://www.artofthetitle.com/title/the-girl-with-the-dragon-tattoo/)

TIP 〈밀레니엄:여자를 증오한 남자들〉의 타이틀 시퀀스를 링크(https://www.artofthetitle.com/title/the-girl-with-the-dragon-tattoo/)에서 확인하세요.

02 / 모션 그래픽
트렌드

디자인을 공부하거나 디자이너로 일한다면 트렌드의 흐름을 늘
체크해야 합니다. 다양한 매체와 기술의 발달로 인해 모션 그래픽의
트렌드는 빠르게 변화하고 있습니다. 눈여겨볼 해외 영상들을 통해
최근 모션 그래픽에서 볼 수 있는 다양한 콘셉트의 아트워크를
분석해봅니다.

모션 그래픽 트렌드 따라 잡기

모션 그래픽의 개념이 만들어지기 시작한 1950년대부터 불과 반세기 동안 수많은 콘셉트의 작업이 생산되었습니다. 그래서 완벽히 새로운 것을 창조해내기는 매우 어려운 일이 되어버렸습니다. 또한 컴퓨터 기술의 발전에 따라 실사화되어가는 VFX 효과에 익숙해진 사람들은 웬만한 CG에는 감탄하지 않습니다.

몇 년 전까지만 해도 영상과 웹, 인쇄물의 트렌드는 각각 다르게 흘러가는 느낌이었지만 이제는 디자인과 관련된 모든 분야가 혼합되어 그 경계가 무너지는 추세입니다. 최근에는 플랫한 이미지 위주의 영상이 인기를 끌고 애니메이션과 모션 그래픽의 경계가 모호해지고 있습니다. 3D 그래픽으로 움직이는 무빙 포스터가 나오고 SNS 등 온라인 홍보물도 정지된 이미지보다 움직이는 영상으로 대체되는 중입니다. 따라서 좋은 모션 그래픽 디자인을 하고 싶다면 다양한 분야에 관심을 두고 리서치하는 것이 중요합니다.

모션 그래픽을 공부하거나 작업을 위한 리서치 과정에서는 영상 위주로 찾기보다 다양한 매체에서 아이디어를 찾는 습관을 들이는 것이 좋습니다. 또한 사운드 디자인에 관한 공부를 함께 하는 것도 추천합니다. 모션 그래픽과 멋진 사운드는 떼려야 뗄 수 없는 관계이므로 개성 있는 사운드가 함께 할 때 영상을 더 멋지게 뒷받침해준다는 사실을 잊지 않아야 합니다.

일러스트레이션과의 결합

기하학적 요소의 조합으로 이루어진 그래픽 위주의 영상에서 벗어나 최근에는 캐릭터나 수작업 일러스트레이션을 이용한 영상을 많이 볼 수 있습니다. 이런 콘셉트의 영상에서는 한 프레임씩 만들어지는 셀 애니메이션 같은 자연스러운 움직임을 구현하는 것이 중요합니다. 이 때문에 애프터 이펙트에서는 셰이프 레이어(Shape Layer), 퍼펫 핀 도구(Puppet Pin Tool)의 다양한 활용이 이루어집니다. 또한 여러 가지 플러그인을 이용해 작업하는 추세입니다.

TIP 이 책의 333쪽에서 플러그인에 대해 간단히 알아봅니다.

01 Lobster Studio_Shameless and more

보색 대비가 눈에 띄는 과감한 컬러의 선택과 캐릭터 일러스트레이션의 과장된 움직임이 돋보이는 영상입니다. Lobster Studio의 작업물은 가장 눈에 띄는 트렌드인 모션 그래픽과 캐릭터 애니메이션의 결합을 잘 보여줍니다.

https://vimeo.com/429217201

LA 필하모닉의 Past/Forward 100주년 프로젝트의 목적으로, 재즈 아티스트 허비 행콕 (Herbie Hancock)과 카마시 워싱턴(Kamasi Washington)의 대화를 영상으로 풀어냈습니다. 영상 전반에 일렁이는 움직임과 아날로그 텍스처를 사용해 음악의 유기적인 리듬 변화를 표현합니다. 런던을 베이스로 활동하는 Wednesday 스튜디오의 다양한 작업물을 통해 모션 그래픽과 캐릭터 애니메이션의 중간 지점을 확인할 수 있습니다.

⚑ https://vimeo.com/386703317

2D와 3D의 혼합

2D 그래픽과 3D 그래픽의 복합적인 사용이 많아지고 있습니다. 이전에는 2D와 3D 그래픽을 함께 사용하더라도 시각적 차이가 나도록 사용했다면, 최근에는 입체적인 2D, 플랫해 보이는 3D 등 혼합적인 이미지를 만듭니다.

01 Mark Butchko_Battle Patrol 2084

1980~1990년대에 유행한 콘솔 게임의 이미지를 플랫한 3D 벡터 그래픽으로 풀어낸 영상입니다. 게임에서 들을 법한 사운드와 독특한 효과음이 재미있게 적용되었고 뉴트로 트렌드에 어울리는 8비트 고전 게임 이미지를 재해석해 위트 있는 영상으로 제작되었습니다.

https://vimeo.com/457373826

02 ELOISA_2019 Poketo Calendar x ELOISA

라이프 스타일 브랜드 Poketo의 2019년 달력을 홍보하는 영상입니다. 기하학적인 구조물의 움직임이 빛과 공간을 표현합니다. 심플하고 정적인 움직임만으로도 매력적인 모션 그래픽을 만들 수 있는 좋은 예시입니다.

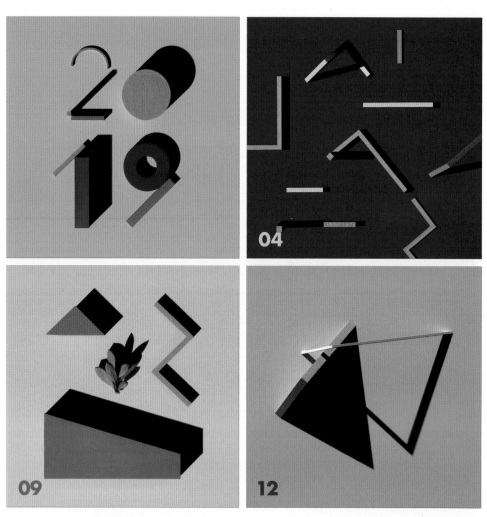

🔖 https://vimeo.com/284809247

콜라주

콜라주 콘셉트의 아트워크는 1990년대 말부터 2000년대 초에 인기를 끌었습니다. 당시에는 그런지(Grunge)한 느낌을 강조하는 분위기가 인기였다면, 최근의 콜라주 아트워크는 아날로 그와 뉴트로의 인기를 반영해 좀 더 팝(Pop)한 느낌으로 풀어내는 방식이 인기입니다. 콜라주 아트워크에 관심이 있다면 시간을 좀 더 거슬러 올라가 베를린 다다이스트와 러시아 구성주의 작가들이 사용했던 포토몽타주(Photomontage) 기법에 관해 공부해보는 것도 좋습니다.

01 Peter S. Pak_Godfather of Harlem Title Sequence

미국드라마 〈갓파더 오브 할렘〉의 타이틀 시퀀스로 2020년 Emmys Awards(에미어워즈) 수상작입니다. 1960년대 할렘가의 실존 인물이었던 아프리카계 미국인 갱스터의 이야기와 당시의 사회 분위기를 콜라주 기법으로 풀어낸 영상입니다. 아프리카계 미국인 아티스트 로매어 비어든(Romare Bearden)의 잡지를 오려 붙여 만든 포토몽타주 작업에서 영감을 받아 만들어졌습니다.

🔖 https://vimeo.com/359434772

02 PRAND_Cuba: architecture(Director's cut)

쿠바 투어를 홍보하는 세 가지 시리즈 영상 중 하나입니다. 부에나 비스타 소셜 클럽으로 대표
되는 쿠바의 음악과 컬러풀한 올드카, 아바나 광장, 쿠바 혁명 등의 이미지를 콜라주 기법으로
경쾌하게 표현했습니다.

https://vimeo.com/362506297

타이포그래피

타이포그래피는 탄탄한 디자인의 기본에 꼭 필요한 요소로, 적절하게 사용해야 한다는 점은 여러 번 강조해도 부족하지 않습니다. 인쇄물뿐 아니라 영상에서도 타이포그래피의 활용도는 점점 다양해지고 있습니다. 폰트의 선택과 레이아웃의 변형, 글자의 움직임에 대한 깊이 있는 고민을 해보는 것이 필요합니다. 편집 디자인의 원리를 이해하고 응용하는 것도 도움이 될 것입니다.

01 Not Real_BASKETBALL FOREVER – REBRAND

타이포그래피를 활용한 편집 디자인의 레이아웃이 돋보이는 영상입니다. NBA 뉴스를 다루는 미디어 네트워크 Basketball Forever의 로고 및 디자인 시스템을 리브랜딩하는 목적으로 만들어졌습니다. '농구'와 '영원히'라는 단어의 의미에서 출발해, '농구공'의 점, 선, 조명 및 코트의 색상을 디자인 요소로 사용하고 '영원히' 반복되는 움직임을 표현했습니다. 텐션감이 느껴지는 글자의 움직임도 주목해보길 바랍니다.

⚑ https://vimeo.com/276081655

02 antonio vicentini_lettering

글자의 다양한 형태 변화와 왜곡은 최근 가장 트렌디하게 사용되는 디자인 아트워크 중 하나입니다. 타이포그래피에 대한 창의적이고 다양한 실험은 끊임없이 발전 중입니다. 모션 그래픽에서는 애프터 이펙트와 시네마4D와 같은 3D 프로그램을 복합적으로 사용해 타이포그래피 디자인을 구현합니다.

🔖 https://vimeo.com/294276891

라인아트

몇 년 전부터 인기를 끈 트렌드로, 단순화된 아웃라인을 강조하는 아트워크입니다. 인포그래픽 영상에서부터 캐릭터 일러스트레이션 영상까지 여러 분야에서 다양하게 활용되고 있습니다.

01 BUCK_Google For Education

구글의 로고 컬러를 적극적으로 활용해 브랜드 아이덴티티를 명확하게 살린 영상으로 애프터 이펙트의 셰이프 레이어(Shape Layer) 기능 활용이 돋보입니다. BUCK은 모션 그래픽을 기반으로 다양한 영상을 제작하는 대표적인 글로벌 크리에이트 기업입니다. 좋은 작품이 많으니 웹사이트에 접속해 다양한 작업물을 눈여겨보기 바랍니다.

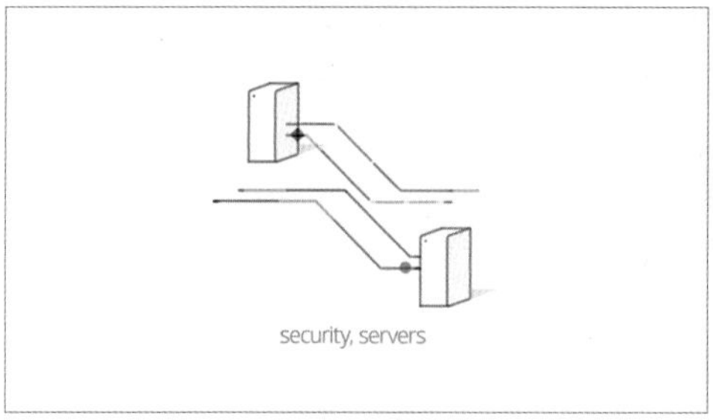

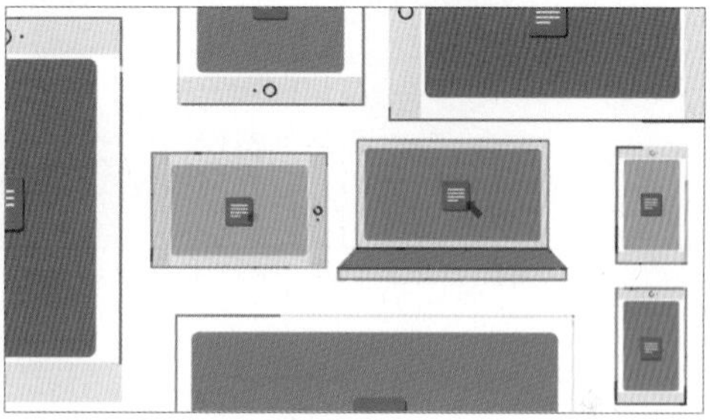

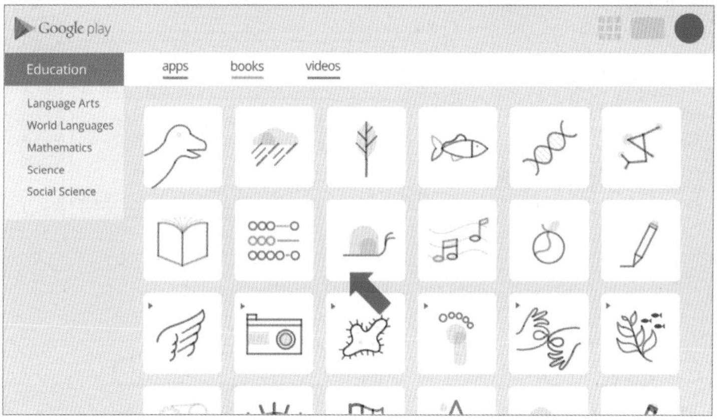

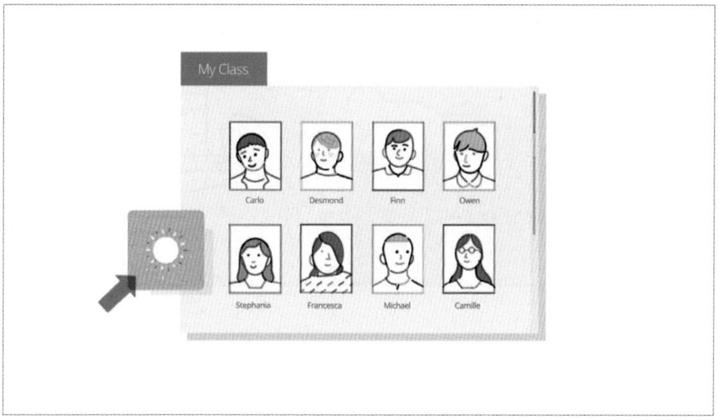

https://vimeo.com/92186505

02 Nice Shit Studio_ZenSmith App

라이프 오퍼레이션 시스템 애플리케이션을 소개하는 영상입니다. 일상에서 온 가족이 함께 사용할 수 있다는 메시지를 단순화한 그래픽과 캐릭터로 친근하게 표현했습니다.

⚑ https://vimeo.com/176131682

그레이디언트 컬러

그레이디언트 컬러가 촌스럽거나 유치하다고 여겨지던 시절도 있었습니다. 하지만 대담한 컬러의 사용이 인기를 끌며 그레이디언트 컬러의 활용은 개성 있는 콘셉트로 자리 잡게 되었습니다. 그레이디언트 컬러를 적용할 때는 유사색의 조합보다는 보색 대비를 이용하는 것이 더 효과적입니다.

01 BUCK_School of Motion Intro

모션 그래픽의 다양한 튜토리얼 영상과 정보를 볼 수 있는 School of Motion의 온라인 강좌 소개 영상입니다. 실험적인 사운드와 함께 포토샵과 일러스트레이터의 기능을 은유적으로 표현했습니다. 다양한 조합의 그레이디언트 컬러 사용이 눈에 띕니다.

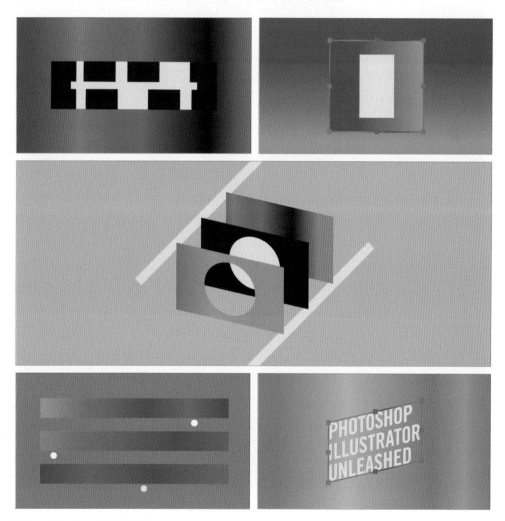

▟ https://vimeo.com/289740035

02 BlinkMyBrain_MTV Moon Man 2019

문 맨(Moon Man)은 MTV Video Music Awards(VMA, 비디오 뮤직 어워드)의 우승자에게 주어지는 트로피입니다. 문 맨과 우주의 이미지, MTV의 영(Young)하고 트렌디한 분위기를 그레이디언트 컬러와 함께 표현했습니다. 모션 그래픽 자료 리서치에서 MTV의 브랜딩을 빼놓을 수 없습니다. MTV의 프로그램 타이틀 시퀀스나 매해의 VMA 영상 디자인도 찾아보는 것이 좋습니다.

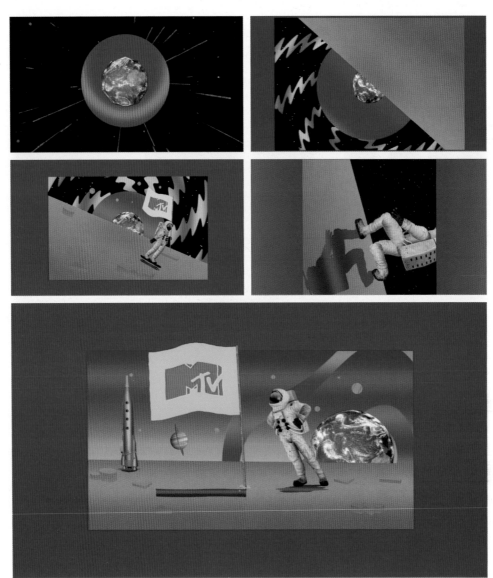

◪ https://vimeo.com/325778030

레트로 무드와 텍스처

3D와 VFX 기술의 발달로 점점 더 하이퍼리얼리즘을 추구하고 있다면 한편에서는 과거로의 회귀를 꾀하는 중입니다. 아날로그 이미지를 구현하기 위해 다양한 텍스처를 사용해 영상에 디테일을 만들 수 있습니다.

01 Device_Synthesis and Sound Design by Richard Devine

사운드 디자이너 리처드 디바인(Richard Devine)의 2019 Sónar 페스티벌 연설을 기반으로 만들어진 영상입니다. 사운드 디자인에 대한 주제를 점, 선, 면의 기본 그래픽 요소와 질감을 사용해 풀어냈습니다.

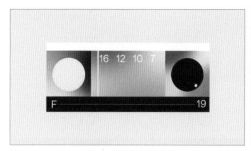
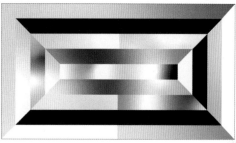

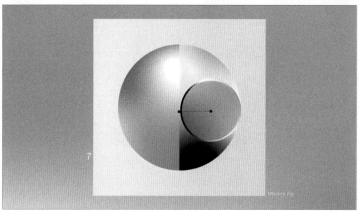

▌ https://vimeo.com/365057334

02 Jorge R. Canedo E._Desiring God: Keep Looking

성경 읽기에 대한 스토리텔링을 이미지로 풀어낸 영상입니다. 뮤트톤의 컬러 조합과 디테일한 질감의 사용이 인상적입니다.

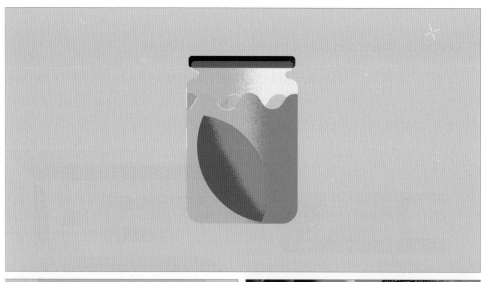

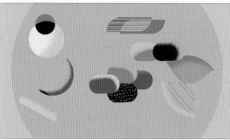 

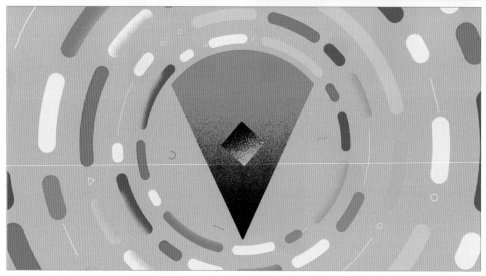

🔖 https://vimeo.com/220329640

창조적인 3D 아트워크

애프터 이펙트와 맥스, 마야, 시네마4D, 블렌더 등의 3D 프로그램을 함께 활용하는 작업은 늘 있어 왔습니다. 앞으로도 모델링, 텍스처, 라이팅에 대한 다양한 실험을 통해 새로운 기술과 아이디어로 발전할 것입니다.

01 MAINTAKE_TRENDS

다른 소재의 물체가 가지는 물리적 특성을 이용해 독특하고 기발한 상황을 연출한 영상입니다. 제목 그대로 모션 그래픽 트렌드에 따른 다양한 기술과 시각적 언어에 대한 표현도 함께 볼 수 있습니다. 장면별로 분위기에 맞게 제작된 사운드 디자인이 좋은 영상입니다.

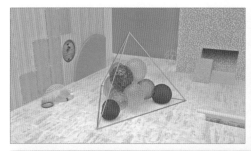

◪ https://vimeo.com/400565647

02 Not Real_NIKE—Gumball Pack

나이키의 프로모션 영상은 늘 트렌드의 선봉에 서 있습니다. 제품의 컬러와 기능적 구성 요소를 디자인 요소로 사용해 브랜드 아이덴티티를 살리면서도 특유의 착용감을 재미있게 표현한 영상입니다. 이 밖에 아디다스, 푸마 등 다른 스포츠 브랜드의 영상을 찾아보는 것도 좋습니다.

 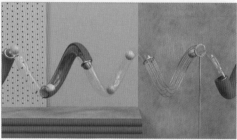

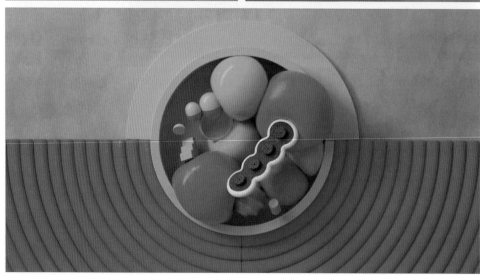

https://vimeo.com/393972433

서브컬처 스타일

어색한 느낌의 3D 오브젝트를 사용하거나 낙서 같은 레이아웃, 초창기 컴퓨터 그래픽의 느낌을 살려 독특한 이미지를 만들어냅니다.

01 antonio vicentini_A Short History of Notting Hill Carnival

매년 8월 런던에서 열리는 거리 축제 노팅힐 카니발(Notting Hill Carnival)의 역사를 보여주는 영상입니다. 축제의 역사를 다루지만 진지하지만은 않습니다. 다양한 인종의 음악과 춤, 가장 무도회와 퍼레이드가 함께 하는 축제의 아이덴티티에 맞게 키치(Kitsch)하면서 경쾌한 분위기로 표현했습니다.

🔖 https://vimeo.com/230927851

02 Michael Marczewski_Coexist ~ Feeding the Ducks

3D 그래픽을 기반으로 한 아티스트 간의 비상업적 협업 프로젝트의 영상입니다. 상업적, 대중적인 요구에서 벗어나 아티스트의 창의성을 마음껏 펼칠 수 있는 개인 작업에서 개성 있고 다양한 실험을 확인할 수 있습니다.

◤ https://vimeo.com/230609122

좋은 작업물을 볼 수 있는
웹사이트&인스타그램

좋은 모션 그래픽 디자인을 하기 위해서는 좋은 작업물을 참고하여 디자인에 대한 인사이트를 얻는 것이 중요합니다. 앞서 소개한 모션 그래픽의 트렌드를 익힌 후 다양한 디자인 작업물을 참고해보세요.

Vimeo _ https://vimeo.com/

전 세계 영상 크리에이터들이 자신의 작업물을 업로드하는 스트리밍 사이트입니다. 모션 그래픽뿐 아니라 애니메이션, 단편 영화, 패션 필름 등 다양하고 창의적인 영상들을 확인할 수 있습니다. 자신의 채널을 만들어 영상을 게시하거나 직접 영상을 편집할 수 있는 기능도 지원합니다.

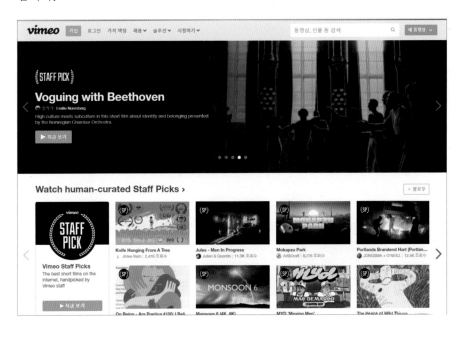

Motionographer _ https://motionographer.com/

전 세계 모션 그래픽 분야의 커뮤니티 역할을 하는 가장 오래된 사이트 중 하나입니다. 눈여겨 볼 만한 모션 그래픽 영상과 모션 그래픽계의 중요한 뉴스, 채용 소식을 공유하며, 디자이너를 위한 Motion Awards(모션 어워즈)를 개최하기도 합니다.

Behance _ https://www.behance.net/

어도비에서 운영하는 세계 최대의 디자인 포트폴리오 사이트입니다. 각 분야의 디자인을 전공하는 학생과 실무에 종사하는 프리랜서 디자이너, 스튜디오들의 작업물을 확인할 수 있습니다.

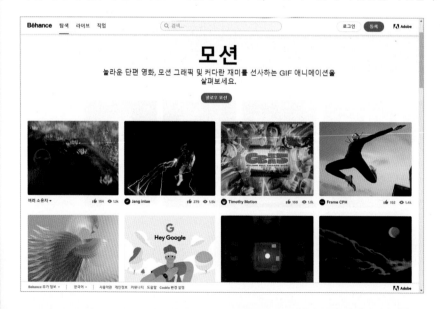

It's Nice That _ https://www.itsnicethat.com/

블로그 기반의 디자인 플랫폼입니다. 다양한 분야의 디자인 창작물과 뉴스를 공유합니다.

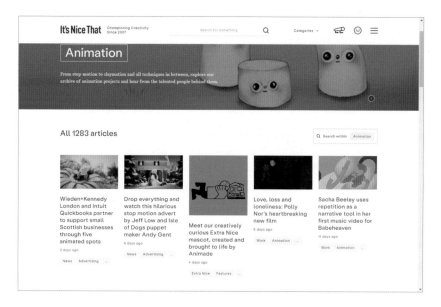

ART OF THE TITLE _ https://www.artofthetitle.com/

전 세계의 영화, TV, 컨퍼런스 및 비디오 게임 산업에 걸친 타이틀 시퀀스 영상을 공유하고 관련 업계의 뉴스를 확인할 수 있습니다. 타이틀 시퀀스 디자인에 관심이 많다면 꼭 확인해야 할 웹사이트입니다.

Dafont _ https://www.dafont.com/

다양한 폰트를 찾아 다운로드할 수 있는 웹사이트입니다. 폰트를 사용하기 전 상업적, 비상업적 용도 구분과 라이선스를 확인한 후 사용해야 합니다. 폰트의 스타일별로 카테고리가 나뉘어져 있어 원하는 스타일의 폰트를 찾기 쉽습니다.

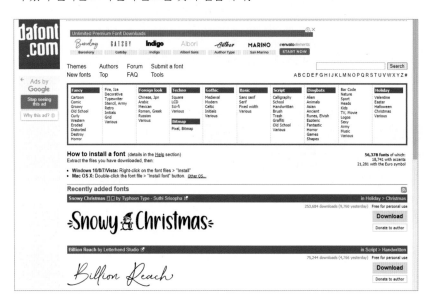

MyFonts _ https://www.myfonts.com/

영문 폰트를 구매할 수 있는 웹사이트입니다. 폰트를 활용한 아트워크도 함께 볼 수 있어 트렌드 리서치에 큰 도움이 됩니다.

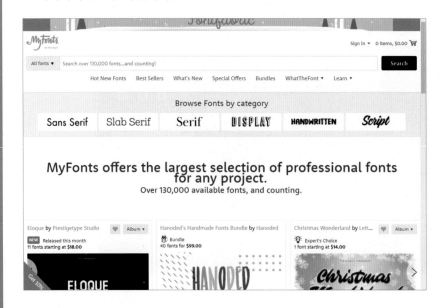

@36daysoftype

36 Days of Type은 바르셀로나의 그래픽 디자이너인 Nina Sans와 Rafa Goicoechea의 개인 프로젝트로, 2014년부터 시작되었습니다. 당시 그들은 타이포그래피와 그래픽 디자인에 대한 일일 과제를 만들어 매일 새로운 것을 창조하기 위해 도전하기로 결정했습니다. 지금은 더 많은 디자이너의 타이포그래피와 레터링을 활용한 다양한 창작물을 확인할 수 있습니다.

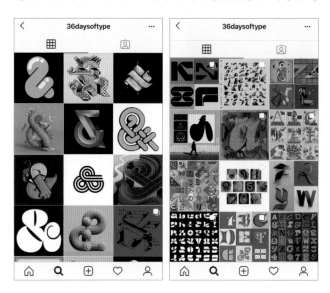

디자이너의 보물창고

@typetopia

타이포그래피와 관련된 일러스트레이션, 그래픽 디자인, 로고 브랜딩 작업물을 확인할 수 있는 계정입니다.

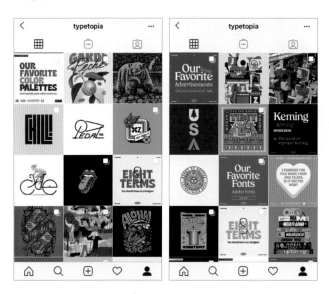

@tyler_spangler

컬러풀하고 키치한 이미지를 만들어내는 디자이너의 계정입니다. 디자이너의 아트워크를 이용한 인쇄물, 의류, 문구류 등 다양한 라이프 스타일 아이템을 판매하기도 합니다.

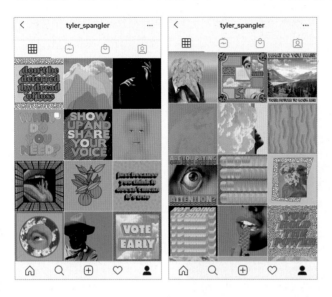

@weloveillustration

다양한 콘셉트의 일러스트레이션 작업물을 공유하는 계정입니다. 최근 모션 그래픽에서 드로잉과 일러스트레이션의 활용이 두드러지고 있으므로 관심을 갖고 찾아보길 바랍니다.

> **TIP** 앞서 모션 그래픽 트렌드에서 소개한 디자이너와 스튜디오의 인스타그램 계정을 찾아보세요. 더 다양한 작업물을 확인할 수 있습니다.

CHAPTER 02

모션 그래픽&영상 디자인 워크플로우

실무에서 영상 디자인 업무는 기획, 디자인, 촬영부터 실제 제작 과정까지 꽤 긴 시간이 소요됩니다. 비상업적 개인 작업물은 디자이너의 창의력을 발휘해서 마음껏 작업할 수 있지만, 클라이언트에게 의뢰받아 제작하는 상업적 영상 디자인은 클라이언트의 요구와 디자이너의 의도 사이에서 합의점을 찾는 것이 중요합니다. 이 과정에서 때로는 뜻하지 않은 수정을 해야 하는 등 다양한 에피소드가 발생합니다. 여기서는 실제 모션 그래픽 영상 제작기를 소개합니다.

01 / 모션 그래픽 디자인 워크플로우

실제 제작했던 방송 타이틀 패키지 프로젝트의 제작 과정을 소개합니다. Mnet 〈월간 라이브 커넥션〉과 KBS 〈배틀 트립〉입니다. 두 작업 모두 기획부터 수정, 완료까지 한 달 정도의 제작 기간을 거쳤습니다. 그 과정을 함께 살펴보겠습니다.

Mnet <월간 라이브 커넥션> 실무 워크플로우

01 제작 내용

로고, 범퍼, 트랜지션, 타이틀 영상, 엔딩 크레딧

TIP 타이틀 패키지는 076쪽의 Q&A에서 자세히 설명합니다.

02 기획 의도

이 프로그램은 리얼리티 다큐멘터리와 뮤직 라이브쇼의 성격을 함께 가졌습니다. 프로듀서는 기존의 스타 다큐에서 나아가 그가 가진 의외의 인맥과 그 속의 새로운 음악 세계를 월간의 기록으로 보여주려 했습니다. 매달 선정된 뮤지션 1명, 그리고 시청자들이 궁금해하는 그와 주변인들의 인터뷰와 일상, 그 모임을 통해 만들어지는 음악과 공연, 음반 발표까지 이른바 '뮤지션 사모임 프로젝트'라는 콘셉트를 바탕으로 기존 방송보다 젊고 신선한 느낌의 디자인을 의뢰했습니다.

03 디자인 방향 설정과 리서치

TV 프로그램 타이틀 제작 시 타이틀 영상용으로 따로 촬영된 출연자의 이미지나 영상 소스를 전달받는 경우가 있습니다. 혹은 소스용 촬영을 의뢰받아 직접 진행하기도 합니다. 이런 경우에는 촬영에 대한 전반적인 기획(의상 등의 소품 준비, 콘티 제작)도 함께 필요합니다. 하지만 〈월간 라이브 커넥션〉은 회차마다 바뀌는 여러 명의 출연진이 등장할 예정이었으므로, 구체적인 인물이 등장하는 것이 적합하지 않았습니다. 따라서 어떤 방식으로 영상 디자인을 풀지 고민하다가 프로그램 제목으로부터 핵심 개념을 정리하고 디자인 콘셉트를 이끌어내기로 했습니다.

> **TIP** 〈월간 라이브 커넥션〉 프로젝트를 의뢰한 메인 프로듀서와는 이미 친분이 있는 사이였습니다. 평소 새롭고 신선한 콘셉트의 콘텐츠와 디자인에 대한 관심이 비슷하다는 것을 알고 있어서, 프로젝트 진행 과정은 큰 문제없이 진행되었습니다. 때로는 클라이언트나 프로듀서가 갑의 위치에 서서 디자이너를 하대하는 경우가 있습니다. 생각이 잘 통하는 클라이언트를 만난다는 것은 무척 다행스러운 일입니다.

먼저 **월간**(달), **라이브**(Raw, 날것의), **커넥션**(연결고리)의 세 가지 이슈로 나누었습니다. **월간**에서 연상되는 보름달과 원은 레코드 버튼(빨간색 원 ●)에 착안해 기록과 음반의 이중적인 의미를 부여한 후 전체 프로그램을 아우르는 메인 아이콘으로 사용하기로 결정했습니다.

위 이미지는 프로듀서가 기획 단계에서 제시했던 이미지입니다. 한 달을 음악으로 만든다는 프로그램의 구성을 시각화하는 의미입니다.

라이브는 덜 정제된, 살아있는, 날것의 Raw한 이미지를 이용해 표현하고자 했습니다. 이때 즈음부터 디자인, 음악 분야에서는 베이퍼웨이브(Vaporwave)의 기조가 트렌디하게 사용되고 있었습니다. 베이퍼웨이브는 1980~1990년대의 어설픈 컴퓨터 그래픽을 의도적으로 재현하거나, 1990년대 윈도우(Windows)와 맥(macOS)의 인터페이스, 픽셀 기반의 고전 콘솔 게임 그래픽, 글리치 효과로 망가뜨린 이미지나 영상을 사용하는 등 레트로 기반의 실험적인 그래픽

풍조를 말합니다. 이런 콘셉트는 대중성을 무시할 수 없는 방송 디자인에서는 잘 사용되지 않았지만, 이 프로그램의 실험성과 기획 의도에 잘 맞다고 생각되어 작업에 풀어내고 싶은 욕심이 생겼습니다. 물론 다소 실험적인 콘셉트의 기획에 동의해준 프로듀서의 도움도 있었습니다. 베이퍼웨이브 콘셉트와 관련된 이미지를 리서치했고, 프로듀서가 러프하게 찍은 영상과 제가 다른 프로젝트를 진행할 때 찍어두었던 영상들을 변형해 활용하기로 했습니다.

▲ 베이퍼웨이브 이미지

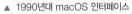

▲ 1990년대 macOS 인터페이스

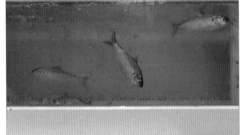

▲ 횟집의 전어를 찍은 영상

▲ 야자수를 찍은 영상

커넥션은 연속되는 동작, 반복되는 움직임을 타이틀 영상 전반에 표현해야겠다고 생각했습니다. 그래서 시네마4D를 이용해 반복되는 움직임을 가지는 단순한 3D 오브젝트를 제작했고, 오래된 애니메이션의 스톡 영상을 구입해서 사용해보기로 했습니다.

▲ 시네마4D에서 제작한 큐브 소스

▲ 스톡 영상 구입

04 로고 제작

메인 아이콘으로 결정한 원의 형태를 기반으로 원과 글자가 연결되는 '커넥션' 느낌을 만들어주었습니다. 그룹 장기하와 얼굴들의 노래 〈달이 차오른다, 가자〉에서 떠올린 느낌을 그레이디언트 컬러로 표현했습니다. 달이 차오른다는 의미는 월간 뮤직 프로젝트라는 프로그램의 기획 의도와도 잘 맞는다고 생각했기 때문입니다. 1차 로고 시안 작업 후 원형(달, 레코드 버튼) 안에 글자가 들어가면 가독성이 떨어질 거라 판단해, 예전의 간판 글자체에서 영감을 얻어 2차 시안을 작업하게 되었습니다. 그레이디언트 컬러 조합은 마젠타 핑크를 중심으로 수정했습니다. Mnet 로고의 컬러가 가진 채널 아이덴티티를 나타내고 좀 더 선명한 이미지를 주기 위한 목적입니다.

▲ 1차 로고 시안

▲ 2차 로고 시안

▲ 최종 로고

05 키비주얼 제작

월간(달), 라이브(Raw, 날것의), 커넥션(연결고리)의 세 가지 이슈에 맞게 찾았던 이미지와 베이퍼웨이브 콘셉트를 바탕으로 키비주얼 제작을 시작했습니다. 컴퓨터 에러가 난 것처럼 컴퓨터 화면 속에서 발랄하게 뛰어노는 양떼의 반복되는 움직임, 횟집 수족관에서 생생히 살아 헤엄치는 전어와 바람에 흔들리는 야자수 등 기획 단계에서 거론되었던 관계의 내러티브를 표현했습니다. 특히 신선하고 독특한 조합의 라이브쇼 콘셉트를 이미지로 표현하되, 최대한 낯설고 은유적으로 접근하려 했습니다.

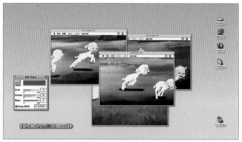

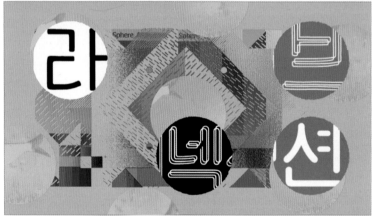

06 영상 제작

15초 길이의 타이틀 영상과 프로그램 중간에 들어가는 범퍼, 트랜지션, 엔딩 크레딧까지 제작
했습니다. 시네마4D로 제작한 3D 그래픽 소스와 직접 찍거나 구매한 영상 소스를 다양한 방식
으로 변형시켰습니다. 색감이나 질감에 다채로운 변화를 주려 노력했고 의도적인 노이즈를 만
들기 위해 TV Damage, Data Glitch, RetroDither 등의 글리치 이펙트 플러그인도 이용했습
니다. 지형 그래프처럼 보이는 오브젝트는 평소에는 잘 쓸 일이 없던 Wave World 이펙트로 만
들었습니다. 러프하지만 신선하게, 끊임없이 변화하는 모션 그래픽 영상을 제작했습니다. 배경
음악은 영국 뮤지션 Citizens!의 음원을 사용했습니다.

07 최종 타이틀 영상

〈월간 라이브 커넥션〉은 오래 방영된 프로그램은 아니었지만 디자이너에게는 의미가 있는 프로젝트였습니다. 방송 영상 그래픽은 상업 디자인의 최전선에 있기에 어느 정도의 대중성을 감안해 작업을 진행하기 마련입니다. 그러나 이 프로젝트는 이전에 없던 새로운 그림을 만들 수 있는 계기가 되었습니다. 현장에서 오래 일할수록 아티스트의 마음가짐으로 창작의 기쁨을 누리며 작업할 기회가 적습니다. 디자이너는 클라이언트의 의뢰에 따라 아웃풋을 만드는 사람으로 인식되고 예술가로 인정받기는 어렵기 때문입니다. 그런 의미에서 디자이너의 작업 의도에 대해 공감해주고 충분한 커뮤니케이션을 해주는 클라이언트의 존재도 중요합니다. 단, 이미지로 풀어내고 싶은 것을 마음껏 펼치되 콘텐츠가 말하고자 하는 기획 의도를 벗어나는, 주객전도된 상황을 만들면 안 되겠지요. 멋지면서도 설득력 있는 디자인을 해야 한다는 것을 꼭 유념해야 합니다.

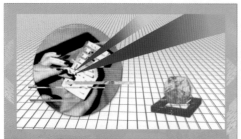

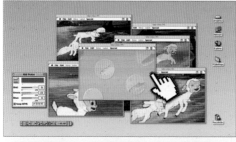
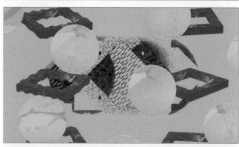

KBS <배틀 트립> 실무 워크플로우

01 제작 내용

로고, 범퍼, 트랜지션, 타이틀 영상, 엔딩 크레딧

02 기획 의도

이 프로그램은 출연자가 두 팀으로 나뉘어 각자의 계획 하에 여행을 다녀오고 어떤 여행 코스가 더 좋았는지 대결을 펼치는 내용입니다. 클라이언트는 여행 프로그램의 이미지를 전달하면서도 비슷한 류의 다른 프로그램과의 차별점으로 '대결 구도'를 강조해주길 원했습니다.

03 디자인 방향 설정과 리서치

TV 프로그램 타이틀 제작 시 타이틀 영상용으로 따로 촬영된 출연자의 이미지나 영상 소스를 전달받는 경우가 있습니다. 혹은 소스용 촬영을 의뢰받아 직접 진행하기도 합니다. 이런 경우에는 촬영에 대한 전반적인 기획(의상 등 소품 준비, 콘티 제작)도 함께 필요합니다. 이 프로젝트는 미리 전달받을 수 있는 소스가 전혀 없는 상황이었기 때문에 영상 전체를 그래픽으로 제작해야 했습니다.

여행과 **대결**이라는 핵심 키워드를 어떤 방식으로 표현할지 고민한 끝에 **여행**은 아웃라인을 강조하는 심플한 그래픽의 일러스트로, **대결**은 대비되는 컬러와 화면 분할 레이아웃을 이용해 디자인하기로 결정했습니다. 그리고 관련된 이미지와 영상을 리서치했습니다.

- 보색 대비의 컬러웨이 리서치 단 '배틀 트립'이라는 제목이 주는 이미지와 어울리지 않는 귀엽고 발랄한 느낌은 배제
- 여행과 관련된 심플한 아이콘 리서치
- 일러스트레이션으로 제작된 인포그래픽 위주의 영상 리서치

• 여러 개로 분할된 박스 형태 안에 여행에 관한 다양한 상황을 플랫한 이미지로 풀어내기 위한 리서치

▲ 클라이언트가 제시한 IRIS 소개 영상

▲ 플랫 베이스 그래픽으로 풀어내기 위해 새롭게 리서치한 영상

04 로고 제작

로고는 타이틀 패키지에서 가장 먼저 제작되는 요소입니다. 프로그램의 특성과 분위기를 가장 명료하게 표현하는 중요한 요소이므로 타이틀 영상의 제작만큼 작업 과정에 신중함이 필요합니다. 로고 디자인이 결정되면 그에 맞춰 패키지 전체 디자인이 통일성 있는 아이덴티티를 가지도록 적용합니다.

제작 기간 초기 클라이언트는 배틀&트립의 의미로 배틀과 트립 사이에 'N'을 강조하길 원했습니다. 그러나 중간 수정 과정에서 N의 비중을 줄이고 나침반 아이콘으로 여행의 이미지를 강조해달라는 의견이 있었습니다. 컬러 대비도 더 강한 분위기가 느껴지도록 수정하기로 결정되었습니다.

▲ 1차 로고 A안

▲ 1차 로고 B안

▲ 2차 로고 A안

▲ 2차 로고 B안

▲ 최종 로고

대비되는 컬러와 분할된 타이포그래피로 '대결 구도'라는 기획 의도를 살렸고 나침반 형태와 비행기 아이콘으로 여행 프로그램의 아이덴티티를 나타냈습니다. 여담이지만 첫 기획 의도에서는 1차 시안의 B안이 적합했다고 생각했습니다.

05 키비주얼 제작

일러스트레이터와 애프터 이펙트의 셰이프 레이어(Shape Layer)를 이용해 라인 일러스트와 컬러 대비를 활용한 레이아웃을 제작했습니다. 또한 화면을 분할해 각자 다른 코스의 여행을 한다는 느낌과 세계 각국의 다양한 여행 상황을 연출했습니다. 좀 더 변화를 주었으면 하는 의도를 살려 로고의 컬러 대비를 응용한 다른 컬러웨이로 제작했지만 영상에서는 로고 컬러 그대로 작업하게 되었습니다. 이 과정에서는 컬러 외에는 큰 수정 사항 없이 컨펌되었습니다.

06 영상 제작

15초 길이의 타이틀 영상을 제작했습니다. 라인 일러스트의 느낌을 살리고자 애프터 이펙트의
셰이프 레이어(Shape Layer)를 적극적으로 활용했습니다. 화면 분할 움직임은 마스크(Mask)
와 알파 매트(Alpha Matte), Linear Wipe 이펙트를 주로 사용했습니다. 배경음악은 방송국
음악감독님이 따로 제작했습니다.

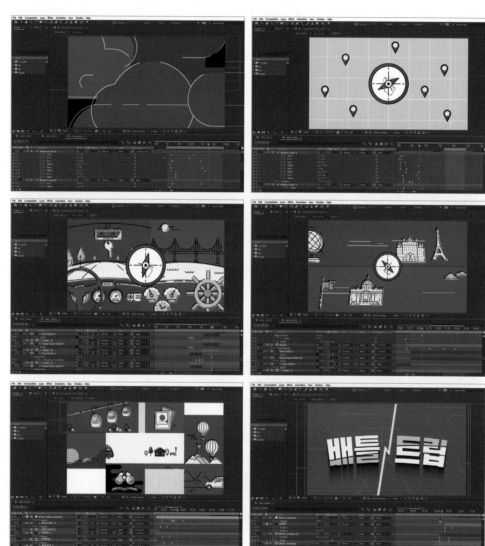

TIP 방송 영상 디자인의 경우 작업 의뢰는 PD가 직접 하는 경우도 있지만 대부분 방송국 내부의 브랜딩 디자인팀 혹은 OAP(On Air
Promotion)팀에서 진행합니다. 외주 제작물은 외주 프로덕션에서 의뢰하기도 합니다.
디자인 작업 후 컨펌 단계는 다양합니다. 방송국 내부 디자인팀의 컨펌 외에도 PD 컨펌 단계가 있으며, 킬러 콘텐츠나 기대 프로그램
의 경우에는 국장 컨펌까지 진행해야 합니다. 타이틀 영상에 연예인이 출연한다면 간혹 연예인이 원하는 장면을 선택하거나 컨펌하기
도 합니다.

07 최종 타이틀 영상

이러한 프로젝트를 진행하기 위해서는 영상에 대한 이해도 필요하지만, 로고나 자막 디자인을 위한 타이포그래피 감각, 색감의 선택, 전반적인 레이아웃의 구성에 대한 이해가 필요합니다. 즉 디자인의 기본기가 탄탄해야 좋은 결과물을 만들어낼 수 있습니다. 또한 사운드와 영상을 조화롭게 활용하는 감각도 있어야 합니다. 특히 클라이언트가 요구하는 부분과 디자이너 자신의 의견을 조율하고, 대중의 니즈에 맞게 표현할 수 있는 커뮤니케이션 능력도 필요합니다. 한마디로 모션 그래픽 디자이너는 종합 예술인 같은 존재라고 칭해야 할 것 같습니다.

02

모션 그래픽 디자인
Q&A

모션 그래픽 디자이너를 꿈꾸는 예비 디자이너나 이제 막 현장에
투입된 신입 디자이너들이 자주 하는 질문을 모아 정리해봤습니다.
모션 그래픽 디자인 진행 과정에서 궁금해하는 몇 가지 질문에 대해
알아보겠습니다.

모션 그래픽 디자이너가 궁금해하는 아홉 가지

모션 그래픽 디자이너를 꿈꾸는 예비 디자이너나 이제 막 현장에 투입된 신입 디자이너들이 궁금해하는 것은 애프터 이펙트 툴이나 기능에 대한 것이 아닙니다. 실제 현장에서 어떤 방식으로 일을 하며 워크플로우는 어떻게 되는지 궁금해합니다. 따라서 여기서는 툴이나 기능에 대한 설명보다는 현장에서 일어나는 일, 혹은 좋은 모션 그래픽 디자인을 하기 위해 궁금해 할 만한 질문을 모았습니다.

모션 그래픽 디자인은 클라이언트의 요청에 의해서 이뤄지는 경우가 많습니다. 따라서 디자인 스튜디오의 작업물은 어느 정도의 상업성과 클라이언트의 요구사항을 배제할 수 없습니다. 현장에서는 디자이너가 원하고 만들고 싶은 콘셉트를 100% 구현하는 게 쉽지 않습니다. 클라이언트가 원하는 부분과 디자이너의 기획, 제안이 잘 맞아떨어질 때 좋은 작업물이 나옵니다. 그러므로 디자이너가 원하는 스타일의 디자인이 있더라도 클라이언트에게 목적 없는 디자인으로 비춰지지 않도록 설득력 있는 디자인을 하는 것이 중요합니다. 억지스러운 클라이언트의 요구를 적절히 거절하고 적합한 방향으로 우회할 수 있는 커뮤니케이션 능력도 필요합니다.

Q1 하나의 프로젝트당 작업 기간은 얼마나 걸리나요?

모션 그래픽 디자인은 **기획–스토리보드 제작–키비주얼(스타일 프레임) 제작–영상 및 사운드 제작–수정–완성**의 단계를 거치게 됩니다. 이때 작업 프로그램의 특성상 1초를 만들기 위해 한 달, 혹은 몇 년을 쓸 수도 있습니다. 즉 작업 시간이 매우 많이 소요된다는 의미이므로 다른 디자인 작업에 비해 충분한 시간이 필요합니다. 또한 기획에서 완성까지 클라이언트 컨펌 후 수정하는 시간까지 감안해야 합니다.

프로젝트에 따라 주어지는 시간은 매번 다르지만 보통의 경우 **한 달에서 두 달 정도**의 시간이 주어집니다. 최대한 여유 있는 시간이 주어지면 좋겠지만 간혹 1주~2주의 짧은 시간이 주어지는 경우도 있습니다.

Q2 디자인을 전공하는 것이 중요한가요?

꼭 그렇지만은 않습니다. 특히 모션 그래픽 분야의 종사자들은 비전공자인 경우가 많습니다. 디자인에 대한 감각과 프로그램을 다루는 센스가 있다면 충분히 뛰어들 수 있는 분야라고 생각합니다.

Q3 좋은 영상을 만들기 위해 중요한 점은 뭘까요?

다양한 대답을 할 수 있는 질문이지만 첫 번째로는 **엉뚱한 상상으로 만들어지는 이미지, 예상치 못한 움직임의 전개에 대한 고민**을 많이 해야 합니다. 온라인 매체가 발달하면서 누구나 손쉽게 수많은 정보를 찾아볼 수 있게 되었습니다. 이 점이 오히려 몰개성화를 가지고 오는 추세입니다. 그러므로 나만의 무기가 될 수 있는 콘셉트를 만들어내는 것이 중요합니다.

두 번째로 **인내심**입니다. 디자이너의 인내와 노력은 영상의 완성도와 비례합니다. 작업자가 편하려고 무언가를 하나씩 덜어낼수록, 고민을 적게 할수록 영상의 완성도는 낮아집니다. 시작 단계일수록 생활의 달인과 같은 치열한 마음가짐과 노력으로 즐겁게 작업하는 것이 필요합니다.

Q4 사운드는 어떻게 선택해야 하나요?

배경음악이나 이펙트 사운드는 사운드 디자이너에게 의뢰해서 영상에 맞는 음악을 제작하는 것이 가장 좋은 방법입니다. 하지만 상황이 여의치 않을 경우 음원을 구입해 사용하게 됩니다. 평소 **다양한 장르의 음악을 듣고 서치하는 것**이 음원을 선택할 때에도 도움이 됩니다. 트렌디한 모션 그래픽 영상에 재즈나 클래식 음악을 사용해 이질적이면서도 풍부한 감성을 만드는 것도 좋습니다.

Q5 영감은 어디서 얻으면 좋을까요?

좋은 영감을 얻기 위해서는 오타쿠의 마인드가 필요합니다. 좋아하는 것이 뚜렷한 사람은 인상 깊은 디자인을 만들어낼 힘을 가지고 있습니다. 관심 분야에 대한 호기심과 깊은 고민이 자신만의 것을 만들어내는 데 분명 큰 도움이 되기 때문입니다.

모션 그래픽 영상 외의 것들에도 관심을 가지고 경험하는 것이 좋습니다. 지나가는 사람들의 걸음걸이, 여행지의 풍경, 브랜드 매장의 디스플레이, 전시회의 작품, 공연의 음악, 영화의 미장센에서 움직임과 이미지에 대한 풍부한 아이디어를 얻을 수 있습니다.

Q6 방송 타이틀 패키지란 무엇인가요?

방송 프로그램과 관련된 모든 요소를 통틀어 부르는 말입니다. 로고, 타이틀 영상, 범퍼, 트랜지션, 엔딩 크레딧을 말하며, 타이틀 패키지를 이루는 모든 요소는 하나의 브랜딩이라 볼 수 있습니다. 따라서 디자인 콘셉트, 아트워크를 통해 프로그램의 아이덴티티를 통일성 있게 표현하는 것이 중요합니다.

로고 | 방송 프로그램의 제목을 디자인합니다. 프로그램의 아이덴티티를 나타내는 가장 기본적이고 중요한 요소입니다. 보통 로고 디자이너가 따로 있지 않고 모션 그래픽 디자이너가 로고까지 디자인하는 경우가 많으므로 타이포그래피에 대한 이해가 필요합니다.

타이틀 영상 | 보통 15~30초 정도로 제작합니다. 프로그램의 기획 의도와 스토리를 짧은 영상으로 풀어냅니다. 2D와 3D그래픽으로 제작되고 실사 영상과 혼합해서 제작하기도 합니다.

범퍼 | 방송 중간에 프로그램 로고를 노출하며 분위기를 환기하는 역할의 영상입니다. 프로그램의 홍보 역할을 하기도 합니다. 2초에서 길게는 15초 정도로 제작합니다.

트랜지션 | 프로그램의 장면과 장면 사이에 연결점 역할을 하는 짧은 영상입니다. 보통 2~3초 정도로 제작합니다.

엔딩 크레딧 | 프로그램의 마지막에 제작 관련 스태프와 외주 업체의 이름을 보여줍니다.

이 밖에도 방송 타이틀 패키지에는 자막 디자인, CG 디자인이 포함되기도 합니다.

Q7 포트폴리오는 어떻게 준비해야 하나요?

다다익선이라는 말이 통하지 않는 경우가 포트폴리오 제작입니다. 본인의 작업을 다양하게 보여주고 싶은 욕심에 많은 작업물을 포트폴리오에 넣는 것은 추천하지 않습니다. 물론 각각의 작업물이 모두 완성도가 높다면 괜찮겠지만 **개수가 적더라도 완성도를 끌어올리는 것**이 더 중요합니다. 그리고 도입부에 보이는 작업이 눈길을 끌도록 해야 합니다. 도입부에 보이는 이미지가 매력적이지 않으면 인사 담당자는 그 포트폴리오를 눈여겨보지 않을 가능성이 높습니다. 지원하고 싶은 회사가 있다면 그 회사가 추구하는 방향에 맞춘 콘셉트의 작업을 첨부하는 것도 좋습니다. 포트폴리오가 좋더라도 회사의 성향과 다르다면 채용되지 않을 수 있습니다.

Q8 실무 작업 중 힘든 점은 무엇인가요?

모션 그래픽 디자이너를 꿈꾸는 분들, 이제 막 실무에 투입된 신입 디자이너들이 가장 많이 하는 질문입니다. 저는 실무에서 10년 이상 다양한 작업을 진행했으므로, 최대한 경험에 비추어 다양한 답변을 할 수 있겠네요. 디자이너가 하나의 결과물을 만들어내는 과정에서 쉬운 일만 있을 수는 없습니다. 당연히 힘든 일이 있기 마련이죠. 툴을 다루는 기술적인 면을 제외하고는 가장 많이 공감할 수 있는 힘든 점이 **아이디어의 도출과 기획, 실제 작업 단계에서 시간에 쫓기는 심리적 압박감**입니다.

디자이너들이 모션 그래픽 영상 하나를 만들기 위해서는 정말 많은 단계를 거칩니다. 포토샵, 일러스트레이터를 이용해 영상에 사용될 그래픽 소스를 제작하고 실사 촬영을 하기도 합니다. 그 후 프리미어 프로를 통한 편집 과정, 애프터 이펙트나 시네마4D 등 3D 프로그램을 이용한 후반 그래픽 작업까지 진행하는 데는 꽤 많은 시간이 소요됩니다. 작업 파일이 무거워질수록 렌더링 시간도 무시할 수 없습니다. 이렇게 제작한 영상은 클라이언트의 컨펌 여부에 따라 많은 부분을 수정해야 하는 경우도 있고, 심지어는 처음부터 새롭게 제작해야 하는 경우도 있습니다. 무리한 수정을 방지하기 위해서는 기획 단계에서부터 클라이언트와 충분히 소통해야합니다. 이러한 과정을 통해 콘셉트에 대한 서로 간의 동의와 약속이 이뤄집니다. 하지만 갑작스러운 기획 의도 변경에 따른 불가피한 수정도 있습니다.

수정에 수정을 거듭하는 안타까운 상황에는 기획 의도대로 아웃풋을 뽑아내지 못한 디자이너의 역량이 문제가 될 수도 있습니다. 그러나 가장 큰 문제는 영상 작업에 소요되는 시간과 노력에 대한 클라이언트의 이해도가 부족하다는 점입니다. 요즘은 다양한 분야에서 완성도 높은 영상을 쉽게 접할 수 있다 보니, 영상 제작 과정의 어려움이 간과되기 쉽습니다. 일부 클라이언트지만 짧은 시간 내 제작과 수정이 가능하리라 생각하는 경우도 있습니다.

또 하나의 힘든 점은 **영상 제작 인력에 대한 적절한 비용 책정이 이뤄지지 않는 점**입니다. 프리랜서로 일하는 경우 일을 수급받으려는 급한 마음에 저렴한 비용으로 작업을 의뢰받는 분들도 있습니다. 당장은 일을 따내 작업할 수 있겠지만 길게 보면 디자이너 모두의 노력에 대한 정당한 지불이 어려워지는 결과를 만듭니다. 그렇기 때문에 본인이 노력한 만큼의 정당한 비용을 요구해야 합니다. 물론 그전에 정당한 요구를 할 수 있을 만큼의 실력을 갖춰야겠지요.

Q9 모션 그래픽 디자이너를 꿈꾸는 지망생에게 한마디!

저는 방송국에서 일한 덕분에 방송 영상 디자인 업무를 많이 진행했습니다. 혹자는 '로고며 타이틀 영상 디자인이 뭐 얼마나 중요하겠냐! 중요한 것은 프로그램 자체이고 시청률인데'라고 말하기도 합니다. 실제로 제가 만든 로고, 타이틀 영상이 TV에 노출되는 시간은 짧습니다. 타이틀 영상은 15초에서 30초, 길어도 1분을 넘기지 않습니다. 저를 비롯한 영상 디자이너들은 1분도 안 되는 결과물을 만들기 위해 한 달 또는 몇 달 이상을 고민하고 밤을 새우며 일합니다. 프로그램은 재밌게 보더라도 로고 디자인이나 타이틀 영상 디자인을 눈여겨보는 사람은 많지 않죠. 공들여 작업한 타이틀 패키지였는데 프로그램이 인기가 없어 금방 종영된다거나, 로고나 타이틀 영상은 별로여도 프로그램이 대박 나는 경우도 있습니다. 하지만 프로그램의 콘텐츠를 완성도 있게 만드는 PD는 로고 디자인과 타이틀 영상, 자막 디자인까지 세세하게 신경 쓰는 편이고 이 모든 것들이 시너지를 내 프로그램의 완성도를 높인다고 생각합니다. 종종 해외나 타 채널의 디자인을 레퍼런스로 제시하고 '그대로' 만들어달라고 요청하는 허탈한 상황이 발생하기도 합니다. 그러나 **모션 그래픽, 영상 디자이너로 일하면서 내가 그리는 상상 속 세계가 눈 앞에 펼쳐지는 것을 생각한다면 이 모든 과정은 뿌듯함을 채워주는 단계**라 생각합니다.

모션 그래픽 포트폴리오

모션 그래픽 디자인에 참고할 만한 저자의 작업물을 소개합니다. 다양한 이미지를 통해 인사이트를 얻고 포트폴리오 구성을 참고해보세요.

2016 지산 밸리 락 페스티벌

2016년 지산 밸리 락 페스티벌의 메인 라인업을 소개하는 영상입니다. 지산 밸리를 표현하는 산과 나무, 도형을 벡터 그래픽으로 디자인해 강렬한 색감을 표현했습니다.

2017 지산 밸리 락 페스티벌

2017년 지산 밸리 락 페스티벌의 메인 라인업을 소개하는 영상입니다. 자연에서 볼 수 있는 나뭇잎, 호수 등을 벡터 그래픽으로 디자인한 후 콜라주 느낌을 표현했습니다.

 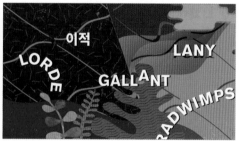

Mnet_M2 〈엔딩태그〉

Mnet의 모바일 채널인 M2의 영상 콘텐츠 마지막에 들어가는 엔딩 태그 영상입니다. 모바일과 웹 브라우저를 플랫한 느낌으로 표현했습니다.

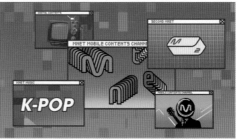

Mnet 〈믹스테이프〉

Mnet에서 방영된 취향저격 뮤직 토크쇼 〈믹스테이프〉의 타이틀 영상입니다. 프로그램 제목을 그대로 전달할 수 있도록 테이프(Tape)를 플레이(Play)하는 느낌을 표현했습니다.

KBS Drama 〈뷰티바이블〉

KBS Drama의 뷰티 〈뷰티바이블〉의 타이틀 영상입니다. 〈뷰티바이블〉은 여성들을 위한 뷰티 제품과 관련 팁을 소개하는 프로그램답게 메인 MC의 아름다운 모습을 프레임 속에 담아 구성했습니다.

울주 세계 산악 영화제

울주에서 열리는 세계 산악 영화제를 홍보하는 영상입니다. 울주의 산을 합성 작업을 통해 다양하게 배치하고 자연스럽게 이어지는 모습을 표현했습니다.

JTBC2 〈서우의 말괄량이 길들이기〉

JTBC2에서 방영된 배우 서우의 리얼리티 프로그램의 타이틀 영상입니다. 주인공의 리빙, 패션, 뷰티가 담긴 라이프 스타일을 보여주기 위해 키치한 콜라주 느낌을 표현했습니다.

Mnet 〈SVT클럽〉

Mnet에서 방영한 세븐틴의 리얼 예능 프로그램의 타이틀 영상입니다. 세븐틴(SEVENTEEN)의 타이포그래피와 선, 도형을 자유롭게 활용해 주목도를 높였습니다.

▼ 나우플러스레이터(www.nowpluslater.com)에서도 저자의 다양한 작업물을 확인할 수 있습니다.

▼ 본 영상은 저자가 직접 제작한 작업물입니다. 영상 저작권은 방송사에, 인물의 초상권은 개인 및 소속사에 귀속되어 있습니다.

실전
모션 그래픽
디자인

PART

02

인스타그램 스타일의 벡터 그래픽 디자인하기

셰이프 레이어(Shape Layer)는 애프터 이펙트에서 가장 기본적이고 쓰임새가 많은 레이어입니다. 최근 2D 기반의 벡터 그래픽이 디자인 트렌드로 떠오르면서 셰이프 레이어의 사용 범위가 더욱 넓어졌습니다. 셰이프 레이어의 Add 기능을 활용해 다양한 속성을 추가하면 원하는 대로 오브젝트를 변화시킬 수 있습니다. 그래서 벡터 그래픽을 기반으로 한 모션 그래픽 영상에서 셰이프 레이어만을 사용하는 경우도 많아졌습니다. 이번 프로젝트에서는 셰이프 레이어를 활용한 벡터 그래픽 영상을 만들어보고 간단하면서 자주 사용하는 이펙트를 함께 소개합니다.

PREVIEW

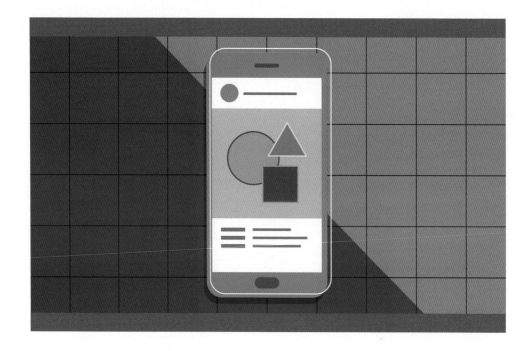

10년차
선배는
이렇게!

셰이프 레이어의 Add 기능을 똑똑하게 활용하자!
Repeater 기능은 기존에 만든 셰이프를 반복하여 패턴이나 형태를 만드는 데 쓰입니다. 이때 반복되는
개수와 [Transform] 속성을 다양하게 변형할 수 있습니다.

프로의 작업물처럼 자연스러운 움직임을 적용하자!
각 레이어에 시간 차이를 준다면 모션의 디테일이 살아납니다. 또한 그래프 에디터에서 Speed Graph
와 Value Graph의 기울기를 이용해 가속이나 감속에 텐션감을 만들어주면 매력적인 움직임이 완성됩
니다.

준비 파일 없음
완성 파일 Project/1_Shape layer/Shape layer_완성.aep

▶ PLAY

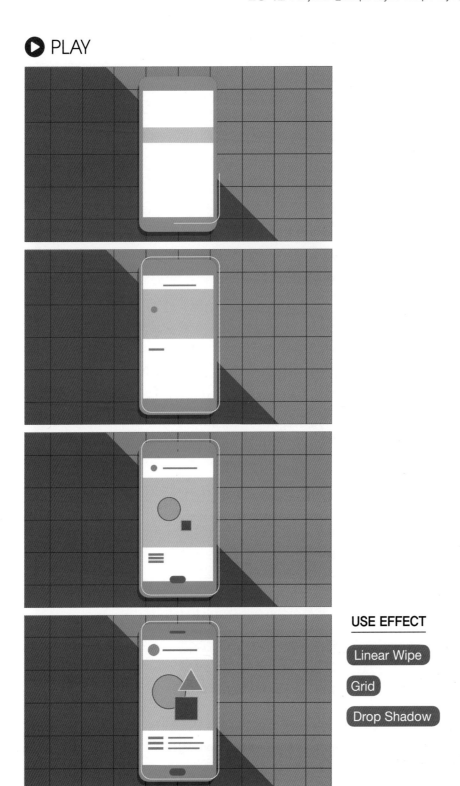

USE EFFECT

Linear Wipe

Grid

Drop Shadow

AE BASIC NOTE

01 눈길을 끄는 모션 그래픽 영상을 만들기 위해 필요한 요소는 여러 가지입니다. 레이아웃, 색감 등 그래픽 디자인적 연출을 기본으로 한 후 각 오브젝트에 다양한 움직임과 속도 변화를 만드는 것이 중요합니다. 애프터 이펙트에서는 속도 변화를 만들기 위해 타임라인의 키프레임에 가속과 감속을 만들고 그래프 에디터에서 시간에 따른 속도 변화를 제어할 수 있습니다. 움직임에 대한 이해 없이 기계적으로 가속/감속 키프레임을 만들고 그래프 에디터를 이리저리 조정하면 어색한 움직임이 만들어질 수밖에 없습니다. 속도 변화를 연출하기 위해 절대적인 수치나 그래프의 모양을 암기하는 식의 공부보다는 영상을 재생했을 때 일상의 움직임처럼 자연스럽고 이질감 없는 움직임을 만들려는 노력이 필요합니다. 평소 주변에서 보는 사물과 인물의 움직임이나 애니메이션 작품을 눈여겨보는 것도 움직임에 대한 감각을 키우는 데 도움이 됩니다. 본격적인 예제 실습에 들어가기 전에 가속/감속 키프레임을 만들고 그래프 에디터를 다루는 방법에 대해 알아보겠습니다.

02 Easy Ease In/Out 이해하기

먼저 키프레임의 종류에 대해 알아봅니다. 기본적으로 만들어지는 Linear 키프레임에 가속/감속의 변화를 만들 수 있습니다. 가속/감속의 속성을 가진 키프레임을 Easy Ease In/Out이라 부릅니다. 처음 접하면 단어도 생소하고 어렵게 느껴질 수 있습니다. Easy Ease('쉽게 감소하다'는 뜻)를 이해하기 위해 가장 중요한 점을 함께 알아보겠습니다.

키프레임의 종류

① **Linear** ◼ | 기본 키프레임입니다. 속도 변화가 없는 일정한 등속도 움직임입니다.

② **Easy Ease In** ▶ | 들어오면서 서서히 속도가 느려집니다.

③ **Easy Ease Out** ◀ | 나가면서 서서히 속도가 빨라집니다.

④ **Easy Ease** ⒳ | 가속과 감속을 동시에 가집니다. 움직임의 시작과 마지막을 부드럽게 만들어줍니다.

⑤ **Hold** ⒧ | 두 키프레임 사이의 움직임 없이 고정되어 뚝뚝 끊기는 움직임을 만듭니다.

Easy Ease를 만드는 두 가지 방법*

① 키프레임을 마우스 오른쪽 버튼으로 클릭한 후 [Keyframe Assistant]—[Easy Ease/
Easy Ease In/Easy Ease Out]을 선택합니다.

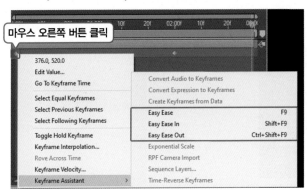

② 키프레임을 선택하고 **F9** 를 이용한 단축키 세 가지를 활용합니다. 작업의 효율성을 위해 단축키 **F9** 의 사용법을 꼭 숙지하는 것이 좋습니다.

F9 | Easy Ease = 가속+감속 키프레임

Shift + **F9** | Easy Ease In = 감속 키프레임

Ctrl + **Shift** + **F9** | Easy Ease Out = 가속 키프레임

TIP Linear 키프레임으로 원상복구하려면 **Ctrl** 을 누른 채 키프레임을 클릭합니다.

AE BASIC NOTE

10 년차 선배의 멘토링   키프레임 옵션 메뉴 알아보기

키프레임을 마우스 오른쪽 버튼으로 클릭했을 때 나타나는 옵션 메뉴에 대해 알아보겠습니다.

① 선택한 키프레임의 값을 보여줍니다. 이 이미지는 [Position] 속성의 키프레임을 선택했기 때문에 X, Y축의 값을 보여주고 있습니다. 클릭하면 값을 수정할 수 있습니다.

② 선택한 키프레임의 값을 수정합니다.

③ 선택한 키프레임 위치로 타임 인디케이터를 이동시킵니다.

④ 선택한 키프레임과 같은 값을 가지는 키프레임을 선택합니다.

⑤ 선택한 키프레임을 포함해 앞에 위치한 키프레임을 모두 선택합니다.

⑥ 선택한 키프레임을 포함해 뒤에 위치한 키프레임을 모두 선택합니다.

⑦ 선택한 키프레임을 Hold 키프레임으로 변경합니다.*

⑧ 선택한 키프레임의 움직임을 직선/곡선으로 변경합니다. Linear는 직선의 움직임, Bezier는 곡선의 움직임을 나타냅니다. 키프레임을 클릭하고 Ctrl + Alt + K 를 눌러 [Keyframe Interpolation] 대화상자를 불러올 수도 있습니다.*

⑨ 선택한 키프레임의 위치에 따라 속도와 시간을 자연스럽게 조정합니다.*

⑩ 선택한 키프레임의 속도값을 수치로 설정합니다.*

⑪ 선택한 키프레임을 가속/감속 키프레임으로 바꿉니다.

Easy Ease 키프레임의 모양 알아보기

키프레임의 모양과 움직임의 원리, 명칭의 상관 관계를 이해하는 것이 중요합니다.

- ➤ Easy Ease In = 들어온다 = 감속
- ◀ Easy Ease Out = 나간다 = 가속
- ✖ Easy Ease = 가속과 감속 모두

키프레임 설정 시 자주하는 실수

처음 키프레임의 속도 변화를 공부할 때 위와 같은 실수를 하는 분들이 있습니다. 이 경우 프리뷰를 해봐도 속도에 변화가 없습니다. Easy Ease In(감속 키프레임)과 Easy Ease Out(가속 키프레임)을 반대로 적용했기 때문입니다.

움직임의 기본 원리에 대한 이해 없이 키프레임을 바꾼 상태입니다. 움직임의 기본 원리는 시작점에서 가속이 되고 끝나면서 감속되어 정지하는 것입니다. 하지만 시작부터 감속이 되고 마지막은 더 이상의 움직임이 없는데 가속을 만든다면 물리적으로 말이 안 되겠죠.

02 그래프 에디터(Graph Editor) 이해하기★

가속/감속 키프레임을 만들었다면 [Timeline] 패널의 그래프 에디터를 이용해 더 디테일한 속도 변화를 만들 수 있습니다. 그래프 에디터를 능숙하게 다룰수록 더 자연스러운 움직임을 구현할 수 있습니다. 모션 그래픽 공부를 하는 데 꼭 숙지해야 하는 과정이니 꼼꼼하게 익혀둡니다.

그래프 에디터 열기

그래프 에디터는 [Timeline] 패널 상단의 그래프 에디터 █를 클릭해서 열 수 있습니다. 이때 키프레임을 하나 이상 선택해야만 그래프가 보입니다.

AE BASIC NOTE

두 가지 그래프 에디터

디테일한 속도 조절을 위해 두 가지 종류의 그래프를 선택적으로 사용합니다. Speed Graph와 Value Graph입니다. 타임라인 하단의 Choose graph type and options  를 클릭해 설정을 바꿀 수 있습니다.

▲ Speed Graph

▲ Value Graph

Value Graph는 X축, Y축을 각각 분리해서 그래프를 설정할 수도 있습니다. [Timeline] 패널 아래의 Separate Dimensions를 클릭해 설정을 바꾸거나, 레이어의 속성값 을 마우스 오른쪽 버튼으로 클릭한 후 [Separate Dimensions]를 선택해도 됩니다.

KEYFRAME, GRAPH EDITOR

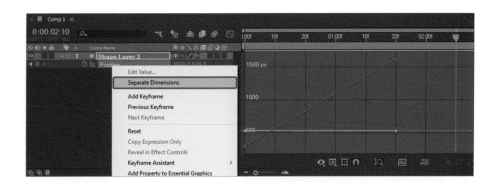

그래프 에디터의 핵심 개념

① 그래프의 가로축은 시간, 세로축은 속도를 나타냅니다.

② 그래프 에디터에서 Speed Graph와 Value Graph를 사용할 수 있습니다. 작업 상황에 따라, 혹은 작업자의 편의에 따라 선택합니다. 기본적으로 사용하는 것은 Speed Graph이지만 좀 더 디테일한 속도 변화를 만들 때는 Value Graph를 사용합니다.

③ **Speed Graph와 Value Graph의 차이**[*]

동일한 상황(느리게 시작해서 점차 빨라졌다 다시 느리게 끝나는 움직임)에서 Speed Graph 와 Value Graph를 비교해봅니다.

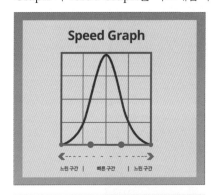

Speed Graph

그래프 높이의 변화 = 속도의 변화

그래프 높이가 낮다 = 속도가 느리다

그래프 높이가 높다 = 속도가 빠르다

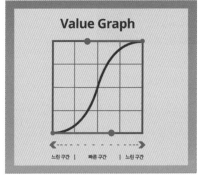

Value Graph

그래프 기울기의 변화 = 속도의 변화

그래프 기울기 변화가 완만하다 = 속도 변화가 느리다

그래프 기울기 변화가 급격하다 = 속도 변화가 빠르다

AE BASIC NOTE

④ 그래프 핸들 길이를 늘이거나 줄여서 그래프의 높낮이와 기울기의 변화(속도의 변화)를 만듭니다. 이때 Shift 를 누른 채 핸들을 조정해야 합니다.

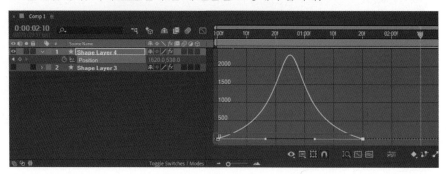

핸들의 길이는 값을 입력해 조절할 수도 있습니다. 키프레임을 마우스 오른쪽 버튼으로 클릭해서 [Keyframe Velocity]를 선택합니다. [Keyframe Velocity] 대화상자에서 [Influence]의 값을 설정합니다. 키프레임을 Alt +더블클릭해서 [Keyframe Velocity] 대화상자를 불러올 수도 있습니다. [Incoming Velocity]는 들어오는 속도를 설정하고 [Outgoing Velocity]는 나가는 속도를 설정합니다.

속도 변화에 따른 그래프 에디터의 변화

움직임을 만든 레이어를 선택하면 동작 패스가 보입니다. 동작 패스의 각 점 사이 공간은 속도를 나타냅니다. 각 점 사이의 공간이 규칙적이면 속도가 일정하고 공간이 넓어지면 속도가 빨라집니다. 반대로 공간이 좁으면 속도는 느려집니다. 여기서는 속도 변화에 따른 두 키프레임 사이의 동작 패스 간격 변화를 이해하기 쉽도록 이미지로 표현했습니다.

KEYFRAME, GRAPH EDITOR

Speed Graph, Value Graph의 형태 변화도 함께 비교해봅니다.

① **Linear** 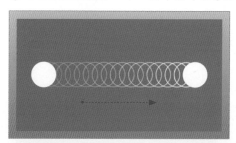 | 속도 변화 없이 일정한 등속도 움직임입니다.

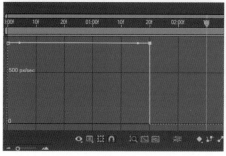

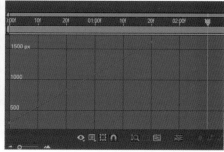

▲ Speed Graph | 그래프의 높이 변화(속도 변화)를 확인   ▲ Value Graph | 그래프의 기울기 변화(속도 변화)를 확인

② **Easy Ease In** 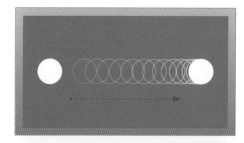 | 들어오면서 서서히 속도가 느려집니다.

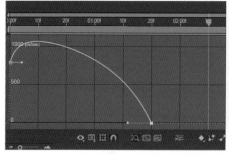

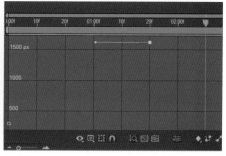

▲ Speed Graph | 그래프의 높이 변화(속도 변화)를 확인   ▲ Value Graph | 그래프의 기울기 변화(속도 변화)를 확인

③ **Easy Ease Out** 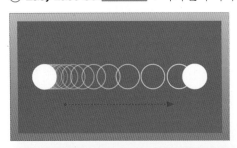 │ 나가면서 서서히 속도가 빨라집니다.

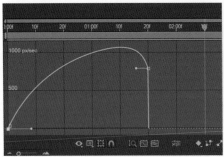

▲ Speed Graph │ 그래프의 높이 변화(속도 변화)를 확인

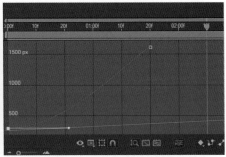

▲ Value Graph │ 그래프의 기울기 변화(속도 변화)를 확인

④ **Easy Ease** 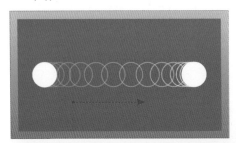 │ 가속과 감속을 동시에 가집니다. 점점 빨라졌다가 점점 느려집니다.

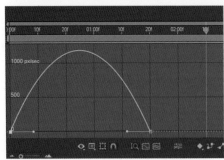

▲ Speed Graph │ 그래프의 높이 변화(속도 변화)를 확인

▲ Value Graph │ 그래프의 기울기 변화(속도 변화)를 확인

KEYFRAME, GRAPH EDITOR

03 그래프 에디터의 활용

속도 변화에 따른 왕복 운동의 변화를 비교할 수 있도록 만든 영상을 예제 소스 파일로 첨부합니다. 영상을 보면서 속도 변화와 그래프 형태의 상관 관계를 이해하고 그래프를 다루는 데 참고해보세요. Speed Graph, Value Graph의 형태 변화도 함께 비교해봅니다.

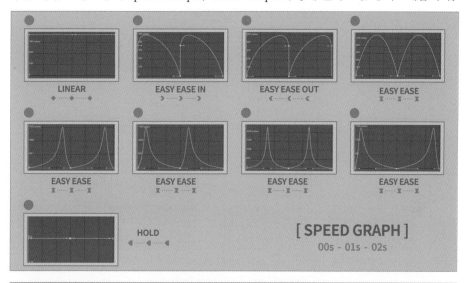

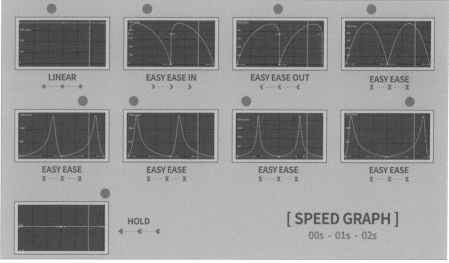

▲ 예제 소스(AE Basic Note\Graph Editor\Speed Graph)를 열어 Speed Graph의 변화를 확인하세요.

AE BASIC NOTE

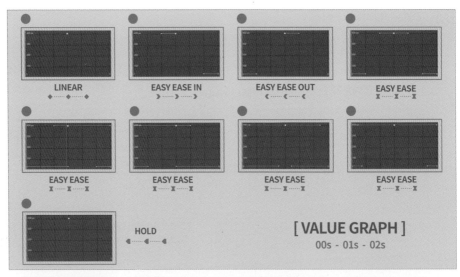

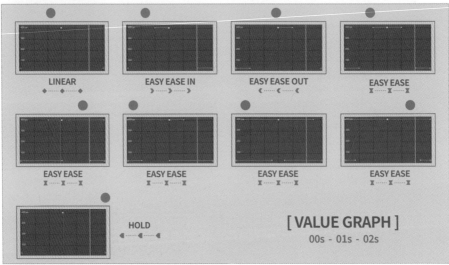

▲ 예제 소스(AE Basic Note\Graph Editor\Value Graph)를 열어 Value Graph의 변화를 확인하세요.

STEP

배경과 스마트폰 디자인하기

솔리드 레이어를 만들고 다양한 이펙트를 적용해 배경을 디자인해봅니다.
그런 다음 셰이프 레이어 위에 스마트폰 모양의 벡터 오브젝트를
그려보겠습니다.

배경 솔리드 레이어 만들기

01 Ctrl + N 을 눌러 [Composition Settings] 대화상자가 나타나면 다음 표를 참고해 새 컴포지션을 만듭니다.

[Composition Name]	Shape layer
[Width]	1920px
[Height]	1080px
[Pixel Aspect Ratio]	Square Pixels
[Frame Rate]	29.97
[Duration]	0:00:03:00(3초)
[Background Color]	Black(#000000)

TIP Ctrl + N 은 새 컴포지션을 만드는 단축키로 [Composition]–[New Composition] 메뉴를 선택한 것과 같습니다. 실무에서는 메뉴를 클릭하는 것보다 단축키를 눌러 빠르게 작업합니다. PART 02에서는 빠르고 효과적인 실습을 위해 단축키 위주로 설명합니다. 작업 중 컴포지션의 크기(Width, Height), 길이(Duration), 배경 컬러(Background Color) 등의 옵션을 수정하고 싶다면 Ctrl + K 를 누릅니다. [Composition Settings] 대화상자가 다시 나타납니다.

02 ① Ctrl + Y 를 눌러 [Solid Settings] 대화상자를 불러옵니다. ②[Name]에 알맞은 이름을 입력하고 ③ [Color]는 #FF7462로 적용합니다. ④ [OK]를 클릭해 솔리드 레이어를 만듭니다.

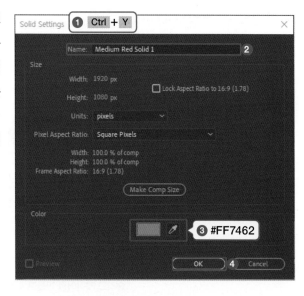

03 ①02 과정과 같은 방식으로 솔리드 레이어를 하나 더 만듭니다. Ctrl + Y 를 눌러 [Solid Settings] 대화상자를 불러온 뒤 ②[Name]을 입력하고 ③ [Color]는 #5C3BCE로 적용합니다. ④[OK]를 클릭해 솔리드 레이어를 만듭니다.

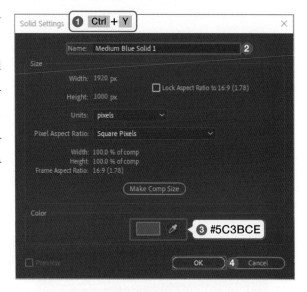

TIP [Solid Settings] 대화상자에서 [Make Comp Size]를 클릭하면 작업 중인 컴포지션과 같은 크기의 솔리드 레이어가 만들어집니다.

04 솔리드 레이어 이름을 **배경1, 배경2**로 변경합니다.

TIP 레이어 이름을 바꾸려면 레이어 이름을 클릭하고 Enter 를 누릅니다. 입력 커서가 깜빡이면 원하는 이름을 입력해 변경합니다.

솔리드 레이어에 이펙트 적용하기

05 ①[Effects & Presets] 패널에서 **Linear Wipe**를 검색한 후 ②[배경2] 레이어로 드래그
하여 이펙트를 적용합니다. ③다음 표를 참고하여 [Effect Controls] 패널에서 [Linear
Wipe] 속성을 설정합니다.

[Transition Completion]	47%
[Wipe Angle]	0x+225

> **TIP** Linear Wipe 이펙트는 레이어에 직선 와
> 이프 효과를 표현하므로, 화면 전환 효과를
> 주거나 면 분할 그래픽을 만드는 데 사용합
> 니다.

> **TIP** [배경2] 레이어가 선택된 상태에서 이펙트를 더블클릭해도 이펙트가 적용됩니다.

06 05 과정처럼 [배경2] 레이어에 Grid 이펙트를 적용해보겠습니다. ①[Effects & Presets]
패널에서 **Grid**를 검색한 후 ②[배경2] 레이어로 드래그하여 이펙트를 적용합니다. ③다
음 표를 참고하여 [Effect Controls] 패널에서 [Grid] 속성을 설정합니다.

[Size From]	Width Slider
[Width]	200
[Border]	4
[Color]	#342568
[Blending Mode]	Normal

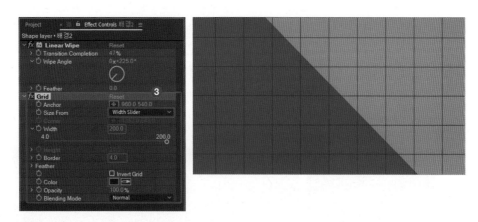

TIP Grid 이펙트는 레이어에 격자를 표현하므로, 화면을 분할하거나 영역을 나눌 때 사용합니다.

스마트폰 모양의 셰이프 레이어 만들기

07 ①사각형 도구 ■ ⓠ로 [Composition] 패널을 드래그해 스마트폰 비율의 직사각형을 그립니다. ②새로 생성된 셰이프 레이어 이름을 **스마트폰**으로 변경합니다. ③상단 옵션바에서 [Fill]은 **#05A668**, [Stroke]는 **None**으로 설정합니다.

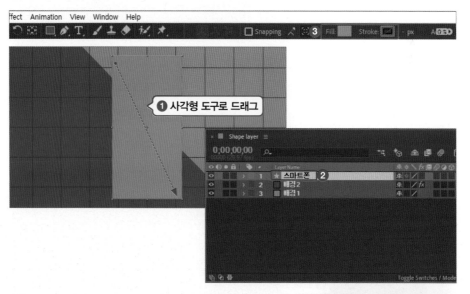

TIP 옵션바에서 [Stroke]를 클릭하면 [Stroke Options] 대화상자가 나타납니다. [None]을 클릭하고 [OK]를 클릭하면 아무것도 적용되지 않은 획(Strok)이 설정됩니다.

08 [Timeline] 패널에서 [스마트폰] 레이어의 속성을 조절해보겠습니다. ①다음 표를 참고하여 [Rectangle Path 1] 속성을 변경합니다. ②어느 정도 스마트폰의 형태가 만들어졌다면 Ctrl + Alt + Home 을 눌러 중심점을 정중앙으로 옮깁니다.

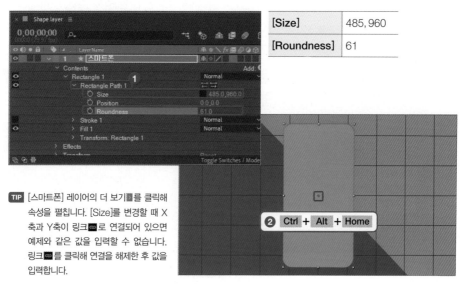

[Size]	485, 960
[Roundness]	61

> **TIP** [스마트폰] 레이어의 더 보기 █를 클릭해 속성을 펼칩니다. [Size]를 변경할 때 X축과 Y축이 링크 █로 연결되어 있으면 예제와 같은 값을 입력할 수 없습니다. 링크 █를 클릭해 연결을 해제한 후 값을 입력합니다.

> **TIP** 중심점을 이동할 때는 도구바의 중심점 도구(Pan Behind Tool) █를 사용해서 이동합니다. 그러나 오브젝트의 정중앙으로 이동할 때에는 단축키 Ctrl + Alt + Home 을 누르는 것이 훨씬 효율적입니다.

09 [스마트폰] 레이어에 그림자 효과를 추가해보겠습니다. ①[Effects & Presets] 패널에서 **Drop Shadow**를 검색한 후 ②[스마트폰] 레이어에 적용합니다. ③다음 표를 참고하여 [Effect Controls] 패널에서 [Drop Shadow] 속성을 설정합니다. 스마트폰 오브젝트에 그림자 효과가 적용됩니다.

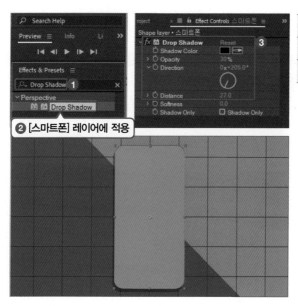

[Opacity]	30%
[Direction]	0x205 ˚
[Distance]	27

10 스마트폰 액정을 만들어보겠습니다. ①사각형 도구■ Q 로 스마트폰 위를 드래그하여 액정 비율의 직사각형을 그립니다. ②새로 생성된 셰이프 레이어 이름을 **액정**으로 변경한 후 ③[Fill]은 **#FFFFFF**, [Stroke]는 **None**으로 설정합니다. ④다음 표를 참고하여 [Rectangle Path 1] 속성을 변경합니다. 어느 정도 스마트폰 액정 형태가 만들어졌다면 ⑤ Ctrl + Alt + Home 을 눌러 중심점을 정중앙으로 옮깁니다.

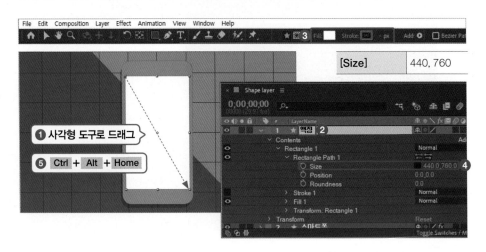

[Size]	440, 760

인스타그램 프레임 만들고 디테일 더하기

11 인스타그램 프레임을 만들어보겠습니다. ①[액정] 레이어를 선택한 후 Ctrl + D 를 눌러 복제한 후 ②복제된 레이어의 이름을 **인스타프레임**으로 변경합니다. ③[Fill]은 **#C4C4C4**, [Stroke]는 **None**으로 설정합니다. ④다음 표를 참고하여 [Rectangle Path 1] 속성을 변경합니다. 심플한 인스타그램 프레임이 완성됩니다.

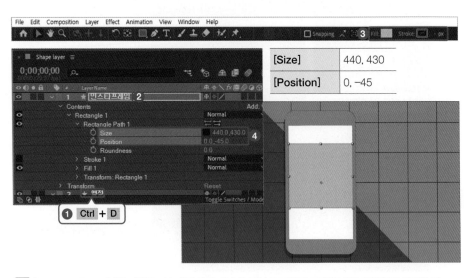

[Size]	440, 430
[Position]	0, -45

TIP [Rectangle Path 1]-[Size]와 [Position]의 Y축을 마이너스 값(-)으로 바꾸면 프레임이 살짝 아래쪽으로 내려옵니다.

12 홈 버튼을 만들어 스마트폰의 디테일을 더해봅니다. ①사각형 도구■ Q 로 스마트폰의 아래를 드래그하여 직사각형의 셰이프를 만듭니다. ②레이어 이름을 **홈버튼**으로 변경하고 ③[Fill]은 **#0A764C**, [Stroke]는 **None**으로 설정합니다. ④다음 표를 참고하여 [Rectangle Path 1] 속성을 변경합니다. ⑤ Ctrl + Alt + Home 을 눌러 중심점을 정중앙으로 옮깁니다.

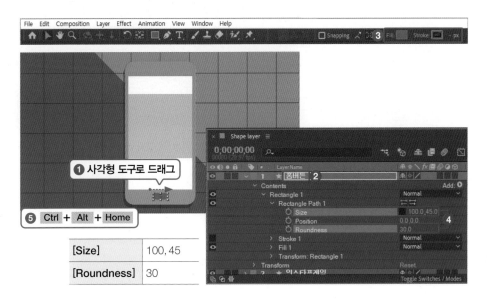

[Size]	100, 45
[Roundness]	30

13 스마트폰 상단에 스피커 디테일을 만들어보겠습니다. ①홈 버튼과 비슷한 형태이므로 [홈버튼] 레이어를 선택하고 Ctrl + D 를 눌러 복제합니다. ②복제된 레이어의 이름을 **스피커**로 변경합니다. ③다음 표를 참고하여 [Rectangle Path 1]과 [Transform] 속성을 변경합니다. 스마트폰 상단에 스피커 모양이 만들어집니다.

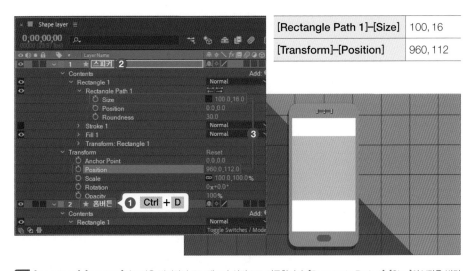

[Rectangle Path 1]-[Size]	100, 16
[Transform]-[Position]	960, 112

> **TIP** [Transform]-[Position]의 Y값을 변경하면 오브젝트가 상단으로 이동합니다. [Rectangle Path 1]-[Size]의 Y값을 변경하면 오브젝트의 형태만 살짝 바뀝니다.

14 ①스마트폰 디자인을 위해 만든 5개의 레이어를 모두 선택하고 ②레이어 왼쪽의 라벨을
클릭합니다. ③단축 메뉴에서 [Yellow]를 선택해 라벨 컬러를 바꿔줍니다.

TIP 오브젝트를 하나로 묶은 후 레이어 이름을 알아보기 쉽게 바꿉니다. 그런 다음 라벨 컬러를 같은 색으로 구분해주면 작업의 효
율성을 높일 수 있습니다.

STEP

인스타그램 인터페이스 디자인하기

셰이프 레이어를 이용해 인스타그램 피드 느낌의 인터페이스를
디자인해보겠습니다. 다양한 셰이프를 만들어 프로필, 댓글, 피드
오브젝트를 만들어봅니다. 실제 인스타그램 피드를 보는 것 같은 모습으로
만들어보는 것이 중요합니다.

프로필 영역 디자인하기

15 인스타그램 인터페이스를 응용해 액정 안을 심플하게 디자인해보겠습니다. ① 원형 도구
■■ Q 로 인스타그램 프로필 사진 위치에 정원 셰이프를 그립니다. ② 셰이프 레이어 이름
을 **프로필**로 변경합니다. ③ [Fill]은 **#FF7462**, [Stroke]는 **None**으로 설정합니다. ④ 다
음 표를 참고해 [Ellipse Path 1] 속성을 설정하고 ⑤ Ctrl + Alt + Home 을 눌러 중심점
을 정중앙으로 옮깁니다.

[Size]	72, 72

셰이프의 [Fill]을 설정할 때는 직접 컬러 값을 입력해도 되지만 [Shape Fill Color] 대화상자에서 스포이트 도구로 [배경1] 레이어의 배경을 클릭해 동일한 색을 설정해도 됩니다.

16 프로필 옆 텍스트 그래픽을 만들어보겠습니다. ①펜 도구 G 로 프로필 옆에 가로 선을 그립니다. ②셰이프 레이어 이름을 **프로필 텍스트**로 변경합니다. ③[Fill]은 None, [Stroke]는 **#828282, 10px**로 설정합니다. ④ Ctrl + Alt + Home 을 눌러 중심점을 정중앙으로 옮깁니다.

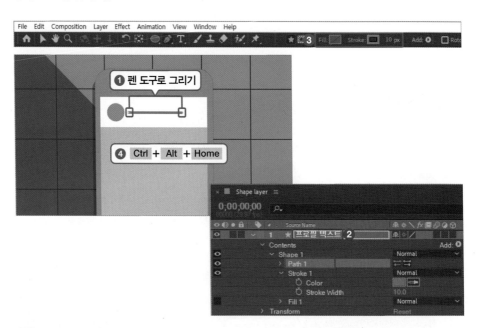

펜 도구로 셰이프를 그리면 셰이프 레이어가 만들어집니다. 셰이프 형태를 수정할 때는 ① [Timeline] 패널에서 셰이프 레이어를 선택한 후 [Path 1]을 선택합니다. ② 컴포지션에서 셰이프 레이어의 각 패스점을 클릭해 직접 위치를 옮겨 수정합니다. 이 방법은 일러스트레이터의 패스 수정 원리와 동일합니다.

댓글 영역 디자인하기

17 인스타그램 피드의 댓글 영역을 만들어보겠습니다. ①펜 도구 ✏️ G 로 댓글 위치에 가로 선을 그립니다. ②셰이프 레이어 이름을 **블루라인**으로 변경합니다. ③[Fill]은 **None**, [Stroke]는 **#4486FF, 15px**로 설정합니다. ④레이어의 [Add]-[Repeater]를 클릭합니다. 처음 만든 블루라인이 나란히 수평으로 세 개 반복됩니다. ⑤다음 표를 참고해 [Transform: Repeater 1]-[Position]의 속성을 설정하여 블루라인을 수직으로 정렬합니다. ⑥ Ctrl + Alt + Home 을 눌러 중심점을 정중앙으로 옮깁니다.

[Repeater 1]-[Transform: Repeater 1]-[Position]	0, 32

10 년차 선배의 멘토링   셰이프 레이어의 Add-Repeater 기능

Add 기능을 이용하면 셰이프 레이어에 다양한 속성을 추가할 수 있습니다. 그중 [Repeater]는 기존에 만든 셰이프를 반복되는 패턴이나 형태로 만들 수 있습니다. 반복되는 개수와 [Transform] 속성을 설정하여 유용하게 활용해보세요.

값을 설정할 때 유의할 점은 [Timeline] 패널에서 [Transform: Repeater 1]과 레이어 자체에 속한 [Transform]의 기능은 다르다는 것을 꼭 기억해야 합니다. [Transform: Repeater 1]은 반복되는 셰이프(오브젝트)를 개별적으로 움직이는 옵션이지만, 레이어 자체의 [Transform]은 반복되는 전체 셰이프(오브젝트)를 하나로 인식하여 통째로 움직이는 옵션입니다. 따라서 17 과정처럼 반복되는 셰이프를 개별적으로 움직이게 하려면 [Transform: Repeater 1] 속성을 변경해야 합니다.

18 댓글 오브젝트를 추가해보겠습니다. ①펜 도구 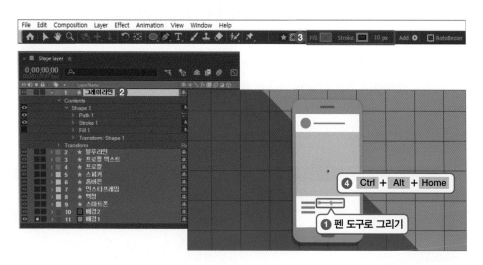 G 로 댓글 모양의 가로 선을 그립니다. ②셰이프 레이어 이름을 **그레이라인**으로 변경하고 ③ [Fill]은 **None**, [Stroke]는 **#828282, 10px**로 설정합니다. ④ Ctrl + Alt + Home 을 눌러 중심점을 정중앙으로 옮깁니다.

19 레이어를 열어보면 [Shape 1] 속성으로 하나의 그레이라인이 생성된 것을 확인할 수 있습니다. ①[Shape 1]이 선택된 상태에서 Ctrl + D 를 눌러 복제하면 [Shape 2]가 생성됩니다. ②[Shape 2]의 [Transform: Shape 2] 속성을 확인해봅니다. ③[Position]의 Y축을 32로 설정하면 복제된 [Shape 2] 그레이라인이 아래쪽으로 내려옵니다. ④같은 방식으로 [Shape 2]를 복제해 [Shape 3]을 만들고 ⑤[Transform: Shape 3]−[Position]의 Y축을 64로 설정합니다. 총 세 개의 그레이라인이 댓글 오브젝트로 만들어집니다.

TIP 하나의 셰이프 레이어 안에 셰이프를 복제하거나 새로 만들어서 여러 개의 셰이프를 추가할 수 있습니다.

20 같은 셰이프를 복제했기 때문에 라인의 길이가 같습니다. 길이를 각각 다르게 수정해보겠습니다. ① 선택 도구▶ V 를 클릭하고 ②③ [Time line] 패널에서 [Shape 2]와 [Shape 3]의 [Path 1]을 각각 클릭한 후 ④ [Composition] 패널에서 길이를 수정합니다.

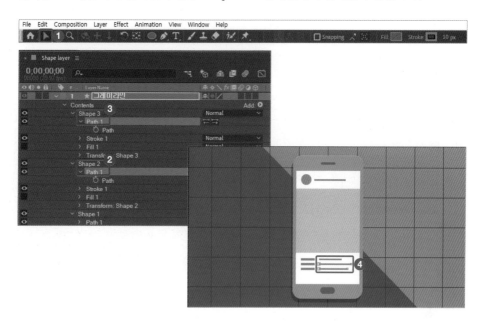

인스타그램 피드 오브젝트 디자인하기

21 인스타그램 피드를 구성하는 오브젝트를 만들어보겠습니다. ① 원형 도구◉ Q 로 인스타그램 피드 위치에 정원을 그립니다. ② 셰이프 레이어 이름을 **원**으로 변경합니다. ③ [Fill]은 **#FF9393**, [Stroke]는 **#6E31DD, 5px**로 설정합니다. ④ Ctrl + Alt + Home 을 눌러 중심점을 정중앙으로 옮깁니다.

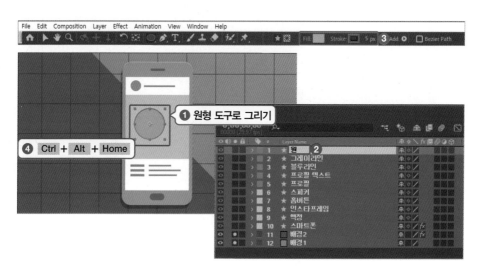

22 ①사각형 도구 ■ Q 로 정사각형을 그리고 ②셰이프 레이어 이름을 **사각형**으로 변경합니다. ③[Fill]은 #5C3BCE, [Stroke]는 #FF9393, 5px로 설정합니다. ④ Ctrl + Alt + Home 을 눌러 중심점을 정중앙으로 옮깁니다.

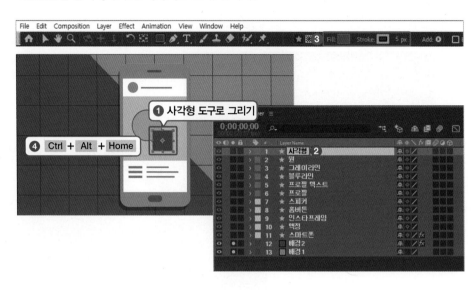

23 ①다각형 도구 ◉ Q 로 정삼각형을 그리고 ②셰이프 레이어 이름을 **삼각형**으로 변경합니다. ③[Fill]은 #A87FF2, [Stroke]는 #FFE2EE, 5px로 설정합니다. ④중심점 도구 ▦ Y 로 중심점을 정중앙에 맞춥니다. 단축키를 이용해 중심점을 자동으로 맞추면 중심점이 삼각형 위쪽에 위치하게 되므로 직접 정중앙에 맞춥니다.

년차 선배의 멘토링 삼각형 그리고 중심점 설정하기

다각형 도구로 [Compositon] 패널을 드래그
하면 다각형이 만들어질 수도 있습니다. 이때
는 레이어의 [Polystar 1]–[Polystar Path
1]–[Points] 속성을 3으로 설정합니다. 그러
면 세 개의 점을 가진 삼각형이 만들어집니다.
[Points] 속성에 입력하는 숫자에 따라 다양한
형태의 다각형을 만들 수 있습니다.

중심점을 설정할 때도 단축키 Ctrl + Alt + Home 을 눌러 설정하면 삼각
형의 중심점이 아닌. 삼각형의 위쪽에 중심점이 위치합니다. 따라서 중심
점 도구 █ Y 로 직접 중심점을 옮겨 원하는 위치로 이동합니다.

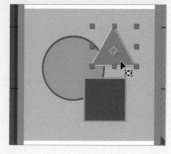

24 인스타그램 피드 오브젝트까지 마무리되었습니다.

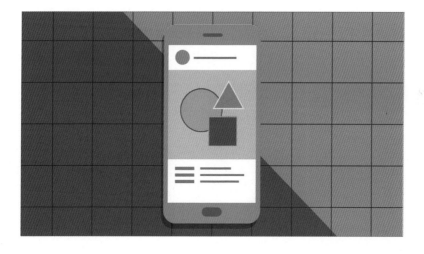

STEP

03

각 레이어에
모션 적용하기

전체적인 레이아웃 디자인이 완성되었으니 키프레임을 이용한 모션을
만들어줄 차례입니다. 각 레이어에 모션을 적용해 오브젝트마다 각기 다른
움직임을 적용해보겠습니다.

스마트폰 레이어에 모션 적용하기

25 [Timeline] 패널에서 [배경1], [배경2], [스마트폰] 레이어의 Solo ⬤ 를 클릭합니다.
[Composition] 패널에 세 개의 레이어만 보입니다.

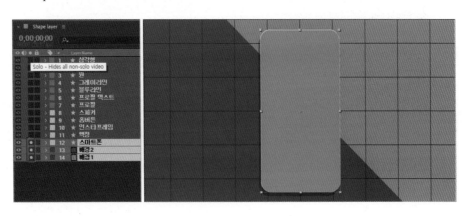

26 ① [스마트폰] 레이어를 선택하고 ②③ 다음 표를 참고해 [Rectangle 1]−[Rectangle Path 1]−[Position]의 **17F**과 **0F**에 키프레임을 만듭니다. Y축을 수정했으므로 아래에서 위로 움직이는 모션이 만들어집니다. ④⑤ 다음 표를 참고해 [Rectangle 1]−[Rectangle Path 1]−[Size]의 **18F**과 **02F**에 키프레임을 만듭니다.

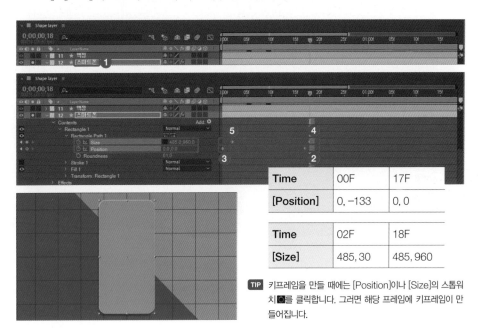

Time	00F	17F
[Position]	0, −133	0, 0

Time	02F	18F
[Size]	485, 30	485, 960

TIP 키프레임을 만들 때에는 [Position]이나 [Size]의 스톱워치 🕑를 클릭합니다. 그러면 해당 프레임에 키프레임이 만들어집니다.

27 ① 키프레임을 드래그해 [Size]와 [Position]의 키프레임을 모두 선택하고 **F9** 를 눌러 Easy Ease를 적용합니다. ② [Position]을 클릭한 후 ③ 그래프 에디터 📈 를 클릭합니다. ④ 그림처럼 Speed Graph의 기울기를 조정해 적당한 가속과 감속을 적용합니다.

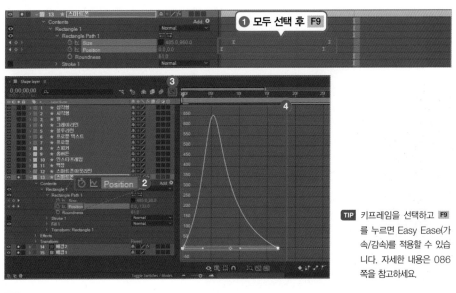

TIP 키프레임을 선택하고 **F9** 를 누르면 Easy Ease(가속/감속)를 적용할 수 있습니다. 자세한 내용은 086쪽을 참고하세요.

TIP Speed Graph와 Value Graph를 조절하려면 원하는 속성의 키프레임을 모두 선택하고 그래프 에디터 📈 를 클릭합니다. 타임라인에서 키프레임을 모두 드래그하여 선택하거나 레이어의 속성을 클릭해도 키프레임을 모두 선택할 수 있습니다.

28 ①[Size]를 클릭하고 ②Choose graph type and options █를 클릭합니다. ③단축 메뉴에서 [Edit Value Graph]를 선택합니다. ④Value Graph의 기울기를 조정해 적당한 가속과 감속을 적용합니다.

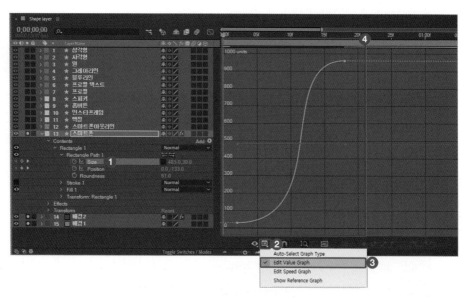

TIP Value Graph의 붉은색 그래프는 X축을, 초록색 그래프는 Y축을 조절합니다.

ADVANCE 그래프 에디터 █를 클릭해 나타나는 그래프에서 Speed Graph를 조정할지, Value Graph를 조정할지는 작업자의 선택에 달렸습니다. 이 책에서는 각 속성별로 더 적합한 그래프를 사용하였습니다. [Timeline] 패널 아래의 Choose graph type and options █를 클릭해 [Edit Speed Graph]와 [Edit Value Graph] 중 선택할 수 있습니다.

29 0 이나 Spacebar 를 눌러 프리뷰를 실행해 스마트폰 레이어의 움직임을 확인합니다.

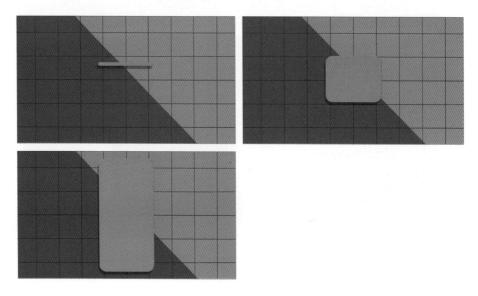

프리뷰를 진행하기 전 타임라인 상단의 작업 영역(Work Area)을 작업한 부분만큼 설정하는 습관을 들이는 것이 좋습니다. 그래야만 원하는 부분만 프리뷰할 수 있어 작업 시간을 줄일 수 있습니다. 작업 영역을 설정하려면 단축키 B (시작 영역 설정), N (끝 영역 설정)을 누르거나, 작업 영역바를 드래그해 시작점과 끝점을 지정합니다.

액정 레이어에 모션 적용하기

30 ①[액정] 레이어의 Solo ◼를 클릭해서 [Composition] 패널에 보이도록 설정합니다. ② ③다음 표를 참고해 [Rectangle 1]–[Rectangle Path 1]–[Position]의 **19F**과 **07F**에 키프레임을 설정합니다. Y축을 수정했으므로 아래위로 움직이는 모션이 만들어집니다. ④ ⑤다음 표를 참고해 [Rectangle 1]–[Rectangle Path 1]–[Size]의 **20F**과 **08F**에 키프레임을 설정합니다.

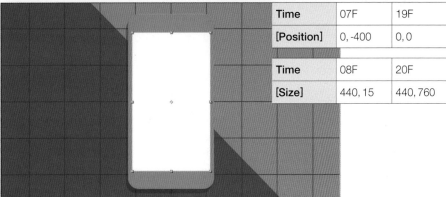

Time	07F	19F
[Position]	0, -400	0, 0

Time	08F	20F
[Size]	440, 15	440, 760

TIP 그래프를 조정한 후 그래프 에디터 ◼를 클릭해야만 타임라인이 보입니다.

31 ①키프레임을 드래그해 [Size]와 [Position]의 키프레임을 모두 선택하고 F9 를 눌러 Easy Ease를 적용합니다. ②[Position]을 클릭한 후 ③그래프 에디터 ■를 클릭합니다. ④Speed Graph의 기울기를 조정해 적당한 가속과 감속을 적용합니다.

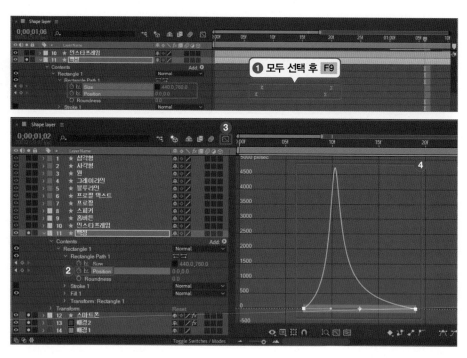

32 ①[Size]를 클릭한 후 ②Value Graph의 기울기를 조정해 적당한 가속과 감속을 적용합니다.

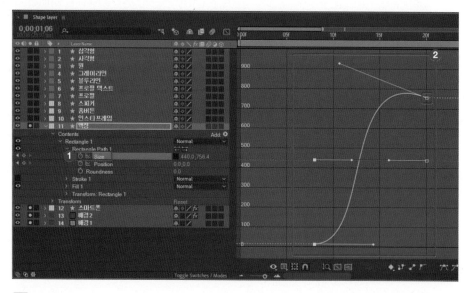

> **TIP** 28 과정을 참고해 Value Graph로 변경합니다. 예제에서는 두 번째 키프레임의 그래프를 위로 살짝 올려주어 움직임에 텐션감을 표현했습니다. 아직 그래프와 움직임에 대한 이해가 부족하다면 그래프를 이리저리 만져보며 움직임의 차이를 직접 확인해보세요.

33 레이어의 등장에 시간 차이를 주기 위해 [액정] 레이어의 시작점을 조정합니다. ①그래프 에디터 ■를 클릭해 타임라인이 보이게 설정하고 ②[액정] 레이어의 막대 끝을 잡고 드 래그합니다. 첫 번째 키프레임 시작 위치(07F)가 기준이 되도록 조정합니다.

> **TIP** 단축키를 이용해 레이어 막대의 길이를 조정할 수 있습니다. 레이어를 선택한 후 타임 인디케이터를 기준으로 Alt + I 를 누르면 레이어의 앞부분을 잘라내어 시작 지점을 설정하고, Alt + I 를 누르면 레이어의 뒷부분을 잘라내어 끝 지점을 설정할 수 있습니다.

인스타그램 프레임 레이어에 모션 적용하기

34 ①[인스타프레임] 레이어의 Solo ■를 클릭해서 [Composition] 패널에 보이도록 설정 합니다. ②③④ 다음 표를 참고해 [Rectangle 1]-[Rectangle Path 1]-[Position]의 **1초 10F, 14F, 23F**에 키프레임을 만듭니다. Y축을 수정했으므로 아래에서 위로, 다시 아 래로 움직이는 모션이 만들어집니다. ⑤⑥⑦같은 시간에 [Rectangle 1]-[Rectangle Path 1]-[Size]에 키프레임을 설정합니다. 레이어 크기가 점점 커지면서 아래에서 위로, 다시 아래로 움직이는 모션이 만들어집니다. ⑧자연스러운 등장을 위해 [인스타프레임] 레이어의 시작점을 조정합니다. Alt + I 를 눌러 첫 번째 키프레임 시작 위치가 기준이 되도록 합니다.

Time	14F	23F	1초 10F
[Position]	0, 327	0, -298	0, -45
[Size]	440, 15	440, 162	440, 430

35 ①키프레임을 드래그해 [Size]와 [Position]의 키프레임을 모두 선택하고 F9 를 눌러 Easy Ease를 적용합니다. ②[Position]을 클릭한 후 ③그래프 에디터■를 클릭합니다. ④Speed Graph의 기울기를 조정해 적당한 가속과 감속을 적용합니다.

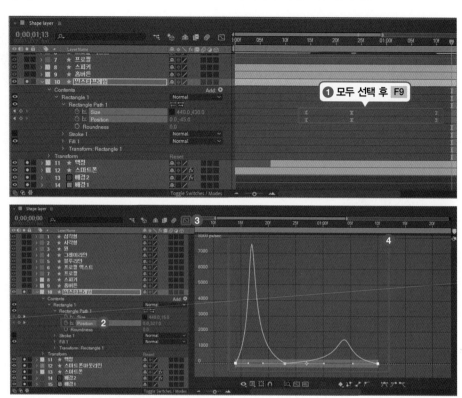

36 ①[Size]를 클릭한 후 ②Value Graph의 기울기를 조정해 적당한 가속과 감속을 적용합니다. ③그래프 수정을 마친 후 그래프 에디터■를 클릭해 타임라인이 보이게 설정합니다.

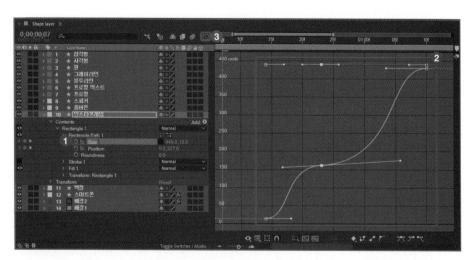

37 `0` 이나 `Spacebar` 를 눌러 프리뷰를 실행해봅니다. 지금까지의 움직임이 원하는 대로 적용되었는지 확인합니다.

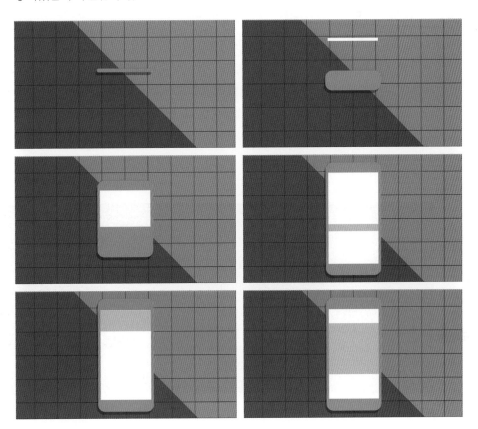

10 년차 선배의 멘토링   자연스러운 움직임을 만들기 위한 핵심 조건 두 가지

프로의 작업물은 움직임이 매우 자연스럽습니다. 경험과 노하우에 따른 결과일 수도 있지만, 자연스러운 움직임을 만드는 핵심 조건 두 가지가 있습니다. 아직 경험이 많지 않은 신입 디자이너라도 이 핵심 조건 두 가지만 기억해둔다면 프로의 작업물처럼 자연스러운 움직임을 구현할 수 있습니다.

하나. 레이어 간 시간 차이를 주세요!

레이어의 등장이 모두 같은 시간(프레임)이라면 공들여 만든 키프레임의 변화가 동시에 일어납니다. 그러면 레이어의 움직임이 무의미하게 되어버립니다. 같은 시간에 발생하는 레이어라 해도 각각의 움직임에 조금씩 시간 차이가 있어야만 모션이 디테일하고 다양해 보입니다. 여러분이 보아온 멋진 모션 그래픽 영상의 오브젝트들을 찬찬히 관찰해보면 각 레이어가 찰나의 시간 차이를 두고 움직이는 것을 확인할 수 있습니다.

둘. Speed Graph, Value Graph의 기울기를 이용해 가속이나 감속을 조정하세요!

스톱모션처럼 경직된 움직임이 아니라면 대부분의 움직임은 가속도와 감속도를 가지고 있습니다. 가속과 감속의 적절한 활용을 통해 움직임에 텐션감을 만들어주면 매력적인 움직임이 됩니다.

TIP Speed Graph와 Value Graph의 차이는 091쪽을 참고하세요.

홈버튼, 스피커 레이어에 모션 적용하기

38 ①[홈버튼] 레이어의 Solo ◙를 클릭해서 [Composition] 패널에 보이도록 설정합니다.
②③다음 표를 참고해 [Transform]–[Position]의 **1초 12F**과 **1초 09F**에 키프레임을 만
듭니다. Y축을 수정했으므로 아래위로 움직이는 모션이 만들어집니다. ④두 번째 키프레
임(1초 12F)만 선택해 **Shift** + **F9** 를 눌러 감속을 적용합니다. ⑤자연스러운 등장을 위해
[홈버튼] 레이어의 시작점을 첫 번째 키프레임 시작 위치로 조정합니다.

Time	1초 09F	1초 12F
[Position]	960, 842	960, 964

> **TIP** [Position] 속성을 쉽게 선택하려면 단축키 **P** 를 누릅니다. 그러면 [Transform]–[Position] 속성만 활성됩니다. 길어지기
> 쉬운 [Timeline] 패널 공간을 효율적으로 사용할 수 있습니다.

39 ①[Position]을 클릭한 후 ②그래프 에디터 ◙를 클릭합니다. ③Speed Graph의 기울
기를 조정해 적당한 가속과 감속을 적용합니다. ④그래프 수정을 마친 후 그래프 에디터
◙를 클릭해 타임라인이 보이게 설정합니다.

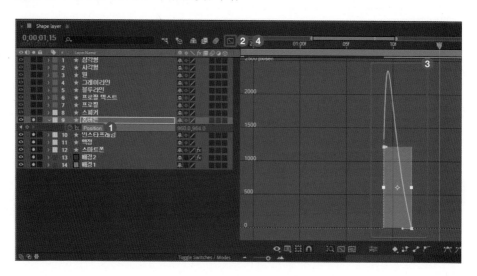

40 ①[스피커] 레이어의 Solo █를 클릭해서 [Composition] 패널에 보이도록 설정합니다. ②③다음 표를 참고해 [Rectangle 1]−[Rectangle Path 1]−[Size]의 **1초 15F**과 **1초 09F**에 키프레임을 만듭니다. X축을 수정했으므로 스피커의 크기가 가로로 길어지는 모션이 만들어집니다. ④두 개의 키프레임을 모두 선택하고 F9를 눌러 Easy Ease를 적용합니다. ⑤자연스러운 등장을 위해 [스피커] 레이어의 시작점을 첫 번째 키프레임 시작위치로 조정합니다.

Time	1초 09F	1초 15F
[Size]	0, 16	100, 16

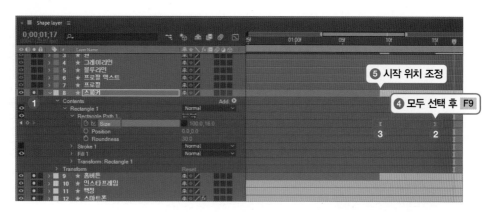

41 ①[Size]를 클릭한 후 ②그래프 에디터 █를 클릭합니다. ③Value Graph의 기울기를 조정해 적당한 가속과 감속을 적용합니다. ④그래프 수정을 마친 후 그래프 에디터 █를 클릭해 타임라인이 보이게 설정합니다.

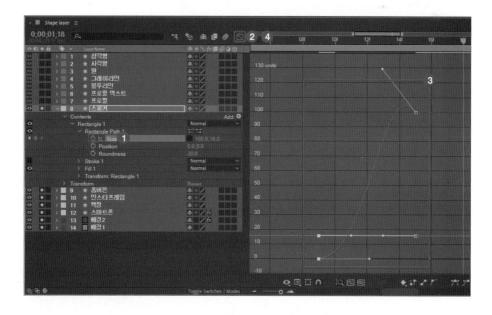

인스타그램 피드 오브젝트 레이어에 모션 적용하기

42 ①[프로필], [프로필 텍스트], [블루라인], [그레이라인] 레이어의 Solo █를 클릭해서 네 개의 오브젝트가 [Composition] 패널에 보이도록 설정합니다. ②③다음 표를 참고해 [프로필] 레이어의 [Ellipse 1]-[Ellipse Path 1]-[Position]에 키프레임을 만듭니다. Y축을 수정했으므로 프로필 오브젝트가 아래에서 위로 올라가는 움직임이 만들어집니다. ④⑤ 같은 방식으로 [Ellipse 1]-[Ellipse Path 1]-[Size]에 키프레임을 설정합니다. ⑥네 개 의 키프레임을 모두 선택하고 [F9]를 눌러 Easy Ease를 적용합니다. ⑦자연스러운 등장을 위해 [Alt] + [를 눌러 레이어의 시작점을 첫 번째 키프레임 시작 위치로 조정합니다.

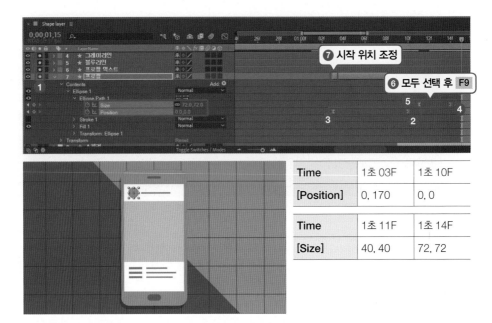

Time	1초 03F	1초 10F
[Position]	0, 170	0, 0

Time	1초 11F	1초 14F
[Size]	40, 40	72, 72

43 ①②[Position]과 [Size]를 각각 선택한 후 Speed Graph와 Value Graph의 기울기를 조정해 적당한 가속과 감속을 적용합니다.

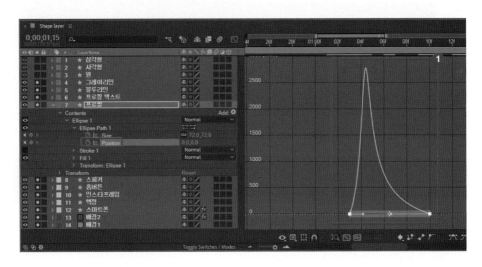

123

TIP Speed Graph와 Value Graph를 조절하려면 원하는 속성의 키프레임을 모두 선택하고 그래프 에디터 █를 클릭합니다. 타임라인에서 키프레임을 모두 드래그하여 선택하거나 레이어의 속성을 클릭해도 키프레임을 모두 선택할 수 있습니다.

44 ①[프로필 텍스트] 레이어를 선택하고 ②[Add]-[Trim Paths]를 클릭해 Trim Path를 적용합니다. ③다음 표를 참고해 [Trim Paths 1]-[End]의 **27F**과 **1초 06F**에 키프레임을 만듭니다. 왼쪽에서 오른쪽으로 길어지는 움직임이 만들어집니다. ④두 개의 키프레임을 모두 선택하고 **F9**를 눌러 Easy Ease를 적용합니다. 그런 다음 Speed Graph의 기울기를 조정해 적당한 가속과 감속을 적용합니다.

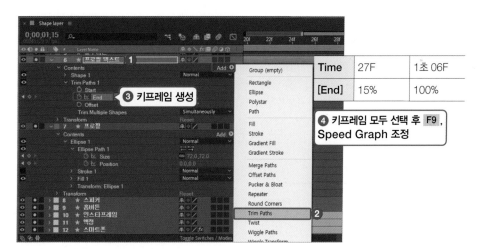

Time	27F	1초 06F
[End]	15%	100%

④ 키프레임 모두 선택 후 F9, Speed Graph 조정

TIP 이번 과정부터는 그래프의 기울기 화면을 보여주지 않습니다. 실습에서 제시하는 가속이나 감속 그래프의 형태와 똑같지 않더라도 자신의 취향에 맞게 자연스러운 속도 변화를 표현할 수 있도록 그래프를 조정해보는 연습이 필요합니다. 앞선 과정을 참고해 그래프를 조정해보세요.

45 오브젝트의 위치를 변경해보겠습니다. ①②다음 표를 참고해 [Transform]-[Position]의 **1초 04F**과 **27F**에 키프레임을 설정합니다. X축을 수정하였으므로 오브젝트 길이가 길어지면서 오른쪽에서 왼쪽으로 움직이는 움직임이 만들어집니다. ③두 개의 키프레임을 모두 선택하고 `F9`를 눌러 Easy Ease를 적용합니다. 그런 다음 Speed Graph의 기울기를 조정해 적당한 가속과 감속을 적용합니다. ④마지막으로 [프로필 텍스트] 레이어의 시작점을 첫 번째 키프레임 시작 위치로 조정합니다.

Time	27F	1초 04F
[Position]	1228, 222	973, 222

ADVANCE 셰이프 레이어의 가장 큰 장점은 Add 기능을 활용해 다양한 속성을 추가할 수 있다는 점입니다. 그중 Trim Path 기능은 모션 그래픽 실무에서 많이 쓰이는 중요한 기능으로, 라인의 길이가 변하는 움직임을 표현할 수 있습니다. 처음 [Add]-[Trim Paths]를 추가하면 [Start] 속성은 0%, [End] 속성은 100%로 설정됩니다. 라인의 시작점을 [Start], 끝점을 [End]로 이해합니다.

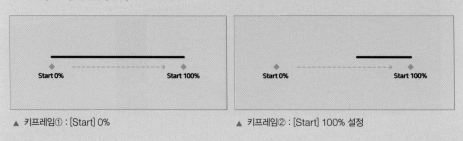

▲ 키프레임① : [Start] 0%   ▲ 키프레임② : [Start] 100% 설정

시작점이 이동하므로 왼쪽에서 오른쪽으로 짧아지는 움직임이 만들어집니다.

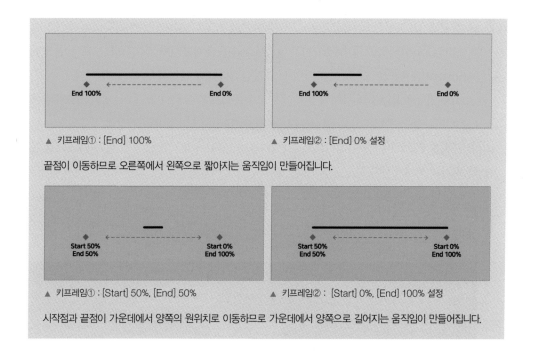

▲ 키프레임① : [End] 100%　　　　　　　　▲ 키프레임② : [End] 0% 설정

끝점이 이동하므로 오른쪽에서 왼쪽으로 짧아지는 움직임이 만들어집니다.

▲ 키프레임① : [Start] 50%, [End] 50%　　　▲ 키프레임② : [Start] 0%, [End] 100% 설정

시작점과 끝점이 가운데에서 양쪽의 원위치로 이동하므로 가운데에서 양쪽으로 길어지는 움직임이 만들어집니다.

46 댓글 영역에 모션을 적용해보겠습니다. 이 영역은 각 라인이 위에서 아래로 순차적으로 내려오는 움직임을 적용해봅니다. ①[블루라인] 레이어를 선택하고 ②③다음 표를 참고하여 [Transform: Reapeter 1]-[Position]과 [Transform]-[Position] 속성에 키프레임을 설정합니다. 반복된 세 개의 블루라인이 순차적으로 내려옵니다. ④네 개의 키프레임에 Easy Ease를 적용하고 Speed Graph, Value Graph의 기울기를 조정해 적당한 가속이나 감속을 만듭니다. ⑤마지막으로 [블루라인] 레이어의 시작점을 첫 번째 키프레임 시작 위치로 조정합니다. Alt + [를 눌러도 됩니다.

Time	1초 06F	1초 14F
[Transform: Repeater 1]-[Position]	0, 0	0, 32

Time	1초 03F	1초 08F
[Transform]-[Position]	824, 603	824, 786

TIP [Timeline] 패널에서 짧은 프레임을 이동할 때는 단축키를 사용하는 것이 효율적입니다. PageUp , PageDown 을 누르면 1프레임 단위로 이동합니다. Shift + PageUp , Shift + PageDown 을 누르면 10프레임 단위로 이동합니다.

47 **44** 과정과 같은 방식으로 [그레이라인] 레이어에 Trim Path 기능을 적용합니다. ①[그레이라인]을 선택하고 ②[Add]−[Trim Paths]를 클릭합니다. ③④ 다음 표를 참고해 [Trim Paths 1]−[End]에 키프레임을 설정합니다. **20** 과정에서 복제했던 [Shape 1], [Shape 2], [Shape 3]의 길이가 왼쪽에서 오른쪽으로 길어집니다. ⑤두 개의 키프레임에 Easy Ease를 적용하고 Speed Graph, Value Graph의 기울기를 조정해 적당한 가속이나 감속을 만듭니다. ⑥마지막으로 [그레이라인] 레이어의 시작점을 첫 번째 키프레임 시작 위치로 조정합니다.

Time	1초 11F	1초 22F
[End]	0%	100%

ADVANCE Trim Path 기능은 여러 개의 셰이프([Shape])에 한꺼번에 적용할 수 있습니다. 단, [Timeline] 패널에서 [Trim Paths] 옵션이 어떤 셰이프([Shape]) 아래에 속해 있느냐에 따라 적용 범위가 달라집니다. 해당 기능이 적용된 레이어의 상위에 있는 레이어까지 포함하여 적용됩니다. 셰이프 레이어에 추가한 기능은 드래그하여 위치를 옮길 수 있습니다.

 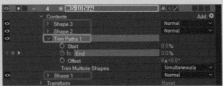

▲ [Shape 1], [Shape 2], [Shape 3]에 [Trim Paths] 적용   ▲ [Shape 2], [Shape 3]에만 [Trim Paths] 적용

48 `0` 이나 `Spacebar` 를 눌러 프리뷰를 실행해봅니다. 지금까지의 움직임이 원하는 대로 적용되었는지 확인합니다.

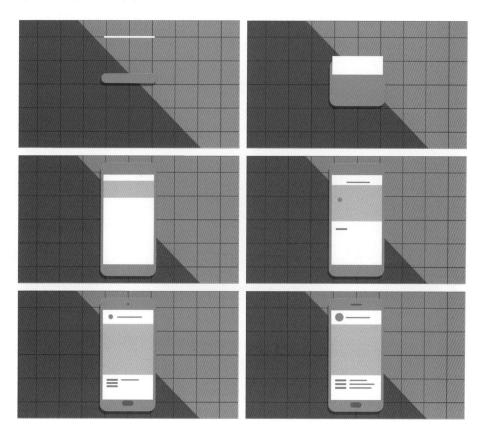

49 ①[원], [사각형], [삼각형] 레이어가 보이도록 나머지 레이어의 Solo █ 를 클릭 해제해서 모든 레이어가 [Composition] 패널에 보이도록 설정합니다. ②③다음 표를 참고해 [원] 레이어의 [Ellipse 1]–[Ellipse Path 1]–[Size]에 키프레임을 만듭니다. ④두 개의 키프레임에 Easy Ease를 적용하고 Speed Graph, Value Graph의 기울기를 조정해 적당한 가속이나 감속을 만듭니다. ⑤마지막으로 [원] 레이어의 시작점을 첫 번째 키프레임 시작 위치로 조정합니다.

Time	1초 08F	1초 13F
[Size]	92, 92	207, 207

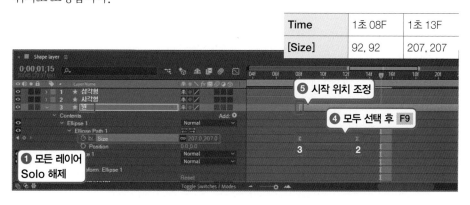

50 ①[사각형] 레이어를 선택하고 ②③다음 표를 참고해 [사각형] 레이어의 [Rectangle 1]–[Rectangle Path 1]–[Size]에 키프레임을 만듭니다. ④두 개의 키프레임에 Easy Ease를 적용하고 Speed Graph, Value Graph의 기울기를 조정해 적당한 가속이나 감속을 만듭니다. ⑤마지막으로 [사각형] 레이어의 시작점을 첫 번째 키프레임 시작 위치로 조정합니다.

Time	1초 10F	1초 14F
[Size]	63, 63	141, 141

51 ①[삼각형] 레이어를 선택하고 ②③다음 표를 참고해 [삼각형] 레이어의 [Polystar 1]–[Polystar Path 1]–[Outer Radius]에 키프레임을 설정합니다. ④두 개의 키프레임에 Easy Ease를 적용하고 Speed Graph, Value Graph의 기울기를 조정해 적당한 가속이나 감속을 만듭니다. ⑤마지막으로 [삼각형] 레이어의 시작 위치를 첫 번째 키프레임 시작 위치로 조정합니다.

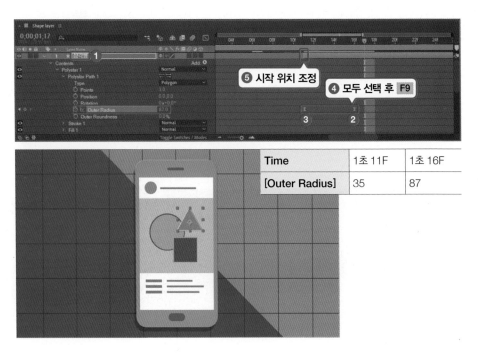

Time	1초 11F	1초 16F
[Outer Radius]	35	87

실력 업그레이드! 아웃라인 디테일 추가하기

52 ①[스마트폰] 레이어를 선택하고 Ctrl + D 를 눌러 복제합니다. ②복제된 레이어 이름을 **스마트폰아웃라인**으로 변경하고 ③레이어 라벨을 클릭해 막대 컬러도 변경합니다. ④[Fill]은 **None**, [Stroke]는 **#FFFFFF, 4px**로 설정합니다. ⑤더 보기▶를 클릭해 [스마트폰] 레이어에 적용되어 있던 Drop Shadow 이펙트와 ⑥[Rectangle Path 1]—[Position] 키프레임을 삭제합니다. ⑦아무런 키프레임이 없는 [Rectangle Path 1]—[Position]에 **15,-15**를 설정합니다. [스마트폰] 레이어와 같은 모양의 화이트 아웃라인이 생성됩니다.

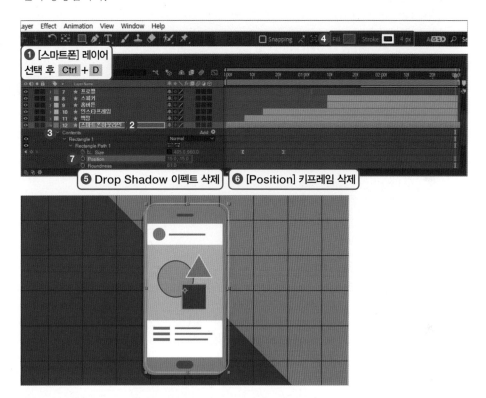

> **TIP** 키프레임을 삭제할 때에도 스톱워치◙를 클릭하는데, 키프레임을 삭제할 때 유의해야 할 것이 있습니다. [Rectangle Path 1]—[Position]의 키프레임을 모두 삭제할 때 [Timeline] 패널의 타임 인디케이터는 마지막에 있는 [Position] 키프레임보다 나중의 위치에 있어야 합니다. 타임 인디케이터가 키프레임 사이나 앞에 있을 경우에는 타임 인디케이터의 위치(타임)에 맞추어 [Position] 키프레임이 삭제됩니다.

53 ①44 과정과 같은 방식으로 [스마트폰아웃라인] 레이어에 Trim Path 기능을 적용합니다. ②③다음 표를 참고해 [Trim Paths 1]−[End]와 [Offset]에 키프레임을 설정합니다. 아웃라인이 스마트폰 주변을 돌면서 길어지는 움직임이 만들어집니다. ④모든 키프레임에 Easy Ease를 적용하고 Speed Graph, Value Graph의 기울기를 조정해 적당한 가속이나 감속을 만듭니다. ⑤레이어의 시작점을 첫 번째 키프레임 시작 위치로 조정하고 ⑥약간의 시간 차이를 주기 위해 레이어 전체를 **06F**부터 시작하도록 위치를 이동합니다.

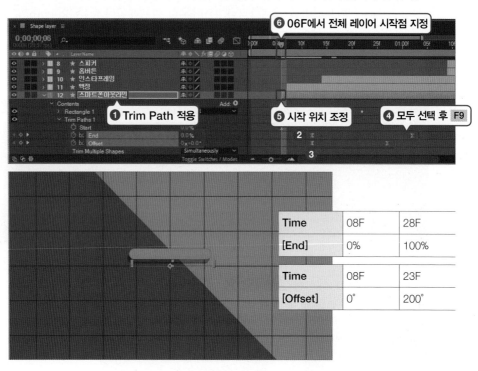

Time	08F	28F
[End]	0%	100%

Time	08F	23F
[Offset]	0°	200°

54 모든 과정이 마무리되었습니다. 0 이나 Spacebar 를 눌러 완성된 작업물을 확인합니다.

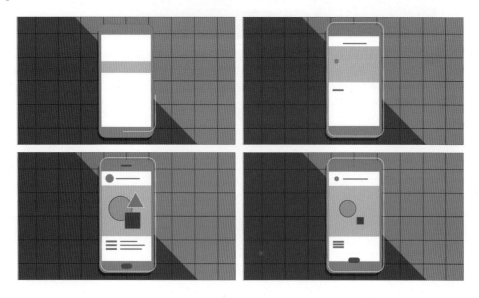

PROJECT 02

—

트렌디한 패션 필름 영상 만들기

마스크(Mask)는 마스크 패스(Mask Path)와 펜 도구, 도형 도구를 이용해 다양한 형태의 오브젝트나 면을 만듭니다. 이미지, 영상, 텍스트는 물론이고 솔리드 레이어, 셰이프 레이어 등 모든 오브젝트와 레이어에 적용할 수 있습니다. 단순한 기능이지만 디자인 감각을 강조하는 영상에 재미있게 활용할 수 있습니다. 최근 레트로 무드의 디자인이 인기를 끌면서 패션 필름, 뮤직비디오 등 트렌디함을 요구하는 영상물에 이러한 콘셉트가 적용되고 있습니다. 이번 예제에서는 마스크와 간단한 이펙트를 활용하고, 실무 작업에서 빼놓을 수 없는 질감과 타이포그래피의 적절한 활용 방법을 알아보겠습니다.

PREVIEW

마스크(Mask)의 다양한 기능을 활용하자!

마스크(Mask)는 면을 분할하는 기능 외에도 마스크 패스(Mask Path)를 활용해 다양한 벡터 그래픽을 만드는 데 활용할 수 있습니다. 텍스트나 벡터 소스를 마스크로 변환시켜 활용할 수도 있습니다.

타이포그래피의 중요성을 잊지 말자!

적절한 폰트의 선택과 타이포그래피를 이용한 레이아웃은 모션 그래픽의 중요한 기본 요소입니다. 텍스트의 움직임에 다양한 변화를 주기 위해 고민해보고 다양하게 적용해봅니다.

Expression을 활용하자!

Expression 표현식의 loopOut()를 활용해 좀 더 쉽게 반복되는 움직임을 만들 수 있습니다.

질감과 다양한 컬러의 변화로 디자인에 디테일을 더하자!

블렌딩 모드 기능과 Tint, Fill, Invert, Echo 등의 기본 이펙트로 디테일한 색감 변화를 만들 수 있습니다.

▶ PLAY

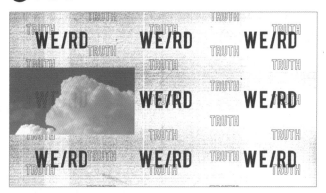

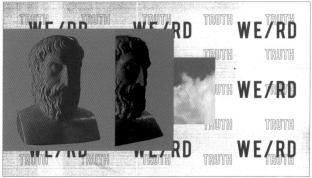

USE EFFECT

Curves　Expression

Motion Tile

Tint　Fill　Echo

Mosaic　Invert

AE BASIC NOTE

01 모션 그래픽에서 마스크(Mask)의 활용 방법은 무궁무진합니다. 가장 기본적인 기능이지만 다양하게 응용하면 개성 있는 움직임을 만들 수 있습니다.

02 마스크(Mask)는 이미지, 영상, 텍스트는 물론이고 솔리드 레이어, 셰이프 레이어 등 모든 오브젝트와 레이어에 적용할 수 있습니다. 레이어를 선택한 후 마스크를 적용하면 마스크가 적용된 영역만 볼 수 있습니다. 이때 마스크는 레이어에 추가해 종속되는 개념이므로 레이어를 먼저 선택해야 합니다. 레이어를 선택하지 않고 작업하면 셰이프 레이어가 생성됩니다. 셰이프 레이어의 속성은 107쪽에서 확인합니다.

03 마스크 만들기

도형 도구■활용하기

마스크를 적용할 레이어를 먼저 선택하고 도구바의 도형 도구 중 원하는 도구를 선택합니다. 그런 다음 컴포지션을 드래그해 마스크를 만듭니다. 레이어의 일부분에 마스크를 적용해 간단한 벡터 그래픽을 만들거나 면을 분할할 수 있습니다.

TIP 솔리드 레이어에 직사각형 도구로 마스크를 만들었습니다. [Timeline] 패널에서 솔리드 레이어 아래에 [Masks] 속성이 생성된 것을 확인할 수 있습니다.

MASK

TIP 이미지 레이어에 원형 도구로 마스크를 만들었습니다. [Timeline] 패널에서 솔리드 레이어 아래에 [Masks] 속성이 생성된 것을 확인할 수 있습니다.

펜 도구 ✏️ 활용하기

마스크를 적용할 레이어를 먼저 선택하고 도구바에서 펜 도구를 선택합니다. 그런 다음 마스크 패스를 이용해 자유로운 형태의 마스크를 만듭니다. 일러스트레이터에서 패스를 만드는 것과 비슷한 개념입니다.

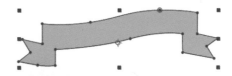

TIP 솔리드 레이어에 펜 도구로 패스를 그려 마스크를 만들었습니다. [Timeline] 패널에서 솔리드 레이어 아래에 [Masks] 속성이 생성된 것을 확인할 수 있습니다.

AE BASIC NOTE

펜 도구 ✏ 옵션

펜 도구를 이용하면 마스크 패스에 점을 추가하거나 삭제하고 직선과 곡선을 다양하게 만들 수 있습니다. 이 과정은 애프터 이 펙트 작업에서 가장 기본적이면서 자주 활용하므로 펜 도구를 자유자재로 다루면 작업 효율을 높일 수 있습니다.

① **Pen Tool** | 패스를 만드는 기본 도구입니다.

② **Add Vertex Tool** | 패스에 점을 추가합니다.

③ **Delete Vertex Tool** | 패스에 점을 삭제합니다.

④ **Convert Vertex Tool** | 패스에 Bezier 조절점을 만들어 직선을 곡선으로 바꿉니다.

⑤ **Mask Feather Tool** | 마스크의 페더값을 조절합니다.

단축키 이용하기

선택한 레이어 전체에 마스크를 적용 할 때 사용하는 방법입니다. 레이어를 먼저 선택하고 [Layer] – [Mask] – [New Mask] `Ctrl` + `Shift` + `N` 메뉴 를 선택합니다.

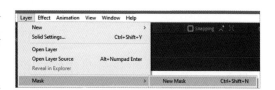

ADVANCE 마스크를 이용한 면 분할 그래픽이 돋보이는 영상을 소개합니다. 미국 TV 채널인 CNBC의 브랜드 아이덴티티를 표현한 영상입니다. 흑과 백, 면 분할, 타이포그래피의 대비를 통해 시크하고 세련된 분위기를 만들었 습니다. 이 영상은 복잡한 기능과 그래픽을 사용하지 않아도 좋은 소스와 잘 정돈된 레이아웃으로 멋진 영상을 만 들 수 있음을 보여줍니다.

▶ CNBC Prime 링크(https://vimeo.com/72456372)

04 마스크로 레이어의 선택한 영역을 보여주기만 하는 것은 단순한 기능입니다. 마스크 패스를 변형하면서 다양한 움직임을 만드는 것이 중요합니다. 기본적인 형태 변화에 마스크 패스의 크기나 위치 변형을 활용하면 [Transform] 속성의 [Position], [Scale], [Rotation] 변화와 같은 결과물을 만들 수 있습니다.

05 마스크 패스의 속성

① **Mask Path** | 마스크의 패스 모양을 설정합니다. 키프레임을 만들 수 있으므로 마스크의 형태 변화 애니메이션에 용이합니다.

② **Mask Feather** | 마스크 패스 테두리의 부드러운 정도를 조절합니다. 값이 클수록 테두리가 부드럽게 처리됩니다.

③ **Mask Opacity** | 마스크의 투명도를 조절합니다.

④ **Mask Expansion** | 마스크 패스 영역을 확대하거나 축소합니다.

ADVANCE 이미지나 영상에서 원하는 부분을 펜 도구로 선택한 뒤 다른 레이어와 합성할 수도 있습니다. 즉, 포토샵에서 피사체와 배경을 분리하는 단계를 거치지 않고 애프터 이펙트에서 바로 작업할 수 있다는 의미입니다. 영상에서 움직이는 이미지를 선택할 때는 로토 브러시 도구와 리파인 엣지 도구를 혼합해 사용하면 더 나은 결과물을 만들 수 있습니다. 로토 브러시 도구와 리파인 엣지 도구의 활용법은 264쪽을 참고하세요.

06 마스크 패스의 변형 활용하기

① [Timeline] 패널에서 텍스트 레이어를 선택하고 마우스 오른쪽 버튼을 클릭합니다.
[Create]-[Create Masks from Text]를 선택합니다. 텍스트 레이어가 마스크 패스 형
태로 바뀝니다.

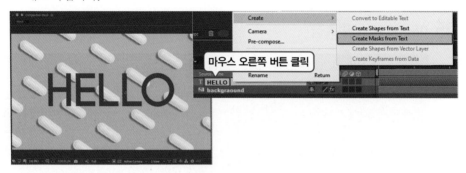

② 새롭게 생성된 솔리드 레이어에 텍스트 형태의 [Masks] 속성을 확인할 수 있습니다.
마스크 패스의 형태와 위치, 크기 등을 자유롭게 변형해 움직임을 만듭니다.

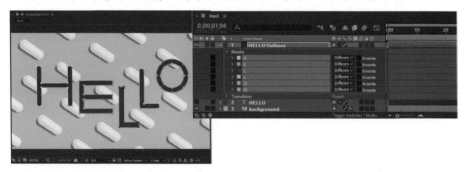

07 마스크 모드(Mode)

하나의 레이어에 여러 개의 마스크를 만들 수 있습니다. 두 개 이상의 마스크가 겹쳐 있을
때 마스크 모드에서 어떤 영역을 보여줄지 결정합니다. 합집합, 차집합, 교집합의 개념과
같습니다.

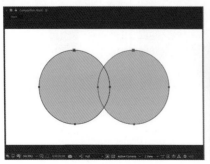

① **None** | 마스크로 선택한 영역은 보이지 않고 패스만 보입니다.

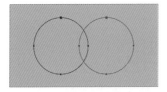

② **Add** | 마스크로 선택한 모든 영역이 보입니다.

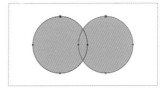

③ **Subtract** | 두 개 이상의 마스크가 겹쳐 있을 때 마스크로 선택한 영역을 제외합니다. 차집합의 개념입니다.

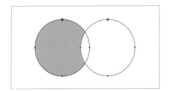

④ **Intersect** | 두 개 이상의 마스크가 겹쳐 있을 때 마스크가 겹쳐진 부분만 보입니다. 교집합의 개념입니다.

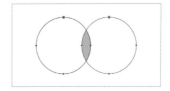

⑤ **Lighten** | 투명도가 다른 두 개 이상의 마스크가 겹쳐 있을 때 겹쳐진 부분 중 투명도가 높은 마스크 영역이 상위에 보입니다. Add의 개념과 비슷하며 여러 개의 마스크 영역이 모두 보입니다.

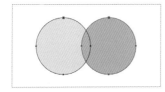

⑥ **Darken** | 투명도가 다른 두 개 이상의 마스크가 겹쳐 있을 때 겹쳐진 부분 중 투명도가 낮은 마스크 영역이 상위에 보입니다. Intersect의 개념과 비슷하며 여러 개의 마스크 영역 중 겹친 부분만 보입니다.

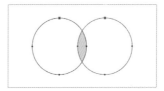

⑦ **Difference** | 두 개 이상의 마스크가 겹쳐 있을 때 마스크가 겹쳐진 부분을 제외한 영역이 보입니다.

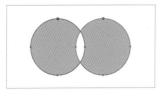

⑧ **Inverte** | 선택한 모드를 반전합니다.

139

텍스처와 타이포그래피 배경 디자인하기

영상의 완성도를 더해줄 배경 디테일을 만들어봅니다. 텍스처 이미지 소스에 Expression-loopOut()를 사용해 움직임을 만들고, 마스크 패스(Mask Path) 속성과 Motion Tile 이펙트로 반복되는 이미지를 만듭니다.

배경 레이어 만들기

01 Ctrl + N 을 눌러 [Composition Settings] 대화상자가 나타나면 다음 표를 참고해 새 컴포지션을 만듭니다.

[Composition Name]	Mask
[Width]	1920px
[Height]	1080px
[Pixel Aspect Ratio]	Square Pixels
[Frame Rate]	29.97
[Duration]	0:00:04:00(4초)
[Background Color]	White(#FFFFFF)

02 ① Ctrl + I 를 눌러 Texture.jpg 소스를 불러옵니다. ②[Project] 패널 아래의 새 폴더 생성을 클릭해 컴포지션, 이미지 소스, 영상을 각 폴더로 정리해줍니다.

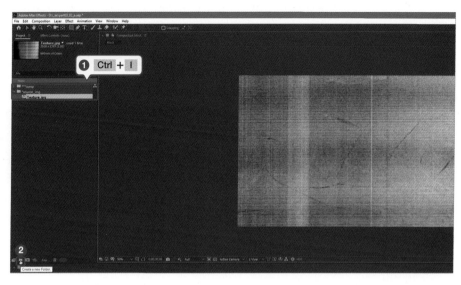

TIP 실무에서는 여러 소스를 사용하므로 [Project] 패널이 어지러워지기 쉽습니다. 이때는 새 폴더 생성을 클릭해 컴포지션, 이미지 소스, 영상 등을 각각의 폴더에 정리하는 습관을 들이는 것이 좋습니다.

03 ①[Effects & Presets] 패널에서 Curves를 검색한 후 ②더블클릭해 [Texture.jpg] 레이어에 이펙트를 적용합니다. ③[Curves] 속성의 그래프 기울기를 조정해 이미지를 좀 더 밝게 수정합니다.

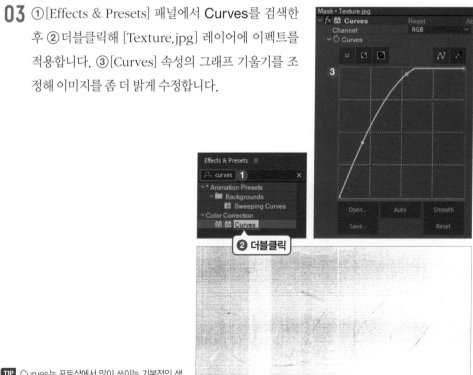

TIP Curves는 포토샵에서 많이 쓰이는 기본적인 색 보정 방식으로, 애프터 이펙트에서도 동일한 방법으로 색 보정을 할 수 있습니다.

배경 레이어에 모션 적용하기

04 텍스처 소스를 움직여서 배경의 질감이 변하는 모습을 표현해보겠습니다. ①[Texture. jpg] 레이어를 클릭하고 ② P 를 눌러 [Position]을 활성화합니다. ③ 0F에서 스톱워치 ■를 클릭해 첫 번째 키프레임을 만듭니다. ④[Position] 속성의 수치를 변경하며 총 네 개의 키프레임을 만듭니다. 아직 키프레임 설정이 서툴다면 다음 표를 참고합니다.

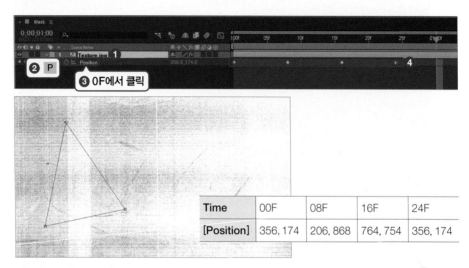

Time	00F	08F	16F	24F
[Position]	356, 174	206, 868	764, 754	356, 174

> **TIP** 키프레임의 개수나 [Position] 속성은 자유롭게 설정합니다. 예제는 8프레임 간격으로 처음과 끝이 같은 값을 가지는 키프레임을 만들었습니다.

> **TIP** [Timeline] 패널에서 짧은 1프레임 단위 이동에는 PageUp , PageDown 을 누릅니다. Shift + PageUp , Shift + PageDown 은 10프레임 단위로 이동합니다.

05 ①네 개의 키프레임을 모두 선택하고 ②마우스 오른쪽 버튼을 클릭해 [Toggle Hold Keyframe]을 선택합니다. 키프레임 모양이 마름모 모양에서 다각형 모양으로 변합니다.

> **TIP** Toggle Hold Keyframe 기능은 다음 키프레임에 도달할 때까지 속성값을 현재 키프레임 값으로 고정시킵니다. 따라서 움직임이 뚝뚝 끊기거나 딱딱한 느낌, 정지된 움직임을 표현합니다. 0 이나 Spacebar 를 눌러 프리뷰를 실행해보면 [Texture. jpg] 레이어의 움직임이 뚝뚝 끊기는 것을 확인할 수 있습니다.

06 Expression을 추가해 네 개의 [Position] 키프레임이 계속 반복되는 효과를 만들어보겠습니다. ① Alt 를 누른 채 [Position]의 스톱워치 ◙를 클릭합니다. ②Expression 에디터 창이 나타나면 **loopOut()**를 입력하고 ③[Timeline] 패널의 아무 곳이나 클릭하여 빠져나옵니다. 프리뷰해보면 [Texture.jpg] 레이어의 [Position] 속성이 반복되면서 질감이 움직이는 효과가 만들어진 것을 확인할 수 있습니다.

10 년차 선배의 멘토링   Expression 알아보기

Expression 표현식은 자바스크립트 기반의 프로그래밍 언어로, 명령어와 수치(값)를 입력해 자동 모션을 만들수 있는 기능입니다. 적용하고 싶은 속성의 스톱워치 ◙를 Alt 와 함께 클릭해서 적용하며, [Animation]-[Add Expression] Alt + Shift + = 메뉴로도 적용할 수 있습니다. 예제에 사용한 loopOut()은 간단하면서 많이 사용되는 Expression 표현식으로, 반복되는 움직임을 만듭니다. 이때 Out의 첫 글자(O)는 꼭 대문자로 표기해야 합니다. 실무에서는 loopOut(), loopOut("cycle"), loopOut("pingpong")를 주로 사용합니다.

• loopOut() 혹은 loopOut("cycle") : 첫 번째 키프레임과 마지막 키프레임이 무한 반복됩니다.

• loopOut("pingpong") : 첫 번째 키프레임과 마지막 키프레임이 정방향-역방향으로 무한 반복됩니다.

07 ① Ctrl + T 를 눌러 문자 도구 🔳 를 선택하고 ②[Character] 패널에서 폰트를 [Bebas]
로 선택합니다. ③컴포지션을 클릭해 **TRUTH**를 입력하여 텍스트 레이어를 생성합니다.
④다음 표를 참고해 [Character] 패널에서 텍스트 스타일을 설정하고 ⑤컴포지션 중앙
에 오도록 정렬합니다.

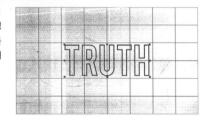

[Stroke]	활성화
[크기]	344px
[자간]	0
[컬러]	#C3302F
[아웃라인 두께]	9px

TIP 텍스트를 컴포지션 중앙에 오도록 정렬하려면 Ctrl + Alt + Home
을 눌러 중심점을 가운데로 맞춘 후 Ctrl + Home 을 눌러 가운데 정
렬합니다. 또는 Alt + ' 를 눌러 그리드(Proportional Grid)를
활성화한 후 정렬할 수도 있습니다. 그리드를 비활성화할 때는 다시
한 번 Alt + ' 를 누릅니다.

10 년차 선배의 멘토링 　무료 폰트 사용하기

이번 예제에서는 Bebas 폰트를 사용했습니다. Bebas 폰트는 상업적으로 사용할 수 있는 무료 폰트로, Dafont 웹
사이트(https://www.dafont.com/bebas.font)에서 무료로 다운로드할 수 있습니다. Dafont에서는 Bebas 폰트 외
에도 다양한 폰트를 다운로드할 수 있지만, 모든 폰트가 무료는 아니므로 상업적 작업물에 폰트를 사용할 때에는 라
이선스 약관(저작권, 사용 범위 등)을 확인한 후 사용해야 합니다.

① 사용하고 싶은 폰트의 카테고리에 접속한 후 ② [More options]를 클릭하고 ③ [100% Free]에 체크한 후 ④
[Submit]를 클릭하면 상업적으로 사용할 수 있는 무료 폰트를 찾을 수 있습니다.

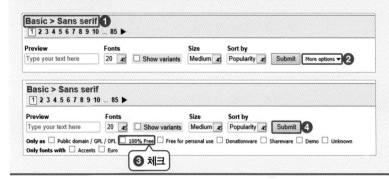

08 ① [TRUTH] 레이어를 선택하고 Ctrl +
Shift + C 를 누릅니다. ② [Pre-compose]
대화상자가 나타나면 새 컴포지션의 이름
을 **TRUTH**로 입력하고 ③ [OK]를 클릭합
니다. ④ 작업 중인 [Mask] 컴포지션 안에
[TRUTH] 컴포지션이 생성되고 ⑤ 기존에
있던 [TRUTH] 텍스트 레이어가 새로 만든
[TRUTH] 컴포지션으로 이동했습니다.

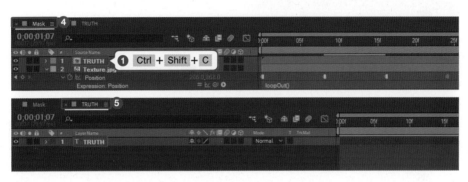

TIP Pre-Compose는 한 개 혹은 여러 개의 레이어를 하나의 컴포지션으로 묶는 역할을 합니다. Pre-Compose한 컴포지
션은 다른 컴포지션에 종속되어 새 컴포지션이 단독으로 생성됩니다. 이때 컴포지션 안에 있는 레이어를 따로 컨트롤할 수
있습니다.

09 ① [Effects & Presets] 패널에서 **Motion Tile**을 검색하고 ② [TRUTH] 레이어에 적용합
니다. ③ 다음 표를 참고하여 [Effect Controls] 패널에서 [Tile Width], [Tile Height] 속
성을 설정하고 ④ [Phase]에 키프레임을 만듭니다. ⑤ 키프레임을 모두 선택하고 F9 를
눌러 Easy Ease를 적용합니다. ⑥ Motion Tile 이펙트가 적용됩니다. 규칙적으로 배열
된 텍스트 중 두 번째, 네 번째의 세로 열만 아래로 움직이는 움직임이 만들어집니다.

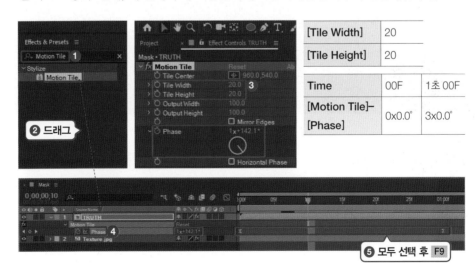

[Tile Width]	20	
[Tile Height]	20	

Time	00F	1초 00F
[Motion Tile]– [Phase]	0x0.0°	3x0.0°

⑤ 모두 선택 후 F9

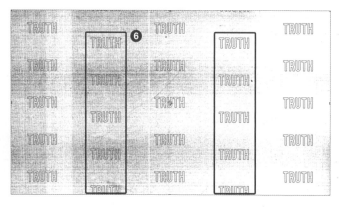

TIP [TRUTH] 레이어를 선택하고 U 를 누르면 키프레임을 만든 [Phase] 속성만 확인할 수 있습니다.

10 ①키프레임을 모두 선택하고 ②그래프 에디터 ▣를 클릭합니다. ③Speed Graph의 기울기를 조정해 적당한 가속과 감속을 적용합니다.

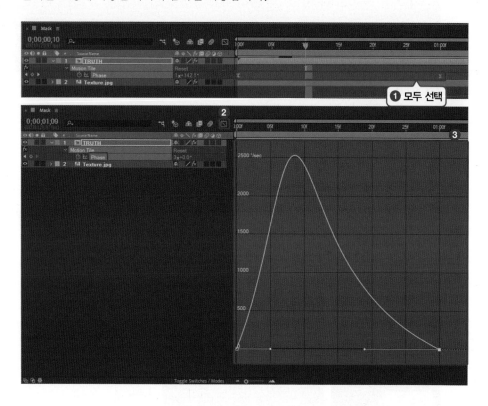

11 ① Ctrl + T 를 눌러 문자 도구 ▣를 선택하고 ②컴포지션을 클릭해 **WEIRD**를 입력합니다. ③다음 표를 참고해 [Character] 패널에서 텍스트 스타일을 설정하고 ④컴포지션의 중앙에 오도록 정렬합니다.

[Stroke]	활성화
[크기]	344px
[자간]	0
[컬러]	#C3302F
[아웃라인 두께]	9px

TIP 텍스트를 컴포지션 중앙에 오도록 정렬하려면 Ctrl + Alt + Home 을 눌러 중심점을 가운데로 맞춘 후 Ctrl + Home 을 눌러 가운데 정렬합니다.

12 ①[WEIRD] 레이어를 선택하고 ②타임라인 영역에서 마우스 오른쪽 버튼을 클릭해 ③ [Create]-[Create Masks from Text]를 선택합니다. ④기존에 있던 [WEIRD] 레이어의 눈이 꺼지고 솔리드 레이어([WEIRD Outlines])가 생성되어 각 텍스트별로 마스크가 적용된 것을 확인할 수 있습니다. ⑤이때 솔리드 레이어의 컬러가 흰색이므로 Ctrl + Shift + Y 를 눌러 [Solid Settings] 대화상자에서 컬러를 #C3302F로 변경합니다.

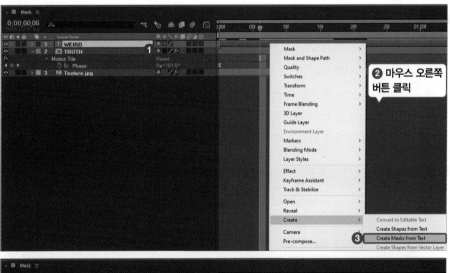

TIP 마스크가 적용된 레이어를 선택하고 M 을 누르면 [Mask Path] 속성만 볼 수 있습니다.

13 각 텍스트별로 마스크가 생성되었으므로 [Mask Path] 속성을 이용해 텍스트 형태가 변하는 움직임을 만들어보겠습니다. 각 텍스트를 구분하기 쉽도록 라벨을 클릭해 텍스트별 라벨 컬러를 변경합니다.

14 ①②타임 인디케이터 위치를 **00F**으로 이동한 후 모든 [Mask Path] 속성의 스톱워치를 클릭해 첫 번째 키프레임을 만듭니다. ③그런 다음 **1초 07F**으로 이동하여 ④🔘스톱워치 ▶로 텍스트 'D' 마스크 패스의 한 점을 더블클릭합니다. 전체 선택된 패스를 오른쪽으로 살짝 옮겨 두 번째 키프레임을 만듭니다. ⑤같은 방법으로 'W'를 제외한 다른 텍스트도 시간 차이를 두며 오른쪽으로 이동하는 움직임을 만듭니다. 예제에서 'E'는 **25F**, 'I'는 **28F**, 'R'는 **1초 02F**에 두 번째 키프레임을 만들었습니다. 변화를 주기 위해 'I'는 오른쪽으로 기우는 움직임을 적용합니다. ⑥**00F** 키프레임을 제외한 모든 키프레임을 선택하고 Shift + F9 를 눌러 감속을 적용합니다. ⑦전체 키프레임을 선택하고 Speed Graph의 기울기를 조정해 자유롭게 가속과 감속을 적용합니다.

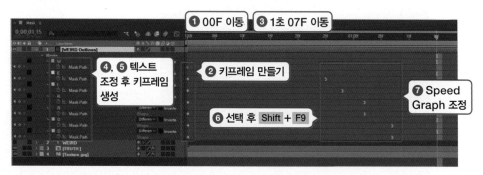

TIP 마스크가 적용된 레이어를 선택하고 M 을 누르면 [Mask Path] 속성만 볼 수 있습니다. 각 레이어의 [Mask Path] 속성에 키프레임을 만들고 자유롭게 가속과 감속을 적용합니다.

ADVANCE [Composition] 패널에서 선택 도구 ▶로 마스크 패스의 한 점을 더블클릭하면 전체 패스가 선택됩니다. 단, 예제의 'D'와 'R'은 안쪽 공간이 존재하는 형태이므로 두 개의 마스크 패스가 생성됩니다. 하나의 형태에 두 개 이상의 패스가 있을 때는 모든 패스를 선택하고 함께 이동해야 합니다. 이때 결과물은 텍스트의 [Position] 속성으로 이동하는 것이 아닌, [Mask Path] 속성을 움직인 것입니다. 전체 선택된 패스의 크기를 늘이거나 줄이면 [Scale] 속성이 변하는 듯한 결과물을 만들 수 있습니다.

15 `0` 이나 `Spacebar` 를 눌러 프리뷰를 실행해봅니다. W, E, I, R, D 각 텍스트의 자간이 벌어지면서 오른쪽으로 이동하는 것을 확인할 수 있습니다.

▲ 00F

▲ 15F

▲ 1초 15F

16 ①텍스트 움직임을 만들어준 솔리드 레이어와 눈이 꺼진 [WEIRD] 레이어를 모두 선택한 후 `Ctrl` + `Shift` + `C` 를 눌러 Pre-Compose합니다. ②[Pre-compose] 대화상자가 나타나면 새 컴포지션의 이름을 **WEIRD**로 입력하고 ③[OK]를 클릭합니다. ④작업 중인 [Mask] 컴포지션 안에 [WEIRD] 컴포지션이 생성되고 기존에 있던 솔리드 레이어와 텍스트 레이어는 새로 만든 [WEIRD] 컴포지션으로 이동했습니다.

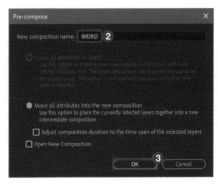

TIP 16 과정까지는 각 소스를 Pre-Compose했으므로 눈이 꺼진 텍스트 레이어가 필요 없습니다. [Timeline] 패널 정리를 위해 레이어를 삭제해도 좋습니다. 단, 혹시 모를 상황을 대비해 예제에서는 따로 지우지 않고 진행합니다.

17 ① 09 과정을 참고해 [WEIRD] 레이어에 Motion Tile 이펙트를 적용한 후 ②[Tile Width], [Tile Height] 속성을 **34**로 설정합니다. ③다음 표를 참고해 [Phase] 속성에 키프레임을 만듭니다. [Mask Path] 속성으로 텍스트 간격이 벌어지고, Motion Tile 이펙트가 적용되어 규칙적으로 배열된 첫 번째, 세 번째의 가로 열만 아래로 움직이는 움직임이 만들어집니다. ④두 번째 키프레임을 선택하고 Shift + F9 를 눌러 감속을 적용합니다. ⑤모든 키프레임을 선택하고 Speed Graph의 기울기를 조정해 자유롭게 가속과 감속을 적용합니다.

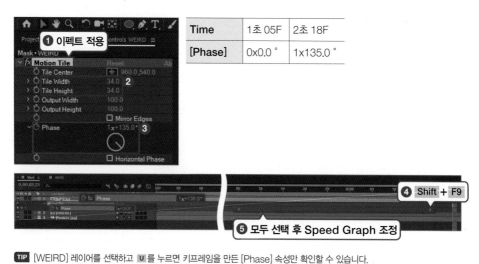

Time	1초 05F	2초 18F
[Phase]	0x0.0°	1x135.0°

TIP [WEIRD] 레이어를 선택하고 U 를 누르면 키프레임을 만든 [Phase] 속성만 확인할 수 있습니다.

18 0 이나 Spacebar 를 눌러 프리뷰를 실행해봅니다. 질감과 타이포그래피의 움직임이 적용된 배경이 완성되었습니다.

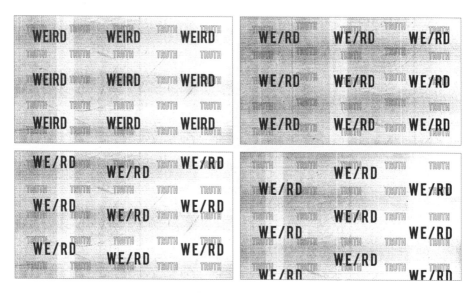

STEP

02

면 분할
레이아웃 만들기

마스크 패스와 블렌딩 모드를 활용해 면 분할 레이아웃을 만들어봅니다.
패스 영역이 넓어지거나 줄어들게 설정하여 영상이 확장, 축소되는 느낌을
표현합니다.

영상 레이어에 마스크 적용하기

19 ① Ctrl + I 를 눌러 Clouds.mp4 파일을 불러옵니다. ② P 를 눌러 [Position] 속성을
활성화한 후 **574, 574**로 설정합니다. ③[Clouds.mp4] 레이어를 선택하고 ④직사각형
도구 ▣ 로 컴포지션을 드래그해 마스크 패스를 만듭니다. ⑤ M 을 눌러 [Mask Path] 속
성을 활성화하고 **1초 00F**에서 [Mask Path]의 스톱워치 ⓞ 를 클릭해 첫 번째 키프레임을
만듭니다. ⑥**00F**으로 이동해 선택 도구 ▶ 로 마스크 패스가 왼쪽으로 줄어들게 수정합
니다. 패스 영역이 오른쪽으로 넓어지면서 영상이 확장되어 보이는 움직임이 만들어집니
다. ⑦두 키프레임을 모두 선택하고 F9 를 눌러 Easy Ease를 적용합니다. 그래프 에디
터 ⬛ 를 클릭해 Speed Graph의 기울기를 조정하며 적당한 가속과 감속도 적용합니다.

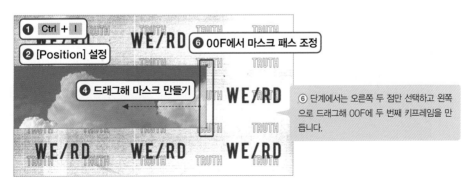

20 시간대별로 마스크 패스의 영역 변화를 살펴봅니다. 순서대로 00F, 12F, 1초 05F입니다.

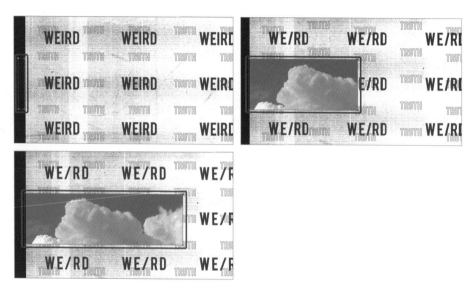

21 ①[Timeline] 패널 하단의 █을 클릭해 [Mode]를 활성화합니다. ②[Clouds.mp4] 레이어의 [Mode]를 [Luminosity]로 설정합니다. 구름 영상과 배경이 중첩되어 다른 컬러로 바뀝니다.

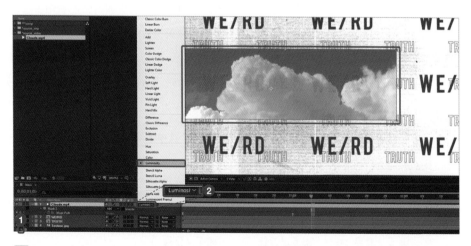

22 ① Ctrl + I 를 눌러 Epicurus.mp4 파일을 불러옵니다. ② 타임 인디케이터를 21F으로 이동하고 ③ [Epicurus.mp4] 레이어를 선택합니다. ④ [을 눌러 레이어의 시작점을 지정합니다. ⑤ 다음 표를 참고해 [Scale]과 [Position] 속성을 설정합니다.

Time	21F	1초 11F
[Scale]	70%	70%
[Position]	−270, 540	800, 540

> **TIP** [,] 를 누르면 레이어의 시작점과 끝점을 타임 인디케이터가 위치한 시간으로 이동할 수 있습니다. 레이어 길이의 변화 없이 레이어의 시작점과 끝점만 이동합니다. 반면 Alt + [, Alt +] 는 레이어의 시작점과 끝점 길이를 잘라냅니다. 두 단축키가 다른 기능이므로 실습에서 제시하는 단축키를 사용해야 합니다.

23 ① [Epicurus.mp4] 레이어가 선택된 상태로 **1초 19F** 위치에서 ② 직사각형 도구■로 컴포지션을 드래그해 정사각형의 마스크 패스를 만듭니다. ③ M 을 눌러 [Mask Path] 속성을 활성화하고 스톱워치■를 클릭해 첫 번째 키프레임을 만듭니다. ④ **1초 01F**으로 이동하고 ⑤ 선택 도구▶로 마스크 패스가 왼쪽으로 확장되게 수정합니다. ⑥ 그래프 에디터■를 클릭해 Speed Graph의 기울기를 조정하며 적당한 가속과 감속을 적용합니다. Epicurus 영상이 오른쪽으로 밀려오면서 면은 축소되는 움직임이 만들어집니다.

⑤ 단계에서는 왼쪽 두 점만 선택하고 왼쪽으로 드래그해 1초 01F에 두 번째 키프레임을 만듭니다.

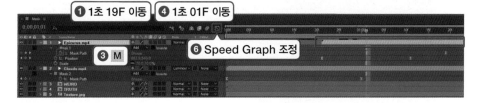

24 ①[Project] 패널에서 [Clouds.mp4]를 선택해 [Timeline] 패널로 드래그합니다. [Epicurus.mp4] 레이어 아래에 위치시킵니다. ②타임 인디케이터를 **1초 01F**으로 이동합니다. ③[Clouds.mp4] 레이어를 선택하고 **[** 을 눌러 레이어의 시작점을 지정합니다. ④ **P** 를 눌러 [Position] 속성을 **882, 510**으로 설정하고 ⑤[Clouds.mp4] 레이어가 선택된 상태로 **1초 26F** 위치에서 ⑥직사각형 도구■로 컴포지션을 드래그해 직사각형의 마스크 패스를 만듭니다. Epicurus 영상 뒤로 Clouds 영상이 보입니다.

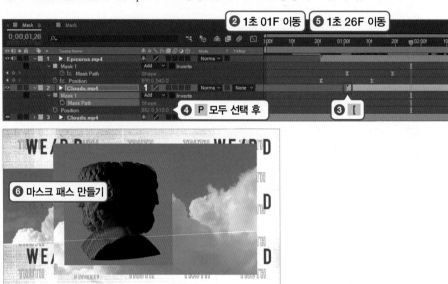

② 마스크 패스 만들기

PART 02 실전 모션 그래픽 디자인

25 ①**1초 26F**에서 [Mask Path]의 스톱워치■를 클릭해 첫 번째 키프레임을 만듭니다. ② 타임 인디케이터를 **1초 01F**으로 이동한 후 선택 도구▶로 마스크 패스를 컴포지션 바깥 왼쪽으로 옮겨 구름 영상의 면이 축소되게 합니다. ③**2초 10F**으로 이동하고 1초 26F의 키프레임을 복사해 붙여 넣습니다. ④**2초 28F**으로 이동한 후 마스크 패스의 왼쪽 면만 축소합니다. ⑤[Mask Path] 키프레임 네 개를 선택하고 **F9** 를 눌러 Easy Ease를 적용합니다. 구름 영상의 오른쪽 면이 확장되었다가 왼쪽 면이 축소되는 움직임이 만들어집니다.

❶ 1초 26F에 키프레임 만들기

❷ 1초 01F에서 마스크 패스 조정

② 단계에서는 먼저 왼쪽 두 점만 선택해 컴포지션 바깥 왼쪽으로 옮깁니다. 오른쪽 두 점을 선택해 왼쪽으로 더 크게 옮겨 1초 01F에 두 번째 키프레임을 만듭니다.

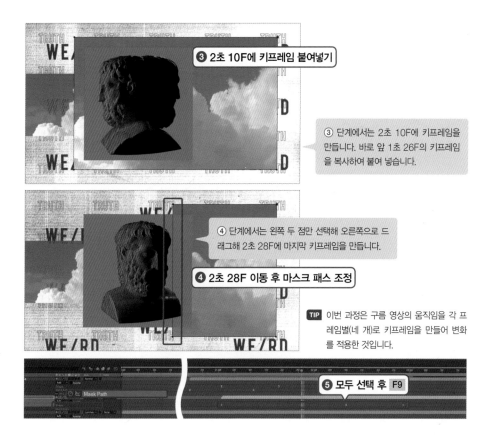

③ 2초 10F에 키프레임 붙여넣기

③ 단계에서는 2초 10F에 키프레임을 만듭니다. 바로 앞 1초 26F의 키프레임을 복사하여 붙여 넣습니다.

④ 단계에서는 왼쪽 두 점만 선택해 오른쪽으로 드래그해 2초 28F에 마지막 키프레임을 만듭니다.

④ 2초 28F 이동 후 마스크 패스 조정

TIP 이번 과정은 구름 영상의 움직임을 각 프레임별(네 개)로 키프레임을 만들어 변화를 적용한 것입니다.

⑤ 모두 선택 후 F9

색 보정하기

26 영상에 색 보정 이펙트를 적용해보겠습니다. ①[Effects & Presets] 패널에서 **Tint**를 검색한 후 [Clouds.mp4] 레이어에 이펙트를 적용합니다. ②[Effect Controls] 패널에서 [Map Black To]는 #EE0027, [Map White To]는 #FFC79E로 설정합니다. Epicurus 영상과 대비되는 색감으로 보정되었습니다.

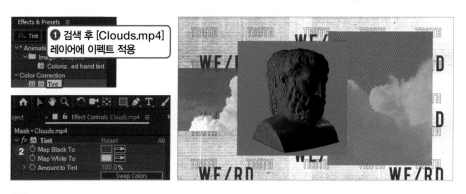

① 검색 후 [Clouds.mp4] 레이어에 이펙트 적용

TIP Tint 이펙트는 어두운 영역과 밝은 영역 두 곳의 컬러를 설정해 색을 보정합니다. 사용하기 간단하고 컬러풀한 톤온톤 보정이나 보색 대비 효과를 낼 수 있어 실무에 매우 유용하게 쓰입니다.

디테일을 추가해 레이아웃 완성도 높이기

텍스트 레이어의 [Animator 1] 속성을 활용해 텍스트의 움직임을 만들어봅니다. 마스크와 블렌딩 모드를 적용하고 Echo, Invert 이펙트를 활용해 레이어 간의 중첩 효과와 색감 변화로 디테일을 추가합니다.

다양한 색의 솔리드 레이어 추가하기

27 Ctrl + Y 를 눌러 [Solid Settings] 대화상자가 나타나면 다음 표를 참고해 새 솔리드 레이어를 만듭니다.

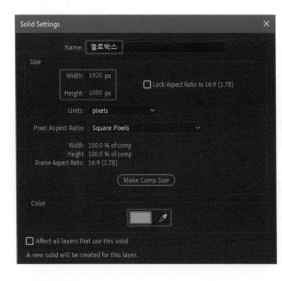

[Name]	옐로박스
[Width]	1920px
[Height]	1080px
[Color]	#FFB41D

28 ①[옐로박스] 레이어가 선택된 상태에서 **1초 18F**으로 이동한 후 ② [을 눌러 시작점을 지정합니다. ③**2초 08F**으로 이동하고 [옐로박스] 레이어를 선택한 후 ④직사각형 도구 ■로 컴포지션을 드래그해 마스크 패스를 만듭니다. ⑤[Mask Path]의 스톱워치 ⑥를 클릭해 첫 번째 키프레임을 만듭니다. ⑥**1초 18F**로 이동해 선택 도구 ▶로 마스크 패스의 면이 왼쪽으로 축소되는 움직임을 설정합니다. ⑦가속과 감속을 적용하여 자연스러운 움직임을 적용하면 노란색 박스가 오른쪽으로 확장되는 움직임이 만들어집니다.

29 노란색 박스 안에 텍스트를 추가해보겠습니다. ①문자 도구 **T**로 노란색 박스 안을 클릭해 **THINGS**를 입력합니다. ②[Paragraph] 패널에서 왼쪽 정렬 ■을 클릭하고 [Character] 패널에서 크기는 **200px**, 자간은 **0**, 컬러는 **#FFFFFF**로 설정합니다. ③ [THINGS] 레이어의 더 보기 ▶를 클릭해 ④[Animate]−[Tracking]을 선택합니다. ⑤ 텍스트 레이어 아래에 [Animator 1] 속성이 추가된 것을 확인합니다. [Tracking]은 텍스트의 간격이 벌어지는 움직임을 만듭니다. ⑥타임 인디케이터를 **1초 24F**으로 이동한 후 [를 눌러 [THINGS] 레이어의 시작점을 지정합니다.

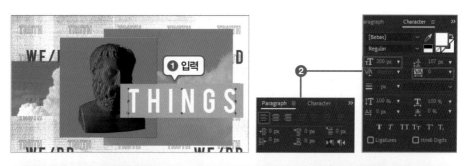

30 ①레이어의 시작점인 **1초 24F**에서 ②[Tracking Amount]를 **−43**으로 설정하고 스톱 워치☺를 클릭해 첫 번째 키프레임을 만듭니다. ③**2초 13F**으로 이동해 ④[Tracking Amount]를 **50**으로 설정합니다. ⑤ `Shift` + `F9` 를 눌러 두 번째 키프레임에만 감속을 적용합니다. **27** 과정에서 만든 노란색 박스와 함께 텍스트의 간격이 좁았다가 오른쪽으로 넓어지는 움직임이 만들어졌습니다.

> **ADVANCE** 좀 더 자연스러운 움직임을 만들기 위해 [Animate]–[Tracking] 속성을 추가한 후 세부 움직임을 조절합니다. 첫째, 텍스트 레이어의 [Animate] 속성에서 텍스트 모션을 위한 다양한 기능을 추가할 수 있습니다. 둘째, [옐로박스]와 [THINGS] 레이어 사이에 시간 차이를 주어서 등장하는 모습의 시간 차이가 생기도록 했습니다. 레이어 간의 격차를 벌려 시간 차이를 주는 것이 자연스러운 움직임을 만드는 데 매우 중요합니다.

솔리드 레이어에 모션 적용하기

31 ①또 다른 박스 모션을 만들기 위해 **27** 과정처럼 솔리드 레이어를 생성합니다. 컬러는 변경할 예정이므로 따로 설정하지 않아도 됩니다. ②**1초 16F**에서 직사각형 도구▢로 정사각형의 마스크 패스를 만듭니다. ③스톱워치☺를 클릭해 첫 번째 마스크 패스 키프레임을 생성합니다. ④**2초 07F**에서 선택 도구▶로 마스크 패스를 전체 선택한 후 오른쪽 아래로 옮겨 직사각형 모양으로 변형합니다. 두 번째 키프레임이 생성됩니다. ⑤**1초 16F**에서 `Alt` + `[` 를 눌러 시작점을 지정합니다.

④ 단계에서는 마스크 패스를 전체 선택하고 위치를 옮깁니다. 아래의 두 패스만 선택해 도형을 직사각형으로 변경합니다.

❷ 1초 16F에서 마스크 패스 만들기

❹ 2초 07F에서 마스크 패스 조정

32 마스크 패스의 형태가 바뀔 때 컬러도 바뀔 수 있도록 Fill 이펙트를 적용해보겠습니다. ①②③다음 표를 참고하여 **31** 과정에서 만든 솔리드 레이어에 Fill 이펙트를 적용하고 [Color] 속성을 변경합니다. 이때 각 위치에서 키프레임을 만듭니다. ④**31** 과정에서 만든 마스크 패스의 두 번째 키프레임(2초 07F)에는 Shift + F9 를 눌러 감속을 만들고 Speed Graph로 속도를 조정합니다.

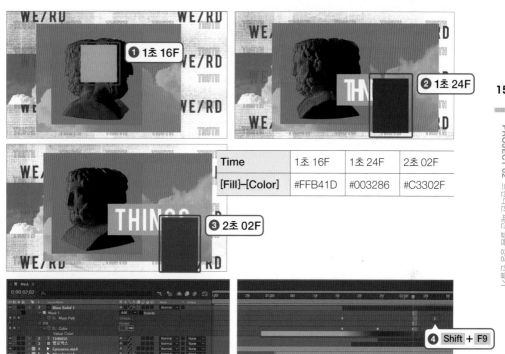

Time	1초 16F	1초 24F	2초 02F
[Fill]–[Color]	#FFB41D	#003286	#C3302F

> **TIP** Fill 이펙트는 솔리드 레이어에 원하는 컬러를 채워주는 역할을 합니다. [Effects & Presets] 패널에서 Fill을 검색한 후 솔리드 레이어에 적용합니다. 그런 다음 [Effect Controls] 패널의 [Fill]–[Color] 속성을 설정합니다.

33 레이어를 하나로 묶어 정리하겠습니다. ①앞서 작업한 솔리드 레이어([Blue Solid 1])를 선택하고 Ctrl + Shift + C 를 누릅니다. ②[Pre-compose] 대화상자가 나타나면 새 컴 포지션의 이름을 **변화**로 입력하고 ③[Move all attributes into the new composition] 에 체크된 것을 확인한 후 ④[OK]를 클릭합니다. 작업 중인 [Mask] 컴포지션 안에 [변화] 컴포지션이 생성되고, 기존의 솔리드 레이어는 [변화] 컴포지션 안으로 이동합니다.

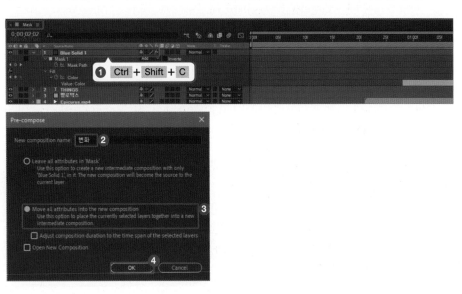

34 잔상 효과의 Echo 이펙트를 적용해보겠습니다. ①다음 표를 참고하여 [변화] 레이어에 Echo 이펙트의 속성을 설정합니다. ②**31~32** 과정에서 만든 마스크 패스에 잔상 효과가 추가됩니다. **1초 16F**에서 Alt + [를 눌러 시작점을 지정합니다.

[Echo Time]	−0.025
[Number Of Echoes]	8
[Echo Operator]	[Composite in Front]

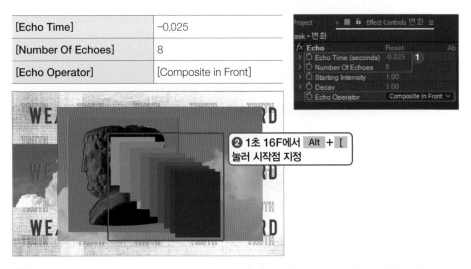

TIP 지금처럼 이펙트를 레이어에 바로 적용하지 않고 Pre-Compose로 만들어진 컴포지션에 적용해야 할 때도 있습니다. 이때 컴포지션에 속한 기존 레이어에 적용한 변화는 Pre-Compose로 만든 컴포지션에 적용한 이펙트와 함께 나타납니다.

세부 디테일 추가하기

35 ① Ctrl + I 를 눌러 HorseHead.png 파일을 불러온 후 ② 2초 06F에서 Alt + [를 눌러 레이어의 시작점을 지정합니다. ③ 다음 표를 참고해 레이어 속성을 설정합니다. ④ Mosaic 이펙트를 적용한 후 두 위치에 모두 키프레임을 만듭니다. ⑤ [Rotation] 속성에 키프레임을 만들고 살짝 기울어지는 움직임까지 추가합니다.

Time	2초 06F	2초 25F
[Scale]	56%	-
[Position]	1566,656	-
[Horizontal Blocks]	10	150
[Vertical Blocks]	10	150

Time	2초 06F	3초 29F
[Rotation]	0x-4˚	0x-16˚

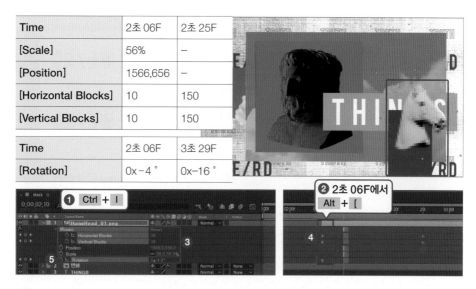

TIP 2초 06F은 [옐로박스], [THINGS], [변화] 레이어와 중첩되는 위치입니다.

TIP Mosaic 이펙트는 이미지가 생겨나는 방법을 재미있게 표현하는 기능으로, 모자이크 효과를 표현합니다.

ADVANCE 다양한 이펙트와 속성을 적용하다 보면 [Timeline] 패널에 여러 개의 속성이 표시됩니다. 이때 상위 레이어(컴포지션, 레이어 등)를 선택하고 U 를 누르면 키프레임을 만든 속성만 골라서 확인할 수 있습니다. 이렇게 활성화된 속성만 확인한 후 다시 속성을 숨길 때에도 U 를 누릅니다. 레이어가 많아지면 [Timeline] 패널이 길어지기 마련인데, 단축키 U 를 사용하면 필요한 속성만 열어서 볼 수 있어 작업의 효율을 높일 수 있습니다.

---

36 ① 22 과정의 [Epicurus.mp4] 레이어를 선택하고 Ctrl + D 를 눌러 레이어를 복제합니다. ② 복제된 레이어 이름을 **Epicurus2**로 수정합니다. ③ [Epicurus2] 레이어에 Invert 이펙트를 적용하고 [Effect Controls] 패널에서 [Channel]을 [Blue]로 설정합니다.

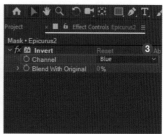

37 ①[Epicurus2] 레이어의 **1초 19F**에 있는 [Mask Path] 키프레임을 선택합니다. ②선택 도구▶로 마스크 패스의 한 점을 잡고 더블클릭합니다. 마스크 패스가 전체 선택되면 크기를 줄입니다. 이때 `Ctrl` + `Shift` + `Alt` 를 누른 채 드래그하면 패스 정가운데를 중심으로 크기를 줄일 수 있습니다. ③[Epicurus2] 레이어의 시작점을 **28F**으로 지정합니다. ④기존의 Epicurus 영상과 시간의 격차가 생기면서 컬러가 변하고 마스크 패스 크기가 작아집니다.

❷ 마스크 패스 조정

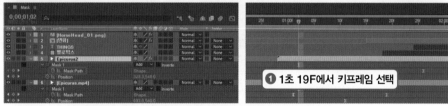

❶ 1초 19F에서 키프레임 선택

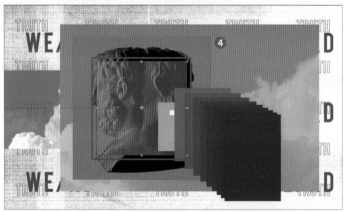

❸ 28F에 시작점 지정

> **TIP** 모션 그래픽에서 레이아웃과 움직임의 디테일을 만들어갈 때는 일일이 새 레이어를 만들어 이펙트를 적용하지 않아도 됩니다. 기존의 레이어를 복제한 후 변형하여 시간 차이를 주는 방법을 이용하면 통일감과 변화를 동시에 표현할 수 있습니다.

배경 디테일과 텍스트 추가해 완성하기

38 배경에 디테일을 추가해보겠습니다. ①솔리드 레이어를 만들어 컬러는 **#003286**, 이름
은 **블루배경**으로 적용합니다. ②시작점은 **1초 28F**으로 지정합니다. ③[블루배경] 레이
어를 아래로 드래그하여 [WEIRD] 레이어 바로 위로 옮깁니다. ④레이어의 [Mode]를
[Multiply]로 설정해 배경과 중첩된 컬러로 적용합니다.

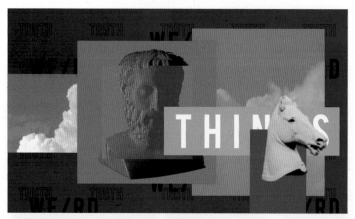

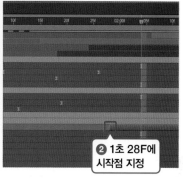

TIP 솔리드 레이어를 만드는 방법은 **27**과정, 레이어의 시작점을 만드는 방법은 **28**과정을 참고합니다.

39 [블루배경] 레이어에 마스크 패스를 만들어보겠습니다. ①[블루배경] 레이어가 선택된 상
태에서 직사각형 도구 ■를 더블클릭합니다. 레이어 전체 크기에 맞는 마스크 패스가 생
성됩니다. ②**2초 15F**에 [Mask Path]의 스톱워치 ⏱를 클릭해 첫 번째 키프레임을 만듭
니다. ③레이어 시작점인 **1초 28F**으로 이동해 선택 도구 ▶로 마스크 패스의 한 점을 잡
고 더블클릭합니다. 왼쪽 대각선 방향 ＼으로 드래그해 마스크 패스의 크기를 완전히 축소
합니다. 오른쪽 대각선 방향 ＼으로 마스크 패스의 면적이 넓어지는 움직임이 만들어졌습
니다. ④두 번째 키프레임에 감속을 적용합니다.

40 텍스트를 입력해 완성도를 높여보겠습니다. ① 다음 표를 참고해 문자 도구 █ 로
WEIRD를 입력합니다. ② `Ctrl` + `Alt` + `Home` 을 눌러 중심점을 가운데로 맞춘 후 ③ 2
초 02F에서 `Alt` + `[` 를 눌러 레이어의 시작점을 지정합니다. ④ [WEIRD] 레이어의 더
보기 █ 를 클릭해 [Animate]-[Skew]를 선택합니다. ⑤ [Animate_or 1]-[Skew] 속성
을 12로 설정하면 WEIRD 텍스트 모양이 기울어집니다.

[Font]	[Bebas]
[Stroke]	활성화
[크기]	245px
[자간]	0
[컬러]	#FFFFFF
[아웃라인 두께]	3px

41 ①[WEIRD] 레이어의 위치를 조정하기 위해 [Transform]-[Position]은 **567, 557**, [Rotation]은 **0x-90°**로 설정합니다. Epicurus 위에 중첩된 위치입니다. ②**2초 12F**로 이동해 직사각형 도구■로 텍스트 전체를 아우르는 마스크 패스를 만듭니다. ③스톱워치■를 클릭해 첫 번째 마스크 패스 키프레임을 만듭니다. ④다시 **2초 02F**으로 이동해 선택 도구▶로 오른쪽에 있는 마스크 패스 두 점만 왼쪽으로 옮겨 패스를 축소합니다. WEIRD 텍스트가 마스크로 인해 오른쪽으로 생성되는 움직임이 만들어졌습니다.

42 모든 과정이 마무리되었습니다. `0` 이나 `Spacebar` 를 눌러 완성된 작업물을 확인합니다.

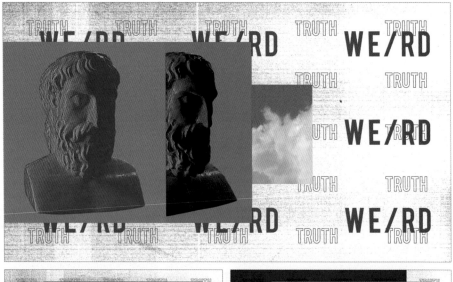

트랙 매트를 이용한
로고 그래픽 영상 만들기

트랙 매트(Track Matte)는 앞서 공부한 셰이프 레이어 (Shape Layer), 마스크(Mask)와 함께 영상 작업에서 가장 많이 쓰이는 기능 중 하나로, 두 개 이상의 레이어를 활용합니다. 상위 레이어의 알파 채널과 밝기의 차이를 이용해 하위 레이어를 보이게 하거나 보이지 않게 할 수 있습니다. 이를 통해 레이어 간의 기본적인 합성 작업에 활용합니다. 여기서 상위 레이어의 알파 채널을 이용하는 것은 알파 매트(Alpha Matte), 밝기 차이를 이용하는 것은 루마 매트(Luma Matte)로 분류합니다.

프로젝트 예제를 실습하기 전에 AE BASIC NOTE를 통해 알파 매트와 루마 매트의 개념과 기능을 이해한 후 실습해봅니다.

PREVIEW

셰이프 레이어의 Add 기능을 함께 활용해보자!
Zig Zag, Twist 이펙트를 이용해 셰이프 레이어의 형태를 다양하게 변형할 수 있습니다.

컬러에 변화를 만들어보자!
포토샵에서 자주 활용하는 Hue/Saturation 기능에 키프레임을 적용합니다. 컬러가 변하는 모션을 쉽게 만들 수 있습니다.

텍스트 레이어의 Animate 기능을 활용해보자!
텍스트를 입력한 후 폰트와 컬러를 바꾸는 디자인 활용 외에도, Animate 기능을 추가해 움직임에 다양한 재미를 표현할 수 있습니다. 이번 예제에서는 Position과 Tracking 기능을 활용합니다.

PLAY

USE EFFECT

- Hue/Saturation
- Gradient Ramp
- CC Griddler

AE BASIC NOTE

01 트랙 매트(Track Matte)는 알파 매트(Alpha Matte-Alpha Inverted Matte)와 루마 매트(Luma Matte-Luma Inverted Matte)로 분류할 수 있습니다.

02 트랙 매트를 사용할 때는 두 레이어가 [Timeline] 패널 안에서 위아래로 위치해 1:1로 배치되어야 합니다. 이때 중요한 것은 매트 기능을 적용할 레이어는 위에, 보이게 할 레이어는 아래에 위치시킵니다. 두 레이어에 매트 기능이 제대로 적용되면 매트로 쓰이는 상위 레이어의 눈이 꺼지고, 보이게 될 하위 레이어의 눈은 켜져 있습니다. 작업 중 눈이 꺼진 레이어가 있다고 해서 눈을 다시 켜면 매트를 적용했어도 결과물이 나타나지 않으므로 주의해야 합니다.

▼ 매트가 될 상위 레이어는 [Shape Layer 7]이고, 보이게 할 하위 레이어는 [SPRING MUSIC FESTIVAL 5]입니다.

03 두 개 이상의 레이어를 하위에 배치하고 한번에 매트 기능을 적용할 수도 있습니다. `Ctrl` + `Shift` + `C` 를 눌러 여러 개의 레이어를 Pre-Compose하여 하나의 컴포지션으로 묶어준 후 1:1 관계로 변경해 작업합니다(실습 **26, 27** 과정에서 확인).

▼ 보이게 할 두 개 이상의 레이어를 Pre-Compose로 묶은 레이어([wave 2] 레이어)

04 알파 매트(Alpha Matte)★

이미지는 R, G, B 외에도 알파 채널을 가지고 있습니다. 알파 매트는 매트로 사용할 레이어의 알파 채널 영역에만 하위 레이어를 보이게 하거나 보이지 않게 하는 개념입니다. 보통 투명도와 알파를 비슷한 개념으로 이해하면 쉽습니다.

Alpha Matte	매트로 쓸 레이어의 알파 채널 영역만 표시됩니다.
Alpha Inverted Matte	매트로 쓸 레이어의 알파 채널 반대 영역만 표시됩니다.

▲ Alpha Matte

▲ Alpha Inverted Matte

🚩 **노란색 배경의 솔리드 레이어**가 있는 상태에서
- [Alpha Matte]를 적용하면 매트로 쓰는 contrast 텍스트 영역 안에 문 이미지가 보입니다.
- [Alpha Inverted Matte]를 적용하면 매트로 쓰는 contrast 글자 영역을 제외한 부분에 문 이미지가 보입니다.

05 루마 매트(Luma Matte)*

루마는 이미지의 밝기를 나타내는 루미넌스(Luminance)의 줄임말로, 루마 매트는 매트로 사용할 레이어의 밝기(명도) 차이에 따라 결과물이 달라집니다. 보통 밝기 차이가 뚜렷한 잉크 번짐 영상 등을 소스로 많이 활용하는데, 명암이 강하게 대비되어 보이는 블랙&화이트가 아니더라도 색상의 밝기 차이가 있는 소스라면 무엇이든 매트 레이어로 사용할 수 있습니다. 이때 중요한 것은 컬러의 차이가 아닌 밝기의 차이(명도)를 활용한다는 것입니다. 만약 소스로 활용하고 싶은 레이어의 밝기 차이가 크지 않다면 Levels, Curves 이펙트를 활용해 임의로 밝기 차이를 강하게 만든 후 사용하는 것이 좋습니다.

Luma Matte	매트로 쓸 레이어의 밝은 영역에만 표시됩니다.
Luma Inverted Matte	매트로 쓸 레이어의 어두운 영역에만 표시됩니다.

▲ 잉크 번짐 소스

▲ Luma Matte

AE BASIC NOTE

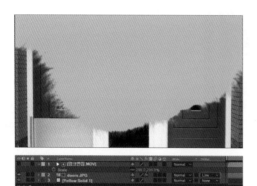

▲ Luma Inverted Matte

▌ 잉크 번짐.mov를 루마 매트 소스로 사용한 상태에서

- [Luma Matte]를 적용하면 매트로 쓰는 잉크 번짐의 가장 밝은 영역에 문 이미지가 보입니다.
- [Luma Inverted Matte]를 적용하면 매트로 쓰는 잉크 번짐의 가장 어두운 영역에 문 이미지가 보입니다.

TIP 유튜브에서 다양한 잉크 번짐 스톡 영상을 찾아 볼 수 있습니다. 'Free HD Stock Footage Royalty Free'로 검색해보세요.

ADVANCE　알파 매트와 루마 매트가 사용된 대표적인 영상을 소개합니다. 2014년 HBO에서 방송한 드라마 〈True Detective〉의 타이틀 영상입니다. 이 작품은 에미상(Emmy Awards)에서 메인 타이틀 디자인(Outstanding Main Title Design) 상을 수상한 완성도 높은 영상입니다. 아래 링크에서 영상과 제작 과정에 대한 스토리를 확인할 수 있습니다. 아래 링크는 시즌1의 타이틀 영상이지만 시즌2, 3도 비슷한 기법으로 제작되었습니다. 덧붙여 영화, 드라마의 오프닝 타이틀 영상 디자인에 관심이 많다면 artofthetitle.com을 참고해보는 것이 좋습니다. 전 세계의 눈여겨볼 만한 다양한 작품들이 업로드되어 있습니다.

▌ 타이틀 영상을 링크(https://www.artofthetitle.com/title/true-detective/)에서 확인하세요.

STEP

알파 매트 적용한
로고 모션 만들기

알파 매트를 이용해 여러 개의 텍스트가 다른 공간 속에서 나타나는
움직임을 만들어봅니다. 이번 과정은 알파 매트를 활용할 때 가장
기본적이고 많이 쓰이는 작업이므로 꼭 익혀두기 바랍니다.

배경 솔리드 레이어 만들기

01 Ctrl + N 을 눌러 [Composition Settings] 대화상자가 나타나면 다음 표를 참고해 새 컴
포지션을 만듭니다.

[Composition Name]	Logo Motion
[Width]	1920px
[Height]	1080px
[Pixel Aspect Ratio]	Square Pixels
[Frame Rate]	29.97
[Duration]	0;00;05;00(5초)
[Background Color]	White(#FFFFFF)

02 ① Ctrl + Y 를 눌러 [Solid
Settings] 대화상자가 나타
나면 ②[Name]에 알맞은 이
름을 입력하고 ③ [Color]는
#FCD5DC로 적용합니다. ④
[OK]를 클릭해 솔리드 레이어
를 만듭니다.

TIP [Solid Settings] 대화상자에서 [Make Comp Size]를 클릭하면 현재 작업 중인 컴포지션과 같은 크기의 레이어가 만들어
집니다.

텍스트 입력하고 마스크 패스 적용하기

03 ①②다음 표를 참고해 문자 도구 T로 SPRING MUSIC FESTIVAL을 입력합니다. ③
텍스트 레이어의 [Position] 속성도 490, 410으로 설정합니다.

[Fill]	활성화
[Font]	MOON GET!
크기	164px
행간	180
자간	0px
컬러	#42878A
[Paragraph]	왼쪽 정렬

TIP MOON GET! 폰트는 Dafont
(https://www.dafont.com/moon-
get.font)에서 다운로드할 수 있습니다.

04 알파 매트를 이용해 텍스트의 행간이 각각 다른 공간에서 나타나는 움직임을 만들어보 겠습니다. ① Ctrl + D 를 두 번 눌러 세 개의 텍스트 레이어를 만듭니다. ②③④ 직사 각형 도구█로 컴포지션을 드래그해 각 텍스트 위에 마스크를 씌웁니다. 이때 가장 아래 레이어는 SPRING 텍스트 위에, 중간 레이어는 MUSIC 텍스트 위에, 가장 위 레이어는 FESTIVAL 텍스트 위에 마스크를 씌웁니다. 이 과정은 행별로 마스크를 구분하기 위함입 니다.

복제한 텍스트 레이어를 쉽게 이해할 수 있도록 차례대로 [SPRING] 레이 어, [MUSIC] 레이어, [FESTIVAL] 레이어라고 부르겠습니다.

알파 매트 적용하고 키프레임 만들기

05 ①행별로 움직임을 따로 만들기 위해 복제한 [MUSIC], [FESTIVAL] 레이어의 눈을 끕 니다. ②아무런 레이어를 선택하지 않은 상태에서 직사각형 도구█로 컴포지션을 드 래그해 직사각형 셰이프를 만듭니다. ③알파 매트 적용 시 매트로 사용할 레이어이므로 [SPRING] 레이어 위에 위치시키고 레이어 이름을 **박스 1**로 변경합니다.

TIP 직사각형 도구로 컴포지션을 드래그해 마스크 패스를 그릴 때 레이어가 선택된 상태이면 마스크 패스가 생기고, 레이어가 선택 되지 않은 상태이면 셰이프 레이어가 생깁니다. 직사각형 셰이프 크기는 SPRING 텍스트 크기 정도로, 컬러는 텍스트나 배경 과 겹치지 않게 선택합니다.

06 [SPRING] 레이어의 마스크 패스에 움직임을 적용해보겠습니다. ①②다음 표를 참고해 [Position]에 키프레임을 만듭니다. ③각 키프레임에 가속과 감속을 적용해 자연스러운 움직임을 작용합니다. 텍스트가 아래에서 위로 올라가는 움직임이 만들어집니다.

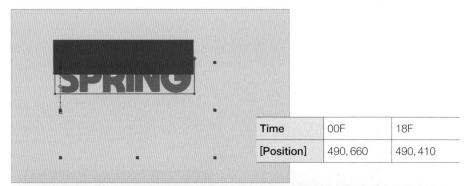

Time	00F	18F
[Position]	490, 660	490, 410

❸ 가속과 감속 적용

07 ①[Timeline] 패널에서 [SPRING] 레이어의 [Track Matte] 옵션을 클릭해 ②[Alpha Matte "박스1"]로 설정합니다. 이는 레이어 위에 있는 [박스 1] 레이어를 매트로 사용한다는 설정입니다. ③[박스 1] 레이어 영역에만 SPRING 텍스트가 보이므로, 가상의 공간에서 텍스트가 올라오는 움직임이 만들어집니다.

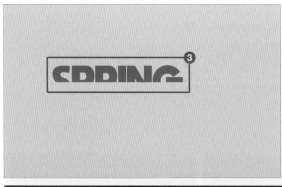

TIP [Timeline] 패널에서 [Track Matte] 항목이 보이지 않으면 패널 왼쪽 아래에 있는 ▣을 클릭합니다. [Track Matte] 항목이 활성화됩니다. [TrkMat] 항목이 [Track Matte]입니다.

[SPRING] 텍스트 레이어의 [Track Matte] 옵션을 [Alpha Inverted Matte "박스1"]로 설정할 수도 있습니다. 그러면 07 과정과 반대로 텍스트가 가상의 공간으로 들어가는 움직임이 만들어집니다. [박스 1] 레이어의 영역을 제외한 부분에만 SPRING 텍스트가 보이기 때문입니다.

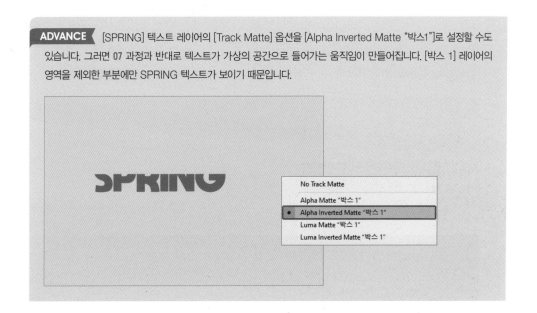

08 05~07 과정처럼 [MUSIC] 레이어에도 움직임을 만들어보겠습니다. ①[MUSIC] 레이어의 눈을 켜고 ②③[MUSIC] 레이어 위에 직사각형의 셰이프를 만듭니다. 크기는 MUSIC 텍스트 크기만큼, 컬러는 텍스트나 배경과 겹치지 않게 설정합니다. ④셰이프 레이어 이름을 **박스2**로 변경합니다.

09 [MUSIC] 레이어의 마스크 패스에 움직임을 적용해보겠습니다. ①②다음 표를 참고해 [Position]에 키프레임을 만듭니다. ③각 키프레임에 가속과 감속을 적용해 자연스러운 움직임을 적용합니다. 텍스트가 위에서 아래로 내려가는 움직임이 만들어집니다.

Time	00F	18F
[Position]	490, 195	490, 410

TIP 이때 헷갈리지 않게 [SPRING] 레이어는 눈을 꺼주는 게 좋습니다.

10 ①[Timeline] 패널에서 [MUSIC] 레이어의 [Track Matte] 옵션을 클릭해 ②[Alpha Matte "박스2"]로 설정합니다. 이는 레이어 위에 있는 [박스 2] 레이어를 매트로 사용한다는 설정입니다. ③[박스 2] 레이어 영역에만 MUSIC 텍스트가 보이고 가상의 공간에서 텍스트가 내려가는 움직임이 만들어집니다. ④[SPRING] 레이어의 눈을 켜보면 각각의 텍스트가 올라오고, 내려가는 움직임이 만들어집니다.

11 ①[FESTIVAL] 레이어의 눈을 켭니다. ②[Timeline] 패널에서 [FESTIVAL] 레이어의 더 보기▶를 클릭해 속성을 확인합니다. ③[Text] 속성 중 [Animate]를 클릭해 [Position]을 선택합니다. ④[FESTIVAL] 레이어 아래에 [Animator 1]-[Range Selector 1]-[Position] 속성이 추가된 것을 확인합니다. ⑤다음 표를 참고해 [Position]에 키프레임을 만듭니다. ⑥각 키프레임에 가속과 감속을 적용해 자연스러운 움직임을 만들면 ⑦마스크 영역 안에서만 텍스트 레이어가 아래에서 위로 올라가는 움직임이 만들어집니다.

Time	00F	18F
[Position]	0, 186	0, 0

TIP [Animator 1]-[Range Selector 1]-[Position] 속성의 값은 컴포지션에서 FESTIVAL 텍스트에 마스크 패스를 씌운 영역(크기)에 따라 다르게 나타날 수 있습니다. 정확한 값은 없으니 깔끔한 움직임이 나타나도록 조정하세요.

텍스트 레이어의 Animate 기능

텍스트 레이어의 Animate 기능은 [Transform] 속성과는 다른 별도의 속성을 추가할 수 있습니다. 각 명칭을 보면 어떤 속성인지 알 수 있으므로 여기서는 몇 가지 익숙하지 않은 명칭을 살펴보겠습니다.

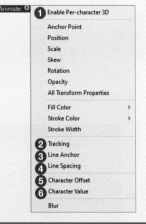

① [Enable Per-character 3D] | 텍스트를 개별적인 3D 레이어로 변경합니다.

② [Tracking] | 텍스트의 자간을 설정합니다.

③ [Line Anchor] | 텍스트의 자간 정렬을 설정합니다.

④ [Line Spacing] | 텍스트의 행간 간격을 설정합니다.

⑤ [Character Offset] | 유니코드 값으로 텍스트 내용을 변경합니다.

⑥ [Character Value] | 유니코드 값으로 텍스트 내용을 변경합니다.

그레이디언트와 루마 매트 적용한 모션 만들기

Gradient Ramp 이펙트로 밝기(명도) 차이가 있는 이미지를 만듭니다. 그런 다음 이미지를 루마 매트 소스로 이용해 텍스트의 변화를 만들어봅니다. Hue/Saturation 이펙트로 색감을 조정하고 CC Griddler 이펙트로 패턴을 제작해봅니다.

솔리드 레이어 만들어 Gradient Ramp 이펙트 적용하기

12 ① [Timeline] 패널에서 타임 인디케이터를 **1초 24F**으로 이동합니다. ② `Ctrl` + `Shift` + `D` 를 눌러 이전 과정에서 작업한 전체 레이어를 분할한 후 뒷부분 레이어는 삭제합니다. ③ `Ctrl` + `Y` 를 눌러 **1초 24F**에 #F6D773 컬러의 솔리드 레이어([Medium Yellow Solid 1])를 만듭니다. ④ 가장 위에 있는 텍스트 레이어를 복제(`Ctrl` + `D`)해 ⑤ **1초 24F**에서 시작하도록 배치합니다. ⑥ 복제한 텍스트 레이어의 속성(마스크, 키프레임 등)을 모두 지우고 원본 상태로 만듭니다.

13 ① Ctrl + Y 를 눌러 #FFFFFF 컬러의 솔리드 레이어를 만들고 ②이름을 **램프**로 변경합니다. ③[Effects & Presets] 패널에서 **Gradient Ramp**를 검색해 [램프] 레이어에 적용합니다. ④다음 표를 참고해 키프레임을 설정합니다. ⑤예제에서는 끝나는 키프레임에 감속을 적용했습니다. ⑥ 0 이나 Spacebar 를 눌러 프리뷰하여 블랙과 화이트로 그레이디언트된 영역이 아래에서 위로 이동하는 것을 확인합니다.

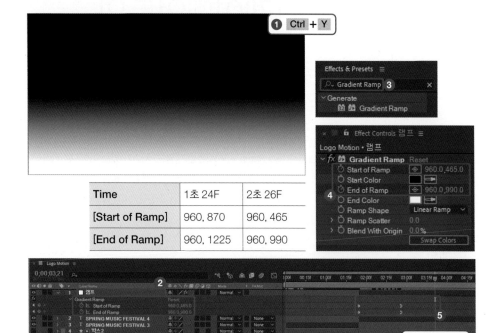

Time	1초 24F	2초 26F
[Start of Ramp]	960, 870	960, 465
[End of Ramp]	960, 1225	960, 990

10 년차 선배의 멘토링   Gradient Ramp 이펙트

Gradient Ramp 이펙트는 그레이디언트 효과를 만들어줍니다. 시작되는 컬러와 영역, 종료되는 컬러와 영역을 조정해 그레이디언트가 변화하는 움직임을 만들 수 있습니다. [Ramp Shape] 속성 중 [Linear Ramp]를 선택하면 직선형 그레이디언트를, [Radial Ramp]를 선택하면 원형 그레이디언트를 만들 수 있습니다. 비슷한 이펙트로 4-Color Gradient 이펙트가 있습니다. 여기서 [Positions & Colors]-[Point], [Color] 속성을 변경하거나 [Blend], [Blending Mode] 속성을 설정하여 Gradient Ramp 이펙트보다 다양한 그레이디언트 효과를 표현할 수 있습니다. 디자인 트렌드 중 하나가 그레이디언트 컬러를 섬세하게 사용하는 것이므로, 작업물에 다양하게 활용해보세요.

▲ 솔리드 레이어에 4-Color Gradient 이펙트를 적용한 모습

루마 매트 적용하고 디테일 추가하기

14 [램프] 레이어를 루마 매트 소스로 활용해보겠습니다. [SPRING MUSIC FESTIVAL 4] 레이어의 [Track Matte]를 [Luma Inverted Matte "램프"]로 설정합니다. [램프] 레이어를 매트로 사용한다는 설정이며 Gradient Ramp 이펙트로 투명한 영역이 위로 올라가는 것을 확인할 수 있습니다.

ADVANCE 여기서 [램프] 레이어에 Gradient Ramp 이펙트를 적용한 이유는 밝기 차이를 적용해 루마 매트 소스로 활용하기 위함입니다. [SPRING MUSIC FESTIVAL 4] 레이어에 [Luma Inverted Matte]를 적용했으므로 어두운 영역에서 텍스트가 보이는 결과물이 나온 것입니다. 여기서 [Luma Matte]를 적용했다면 밝은 영역에서 텍스트가 보이는 결과물이 나옵니다.

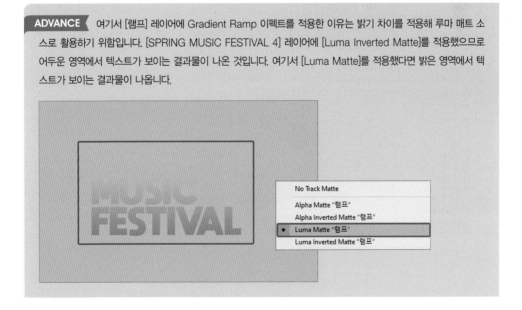

15 디테일을 추가해보겠습니다. ①3초 00F으로 이동하고 [램프], [SPRING MUSIC FESTIVAL 4] 레이어를 함께 선택합니다. ② `Ctrl` + `Shift` + `D` 를 눌러 두 레이어를 분할하고 레이어의 뒷부분은 삭제합니다. ③[Effects & Presets] 패널에서 **Hue/Saturation**을 검색해 ④[SPRING MUSIC FESTIVAL 4] 레이어에 적용합니다. ⑤다음 표를 참고해 [Master Hue], [Master Saturation] 속성을 설정합니다. ⑥끝나는 키프레임에 감속을 적용합니다. ⑦루마 매트와 동시에 색조, 채도가 함께 변하는 움직임을 확인할 수 있습니다.

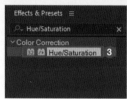

Time	1초 24F	2초 26F
[Master Hue]	0°	80°
[Master Saturation]	0	50

CC Griddler 이펙트로 배경 디테일 만들기

16 ①3초 00F으로 이동합니다. ②12 과정에서 만든 [Medium Yellow Solid 1] 레이어를 선택하고 Ctrl + Shift + D 를 눌러 레이어를 분할하고 레이어의 뒷부분은 삭제합니다. ③ Ctrl + Y 를 눌러 새 솔리드 레이어를 생성합니다. 이때 컬러는 #F68F73으로 설정합니다. 이렇게 하면 앞서 자른 레이어 바로 위에 새 레이어가 생성됩니다. ④마찬가지로 3초 00F에서 레이어를 분할해 레이어의 뒷부분은 삭제합니다. ⑤[Effects & Presets] 패널에서 CC Griddler를 검색해 새 레이어에 적용하고 ⑥이름을 CC Griddler로 변경합니다.

> **TIP** CC Griddler 이펙트는 이미지를 타일 형식으로 분산시키는 효과를 표현합니다. 솔리드 레이어에 CC Griddler 이펙트를 적용하면 이미지가 타일 형태로 표현되며, 가로, 세로의 크기와 각도를 조정해 다양한 느낌을 표현할 수 있습니다.

17 ①다음 표를 참고해 CC Griddler 이펙트의 [Horizontal Scale]과 [Tile Size] 속성을 설정합니다. 이 두 가지 속성에는 키프레임을 만들지 않습니다. ②[Vertical Scale], [Rotation] 속성은 각 프레임별로 값을 다르게 적용해 키프레임을 생성합니다. 세로로 긴 타일 형식의 패턴이 돌아가는 움직임이 적용됩니다. ③키프레임에 가속과 감속을 적용해 자연스러운 움직임을 만듭니다. [Vertical Scale] 키프레임은 빠르게 시작해서 느린 속도로, [Rotation] 키프레임은 빠르게 시작해서 나중에는 동일한 속도로 움직이게 설정합니다. 그래프 에디터로 확인합니다.

[Horizontal Scale]	10
[Tile Size]	20

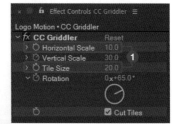

Time	06F	19F	2초 29F
[Vertical Scale]	0	30	80
[Rotation]	33°	65°	215°

❸ 가속과 감속 적용

Hue/Saturation 이펙트로 배경 디테일 만들기

18 조금 더 디테일을 추가해보겠습니다. ①[CC Griddler] 레이어에 Hue/Saturation 이펙트를 적용합니다. ②③다음 표를 참고해 [Hue], [Saturation] 속성을 설정하고 키프레임을 만듭니다. CC Griddler 이펙트에 Hue/Saturation 이펙트가 추가로 적용되어 색조, 채도가 함께 변하는 움직임을 확인할 수 있습니다.

Time	1초 24F	2초 29F
[Master Hue]	0°	200°
[Master Saturation]	0	−50

19 `0` 이나 `Spacebar` 를 눌러 프리뷰를 실행합니다. 배경과 텍스트의 움직임을 확인해봅니다.

STEP

03

Add 기능과
알파 매트 적용한
로고 모션 만들기

이미지와 영상뿐 아니라 텍스트, 셰이프 레이어도 알파 매트 소스로 사용할
수 있습니다. 셰이프 레이어의 Add 기능으로 다양한 벡터 그래픽을 만들고
알파 매트 소스로 이용해봅니다. 이때 여러 레이어를 한꺼번에 알파 매트
소스로 사용하려면 Pre-Compose를 사용해 하나의 레이어로 묶어주는
것이 중요합니다.

셰이프 레이어 만들어 Add 기능 추가하기

20 [SPRING MUSIC FESTIVAL] 레이어에 알파 매트를 이용해 패턴을 넣어보겠습니다. ①
먼저 [SPRING MUSIC FESTIVAL 4] 레이어를 선택하고 Ctrl + D 를 눌러 레이어를 복
제합니다. ②[SPRING MUSIC FESTIVAL 5] 레이어가 생성되었습니다.

21 ①3초 00F에서 [를 눌러 시작점을 지정합니다. ②레이어에 적용된 모든 속성을 제거해 원본 상태로 만듭니다. ③펜 도구 🖊로 컴포지션 상단에 가로가 긴 직선을 그려 셰이프 레이어를 만듭니다. ④[Fill]은 **None**, [Stroke]는 **#5D78EC, 73px**로 설정합니다. ⑤이때 [Shape Layer 1] 레이어를 [SPRING MUSIC FESTIVAL 5] 레이어 바로 아래에 위치시키고 ⑥시작점을 **3초 00F**으로 지정합니다.

TIP [Fill]을 [None]으로 변경하려면 [Fill]을 클릭했을 때 나타나는 [Fill] 대화상자에서 [None]을 선택합니다.

TIP 레이어를 이동할 때 타임 인디케이터를 중심으로 시작점과 끝점을 지정할 수 있습니다. 시작점으로 지정하는 단축키는 [, 끝점으로 지정하는 단축키는] 입니다.

22 ①[Shape Layer 1] 레이어의 이름을 **Wave**로 수정합니다. ②더 보기 ▶를 클릭해 ③[Add]-[Zig Zag]를 선택합니다. ④다음 표를 참고해 [Zig Zag 1] 속성을 설정합니다. ⑤이때 [Size] 속성에 키프레임을 만들어 가속과 감속을 적용합니다. ⑥직선의 셰이프가 물결치는 곡선으로 변합니다.

Time	3초 00F	4초 25F
[Size]	0	20
[Ridges per segment]	13	
[Points]	Smooth	

> **TIP** [Zig Zag] 속성은 선으로 그린 셰이프에 비틀기의 정도와 개수를 적용해 각지거나 물결 모양의 규칙적인 선을 만들어줍니다. 실습에서 제시한 값이 아니라 자신이 원하는 형태가 나오도록 설정해도 좋습니다.

23 ①[Wave] 레이어에서 [Add]-[Repeater]를 선택합니다. ②[Copies]는 **10**으로 설정해 선이 10개가 되도록 복사합니다. ③다음 표를 참고해 [Transform: Repeater 1]-[Position] 속성을 설정하고 ④끝나는 키프레임에 감속을 적용합니다. ⑤반복된 10개의 선이 물결치며 전체적으로 이동하는 움직임을 확인합니다.

Time	3초 00F	4초 25F
[Transform: Repeater 1]-[Position]	100, 180	0, 110

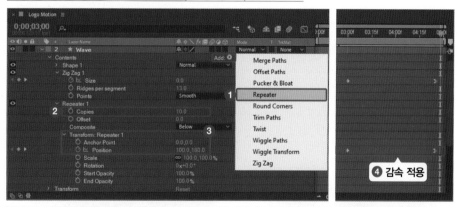

> **TIP** 선이 물결치는 모양으로 보이는 이유는 **22** 과정에서 Zig Zag 이펙트를 적용해 직선이 곡선으로 변하는 움직임을 만들었기 때문입니다. [Repeater] 속성은 PROJECT 01의 **16** 과정(106쪽)에서도 자세히 다뤘으니 참고해보세요.

24 ①원형 도구■로 컴포지션을 드래그해 원형 셰이프를 만듭니다. ②[Fill]은 #42878A, [Stroke]는 **None**으로 설정합니다. ③[Shape Layer 1] 레이어 이름을 **Circle**로 수정하고 [Wave] 레이어 바로 위에 위치시킵니다. ④**3초 00F**에서 ■를 눌러 시작점을 지정합니다.

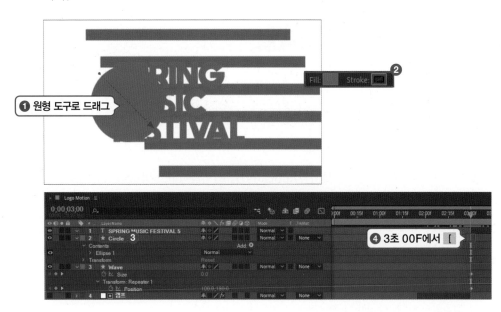

1 원형 도구로 드래그

4 3초 00F에서 [

25 ①[Circle] 레이어의 더 보기▶를 클릭해 ②[Add]-[Twist]를 선택합니다. ③다음 표를 참고해 [Twist 1] 속성을 설정합니다. ④이때 [Center] 속성에 키프레임을 만들어 가속과 감속을 적용합니다. 원에 유기적인 형태로 왜곡되는 움직임이 적용됩니다.

Time	3초 00F	4초 25F
[Angle]	55	
[Center]	382, 0	−200, 0

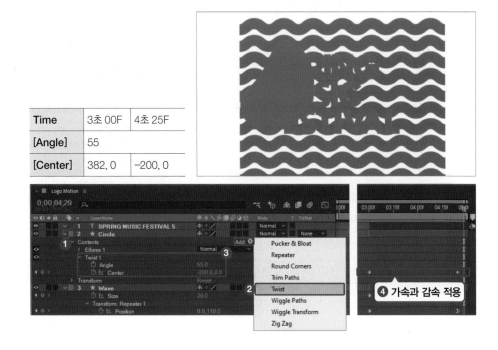

4 가속과 감속 적용

26 ① Ctrl + Y 를 눌러 **#F68F73** 컬러의 새 솔리드 레이어를 만듭니다. ②이름을 **패턴 배경**
으로 변경하고 [Wave] 레이어 바로 아래에 위치시킵니다. ③**3초 00F**에서 [를 눌러 시
작점을 지정합니다.

배경 레이어 Pre-Compose하기

27 ①[Circle], [Wave], [패턴 배경] 레이어를 함께 선택하고 ② Ctrl + Shift + C 를 누릅니
다. ③[Pre-Compose] 대화상자가 나타나면 새 컴포지션의 이름을 **패턴 묶음**으로 입력
하고④[OK]를 클릭합니다.

28 ①[패턴 묶음] 레이어를 선택하고 ②**3초 00F**에서 Alt + [를 눌러 레이어의 시작점을 지정합니다. [SPRING MUSIC FESTIVAL 5] 레이어와 함께 3초 00F부터 등장하기 위한 설정입니다. ③[패턴 묶음] 레이어를 더블클릭해보면 [패턴 묶음] 컴포지션 패널이 열리고 ④[Circle], [Wave], [패턴 배경] 레이어가 들어있는 것을 확인할 수 있습니다.

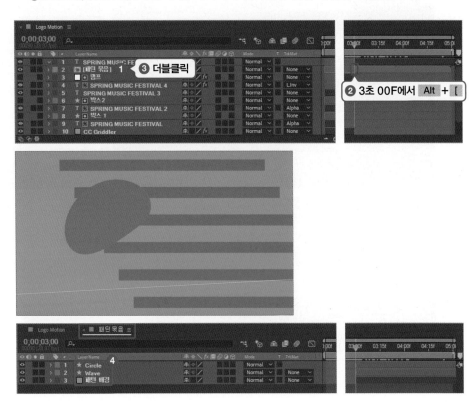

29 ①작업 컴포지션으로 돌아와 [패턴 묶음] 레이어를 선택하고 ②[Track Matte] 옵션을 [Alpha Matte "SPRING MUSIC FESTIVAL 5"]로 선택합니다. [SPRING MUSIC FESTIVAL 5] 레이어를 매트 소스로 사용한다는 설정입니다. ③셰이프 레이어로 만든 물결과 웨이브 원형 패턴이 글자 영역 안에서 보이는 것을 확인합니다.

TIP Track Matte 기능을 적용하려면 [Timeline] 패널에서 매트로 사용할 레이어와 매트를 적용시킬 레이어가 1:1로 위치해 있어야 합니다. 따라서 27 과정에서 여러 개의 배경 레이어를 Pre-Compose 기능으로 묶어주었습니다. AE BASIC NOTE에서도 설명했던 중요한 부분이니 꼭 기억해둡니다.*

텍스트 입력해 배경 디테일 만들기

30 ① [램프] 레이어를 선택한 상태에서 **Ctrl** + **Y** 를 눌러 새 솔리드 레이어를 생성합니다.
② [Name]은 **마지막 배경**으로 입력하고 ③ [Color]는 **#FAE7C2**로 설정한 후 ④ [OK]를 클릭합니다. [램프] 레이어 바로 위에 [마지막 배경] 레이어가 생성됩니다. ⑤ [마지막 배경] 레이어가 선택된 상태에서 **3초 00F**으로 이동한 후 **Alt** + **[** 를 눌러 시작점을 지정합니다.

31 ①②③다음 표를 참고해 문자 도구■로 **SPRING MUSIC FESTIVAL**을 입력합니다. ④[Timeline] 패널에서 [SPRING MUSIC FESTIVAL 6] 레이어가 생성된 것을 확인하고 [마지막 배경] 레이어 위에 위치시킵니다. ⑤**3초 00F**에서 Alt + [를 눌러 레이어의 시작점을 지정합니다.

[Stroke]	활성화
[폰트]	MOON GET!
[크기]	475px
[행간]	522px
[자간]	0px
[아웃라인 두께]	2px
[컬러]	#AC60E1
[Paragraph]	왼쪽 정렬
[Position]	−78, 245

32 ①[SPRING MUSIC FESTIVAL 6] 레이어의 더 보기■를 클릭해 속성을 확인합니다. ②[Animate]−[Tracking]을 선택합니다. ③④[SPRING MUSIC FESTIVAL 6] 레이어에 [Animator 1] 속성을 확인하고 다음 표를 참고해 [Range Selector 1]−[Tracking Amount]에 키프레임을 만듭니다. ⑤키프레임에 가속과 감속을 적용해 텍스트의 자간이 좁아지는 움직임을 만들었습니다.

Time	3초 00F	3초 23F
[Tracking Amount]	55	0

⑤ 가속과 감속 적용

TIP 텍스트 레이어에는 Animate 기능을 추가할 수 있습니다. 11 과정의 설명과 10년차 선배의 멘토링을 참고하세요.

33 마지막으로 드라마틱한 표현을 위해 텍스트 레이어에 움직임을 적용해보겠습니다. ①②
다음 표를 참고해 [SPRING MUSIC FESTIVAL 6] 레이어의 [Position] 속성을 설정하고
키프레임을 만듭니다.

Time	3초 00F	3초 06F	4초 29F
[Position]	190, 245	−12, 245	−78, 245

34 ①그래프 에디터 ■를 클릭해 ②키프레임에 Speed Graph를 설정합니다. 가속과 감속을 적용하면 훨씬 자연스러운 움직임이 나타납니다. 텍스트의 자간이 좁아지는 움직임과 함께 텍스트 레이어 전체가 왼쪽으로 이동하는 움직임이 적용됩니다.

35 모든 과정이 완성되었습니다. 0 이나 Spacebar 를 눌러 프리뷰해봅니다.

PROJECT 04

—

콜라주 콘셉트의
그래픽 영상 만들기

콜라주 아트워크는 2000년대 초중반 모션 그래픽 영상에서 많이 쓰이던 기법입니다. 최근에는 레트로, 뉴트로 콘셉트가 트렌드로 부각되면서 해외 모션 그래픽 영상에서 콜라주 아트워크를 자주 볼 수 있습니다. 콜라주를 활용할 때 중요한 점은 이미지, 드로잉 소스, 질감 등 서로 다른 디자인 요소 간의 대비와 균형미를 살려 각 요소가 잘 어우러지게 배치하는 것입니다. 이번에는 아날로그의 매력과 독특한 개성을 살릴 수 있는 콜라주 아트워크 영상을 만들어봅니다. 트랙 매트(Track Matte)를 이용한 페인트 브러시 느낌의 표현과 질감 표현 방법도 함께 알아보겠습니다.

PREVIEW

10년차
선배는
이렇게!

디자인 요소 간의 대비와 균형을 만들자!
흑백의 오브젝트vs컬러풀한 오브젝트, 플랫한 벡터 오브젝트vs질감이 살아있는 오브젝트 등 디자인 요소 간의 대비와 균형을 활용하는 아트워크를 만들어봅니다.

알파 매트(Alpha Matte), 루마 매트(Luma Matte)를 활용해 브러시 효과를 만들자!
다양한 브러시 이미지와 영상 소스를 활용해 아날로그 감성을 표현해봅니다.

Turbulent Displace, Gradient, Noise HLS 이펙트를 활용해 질감을 표현해보자!
포토샵에서 생성된 이미지를 이용하는 방법 외에도 애프터 이펙트의 기능을 활용해 다양한 질감을 만들 수 있습니다.

Wiggler 기능을 활용해보자!
두 개 이상의 키프레임 사이에 불규칙한 움직임을 만들 수 있습니다.

▶ PLAY

PROJECT 04 콜라주 콘셉트의 그래픽 영상 만들기

USE EFFECT

Fill Drop Shadow

Wiggler

Turbulent Displace

Noise HLS

Fast Box Blur

AE BASIC NOTE

01 레이어가 분리된 파일 임포트하기

영상 작업을 위해 포토샵이나 일러스트레이터로 소스를 제작할 때는 레이어를 분리해 저장해야 합니다. 레이어가 분리된 psd, ai 파일을 임포트하는 여러 가지 옵션을 알아보겠습니다.

- 영상 작업을 위한 소스(psd, ai 소스) 작업 시 [Color Mode]는 [RGB]로 설정합니다.
- 대부분의 레이아웃을 포토샵이나 일러스트레이터에서 작업할 예정이라면 도큐먼트 크기를 컴포지션 크기와 동일하게 설정하는 것이 좋습니다.
- 벡터 오브젝트는 애프터 이펙트의 마스크, 셰이프 레이어를 활용하는 편이 합리적이기도 합니다. 어떤 프로그램을 활용할지 선택하는 것은 작업의 상황에 따라서 달라집니다.
- 여기서 가장 중요한 점은 psd, ai 파일을 임포트하기 위해 파일을 폴더에서 선택할 때 [Sequence Options]에는 체크하지 않는다는 것입니다.* [Photoshop/Illustrator Sequence] 설정이 체크된 상태로 임포트하면 1프레임 길이의 짧은 레이어로 생성됩니다.

02 레이어가 분리된 psd 파일 임포트하기

[File]-[Import]-[File] 메뉴를 클릭하거나 **Ctrl** + **I** 를 눌러 포토샵(psd) 파일을 선택한 후 임포트합니다. 임포트(Import) 불러오기 대화상자의 옵션을 알아보겠습니다.

[Import Kind]-[Footage]는 레이어별로 불러오는 옵션입니다.*

① **Merged Layers** | 분리된 모든 레이어를 하나의 레이어로 합쳐서 불러옵니다.

② **Choose Layer** ┃ 여러 레이어 중 선택한 레이어만 불러옵니다.

③ **Footage Dimensions−Layer Size** ┃ 레이어 자체 크기로 불러옵니다.

Footage Dimensions−Document Size ┃ 레이어 사이즈가 포토샵에서 설정한 도큐먼트 (캔버스) 크기로 불러옵니다.

▲ Footage Dimensions−Layer Size

▲ Footage Dimensions−Document Size

AE BASIC NOTE

[Import Kind]-[Composition]은 각 레이어를 컴포지션으로 묶어서 불러오는 옵션입니다. 같은 이름의 폴더가 생성되어 폴더 안에서 레이어를 선택할 수도 있습니다.*

① **Editable Layer Styles** | 포토샵에서 설정한 레이어 스타일 옵션을 유지해 불러오고 수정할 수도 있습니다. 3D 레이어로 변환할 때는 레이어 스타일이 적용되지 않을 수 있습니다.

② **Merge Layer Styles into Footage** | 포토샵에서 설정한 레이어 스타일이 이미지화되어 합쳐져 불러옵니다.

③ **Composition-Retain Layer Sizes** | 각 레이어가 레이어 자체의 크기로 컴포지션에 묶어서 불러옵니다.

03 레이어가 분리된 ai 파일 임포트하기

[File]-[Import]-[File] 메뉴를 클릭하거나 Ctrl + I 를 눌러 일러스트레이터(ai) 파일을 선택한 후 불러옵니다. 임포트(Import) 불러오기 대화상자 옵션을 알아보겠습니다.

[Import Kind]–[Footage]는 레이어별로 불러오는 옵션입니다.*

① **Merged Layers** ㅣ 분리된 모든 레이어를 하나의 레이어로 합쳐서 불러옵니다.

② **Choose Layer** ㅣ 여러 레이어 중 선택한 레이어만 불러옵니다.

③ **Footage Dimensions–Layer Size** ㅣ 레이어 자체의 크기로 불러옵니다.

④ **Footage Dimensions–Document Size** ㅣ 일러스트레이터(ai)에서 설정한 도큐먼트 크기로 불러옵니다.

[Import Kind]–[Composition]은 각 레이어를 컴포지션으로 묶어서 불러오는 옵션입니다. 같은 이름의 폴더가 생성되어 폴더 안에서 레이어를 선택할 수도 있습니다.*

① **Footage Dimensions–Layer Size** ㅣ 레이어 자체의 크기로 불러옵니다.

② **Footage Dimensions–Document Size** ㅣ 레이어 크기가 일러스트레이터(ai)에서 설정한 도큐먼트 크기로 불러옵니다.

루마 매트와
브러시 영상 소스로
움직임 표현하기

브러시 영상을 루마 매트 소스로 이용해 오브젝트가 그려지듯이 발생하는
움직임을 만듭니다. 레이어 간의 시간 차이와 컬러 변화로 더 디테일한
움직임을 표현하고 Wiggler 이펙트로 레이어가 불규칙하게 흔들리는
움직임을 만들어봅니다.

aep 파일 열고 프로젝트 시작하기

01 ① Ctrl + O 를 눌러 **04_a.aep** 파일을 불러옵니다. ②[Project] 패널에서 [* comp]–
[collage] 컴포지션을 더블클릭해 컴포지션을 엽니다. 콜라주 콘셉트로 디자인된 두 장면
의 레이아웃을 볼 수 있습니다.

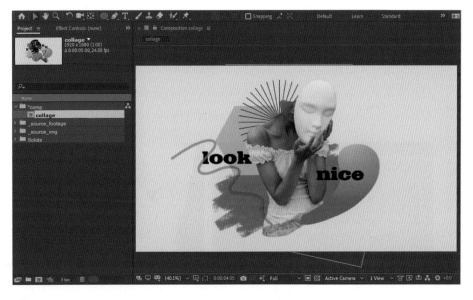

이번 예제에서는 콜라주 콘셉트에 어울리도록 살짝 끊기는 움직임을 구현했습니다. 컴포지션은 초당 24프레임으로 설정했습니다(Ctrl + K 를 눌러 [Frame Rate] 속성을 확인할 수 있습니다.). 예제에 쓰인 Fette Egyptienne 폰트는 https://www.dafont.com/fetteegyptienne.font에서 다운로드할 수 있습니다.

영상 소스와 카메라를 든 인물에 루마 매트 적용하기

02 카메라를 든 인물의 움직임을 만들어봅니다. ①[Project] 패널에서 [_source_img]-[boy Layers] 폴더를 열어봅니다. ②boy.psd가 두 개의 [camera/boy.psd], [face/boy.psd]로 레이어로 분리되어 임포트된 것을 확인할 수 있습니다.

TIP [Project] 패널은 작업의 편의성을 위해 컴포지션, 이미지, 영상 등 각 개체별로 폴더를 나눠 정리하는 습관을 들이는 것이 좋습니다. 작업량이 늘어나면서 컴포지션이나 임포트한 소스의 개수가 늘어나면 [Project] 패널이 매우 복잡해지기 때문입니다.

03 ①[Project] 패널의 [_source_footage]-[paintbrush1.mp4]를 [Timeline] 패널의 [face/boy.psd] 레이어 위에 불러옵니다. ②루마 매트를 적용하게 되면 영상의 크기와 위치에 맞춰서 인물이 그려질 예정이므로 [paintbrush1.mp4]의 위치와 크기를 인물과 화면에 맞게 조정합니다. 예제에서는 매트 소스 크기를 80%로 줄인 후 살짝 오른쪽으로 옮겼습니다. [Size]와 [Position] 속성은 작업자가 원하는 대로 설정해도 됩니다.

ADVANCE [Project] 패널에서 [paintbrush1.mp4]를 클릭해보면 다음과 같은 영상 소스를 확인할 수 있습니다. 밝고(브러시가 그려지는 부분) 어두운(배경) 명암 차이가 확실하게 대비되어 보이므로, 예제에서는 루마 매트 소스로 활용할 예정입니다.

04 ①[face/boy.psd] 레이어의 [Track Matte] 옵션을 [Luma Matte "paintbrush1.mp4"]로 설정합니다. ②[paintbrush1.mp4] 레이어의 눈이 꺼지고 매트가 잘 적용되었는지 확인합니다. ③영상의 가장 밝은 영역, 즉 브러시가 그려진 영역에만 인물이 보이게 됩니다. 이때 [face/boy.psd] 레이어의 Solo█를 클릭해 좀 더 명확한 결과물을 확인할 수도 있습니다.

TIP Solo█를 클릭해 활성화하면 해당 레이어만 컴포지션에 보입니다. 레이어가 많고 복잡할 때 특정 레이어만 확인하기 좋은 방법입니다. 확인 후에는 Solo█를 비활성화해야 나머지 레이어가 보입니다.

인물 레이어에 이펙트 속성을 추가해 디테일한 움직임 적용하기

05 디테일한 움직임을 만들기 위해 레이어를 추가해보겠습니다. ①루마 매트가 적용된 [paintbrush1.mp4]와 [face/boy.psd] 레이어를 함께 선택하고 Ctrl + D 를 눌러 복제합니다. ② PageDown 을 눌러 5프레임 뒤로 타임 인디케이터를 이동한 후 ③복제한 두 레이어의 시작점을 지정합니다. [를 누르면 레이어의 시작점이 타임 인디케이터 위치로 이동합니다. ④⑤이 과정을 한 번 더 반복합니다. ⑥[Timeline] 패널을 확인하면 [paintbrush1.mp4]와 [face/boy.psd] 레이어가 5프레임 차이로 세 번 반복된 것을 확인합니다.

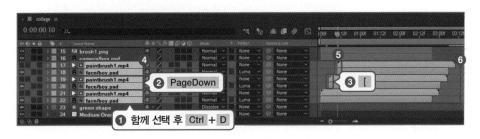

06 ①②③복제된 세 개의 [paintbrush1.mp4] 레이어의 [Position]과 [Size]를 각각 다르게 조정합니다. 브러시로 그려지는 움직임에 차이가 적용되어 풍부한 움직임이 표현됩니다. 예제에서는 다음 표와 같이 설정했지만, 작업자가 원하는 대로 설정해도 좋습니다.

	맨 위 [paintbrush1.mp4]	중간 [paintbrush1.mp4]	맨 아래 [paintbrush1.mp4]
[Position]	1140, 612	786, 592	862, 592
[Size]	80, 80%	75, 75%	80, 80%

07 ①[Effects & Presets] 패널에서 **Fill**을 검색해 ②맨 아래에 있는 [face/boy.psd] 레이어에 적용하고 ③[Color]는 **#5F1AC6**로 설정합니다. ④색을 적용한 [face/boy.psd] 레이어 이름을 **purple face/boy.psd**로 바꿉니다. ⑤같은 방법으로 가운데 [face/boy.psd] 레이어에 Fill 이펙트를 적용하고 [Color]는 **#3F6FDB**로 설정합니다. ⑥레이어 이름을 **blue face/boy.psd**로 바꿉니다.

08 ①[Timeline] 패널에서 세 개의 [face/boy.psd] 레이어의 Solo █를 클릭합니다. ② 0 이나 Spacebar 를 눌러 프리뷰해봅니다. 시간차를 두며 컬러가 다른 브러시로 그리는 듯한 움직임을 확인합니다.

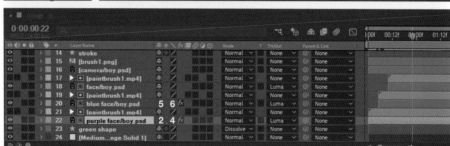

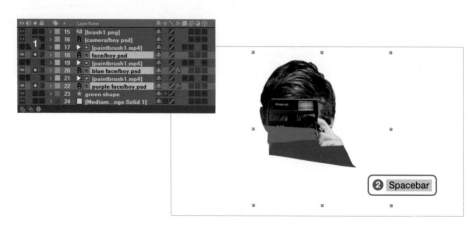

카메라 레이어에 이펙트 속성을 추가해 디테일한 움직임 적용하기

09 앞서 인물([face]) 레이어에 움직임을 적용했다면, 이제는 카메라([camera]) 레이어에 움직임을 적용해보겠습니다. ①타임 인디케이터를 **1초 07F**으로 이동합니다. ②[camera/boy.psd] 레이어를 선택하고 **[**를 눌러 타임 인디케이터가 위치한 곳으로 시작점을 지정합니다. ③[Effects & Presets] 패널에서 **Drop Shadow**를 검색해 [camera/boy.psd] 레이어에 적용하고 다음 표를 참고해 Drop Shadow 이펙트 속성을 설정합니다.

[Shadow Color]	#FF4E60
[Opacity]	80%
[Direction]	0×135˚
[Distance]	35

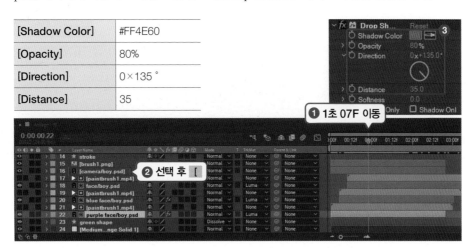

10 ①[Window]-[Wiggler] 메뉴를 선택해 ②[Wiggler] 패널을 불러옵니다. Wiggler 기능을 이용해 [camera/boy.psd] 레이어에 불규칙한 움직임을 만들어줄 것이므로 [Position] 키프레임이 두 개 이상 필요합니다. ③[camera/boy.psd] 레이어의 [Posiotion]에 **1초 10F**과 **2초 20F**에 키프레임을 만듭니다. ④수치 변화 없이 키프레임을 추가할 때는 ◆을 클릭합니다.

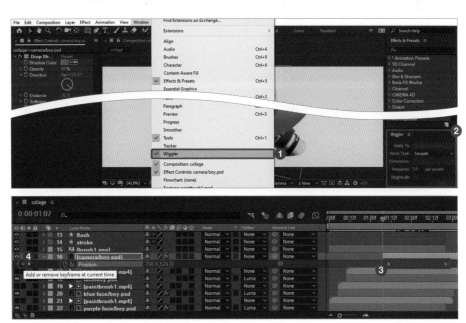

11 ①앞서 만든 두 개의 [Position] 키프레임을 모두 선택한 후 ②다음 표를 참고해 [Wiggler] 패널의 속성을 설정합니다. ③[Apply]를 클릭하면 이펙트가 적용되고 ④여러 개의 불규칙한 [Position] 키프레임이 생성됩니다.

[Apply to]	Spatial Path
[Noise Type]	Jagged
[Dimensions]	All Independently
[Frequency]	11.0 per second
[Magnitude]	2.0

12 좀 더 딱딱한 움직임을 만들어보겠습니다. ①[Position] 키프레임을 모두 선택한 후 마우스 오른쪽 버튼을 클릭하고 ②[Toggle Hold Keyframe]을 선택합니다. ③[Position] 키프레임 모양이 바뀝니다. ④ 0 이나 Spacebar 를 눌러 프리뷰해보면 [camera/boy.psd] 레이어의 뚝뚝 끊기는 듯한 움직임을 확인할 수 있습니다.

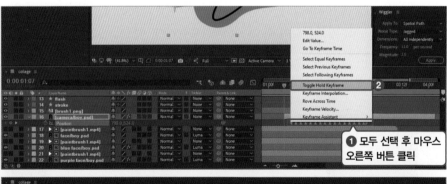

TIP [Toggle Hold Keyframe]은 다음 키프레임에 도달할 때까지 속성값을 현재 키프레임 값으로 고정시킵니다. 주로 딱딱하게 끊기는 움직임이나 정지된 움직임을 만들 때 사용합니다.

13 카메라를 든 인물이 자연스럽게 나타나는 느낌을 표현하기 위해 다음 표를 참고해 [Scale]에 키프레임을 추가합니다.

Time	1초 07F	1초 10F
[Scale]	50%	52%

10 년차 선배의 멘토링 Wiggler 이펙트

Wiggler 이펙트는 두 개 이상의 키프레임 사이에 불규칙하게 흔들리는 움직임을 만들어줍니다. 각 옵션을 설정하여 흔들리는 형태, 단위, 방향 등을 조정할 수 있습니다.

① [Apply to]-[Temporal Graph] | 프레임 간의 시간이 변하도록 설정합니다.

　[Apply to]-[Spatial Path] | 프레임 간의 공간이 변하도록 설정합니다.

② [Noise Type]-[Smooth] | 흔들리는 움직임을 부드럽게 표현합니다.

　[Noise Type]-[Jagged] | 흔들리는 움직임을 거칠게 표현합니다.

③ [Dimensions] | 흔들림을 적용할 방향을 설정합니다.

④ [Frequency] | 초당 몇 개의 키프레임을 만들지 설정합니다.

⑤ [Magnitude] | 흔들림의 변화량을 설정합니다.

STEP

02

브러시 소스의
움직임과
질감 만들기

알파 매트를 이용해 브러시가 그려지는 효과를 만들고 Noise HLS,
Turbulent Displace 이펙트로 질감을 표현합니다. 적절한 질감의 사용은
디자인의 완성도를 높여줍니다.

브러시 이미지가 그려지는 움직임 만들기

14 ①[Timeline] 패널에서 [brush1.png] 레이어를 선택합니다 ②[camera/boy.psd] 레
이어보다 나중에 나타나도록 타임 인디케이터를 **2초 00F**으로 이동합니다. ③ `Alt` + `[`
를 눌러 레이어의 시작점을 지정합니다. ④알파 매트를 이용해 브러시가 그려지는 움직
임을 만들기 위해 `Ctrl` + `D` 를 눌러 [brush1.png] 레이어를 복제합니다. ⑤복제한 레이
어의 이름을 brush1 copy.png로 변경합니다.

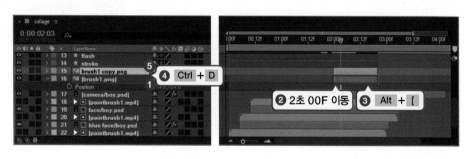

15 [brush1 copy.png] 레이어의 오브젝트가 대각선으로 훑고 지나가는 느낌을 표현해봅니다. 다음 표를 참고하여 [Position] 속성을 설정하여 키프레임을 만듭니다.

Time	2초 00F	2초 14F
[Position]	198, 770	1450, 654

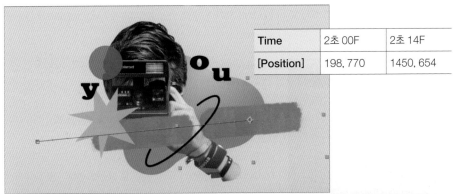

16 ①[Effects & Presets] 패널에서 **Turbulent Displace**를 검색해 적용합니다. ②다음 표를 참고해 이펙트 속성을 설정하면 ③브러시의 양 끝부분에 거친 질감이 생성된 것을 확인할 수 있습니다.

[Displacement]	Horizontal Displacement
[Amount]	1100.0
[Size]	5.0

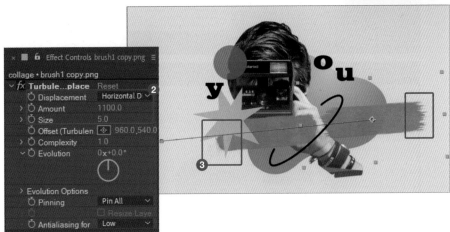

Turbulent Displace 이펙트는 이미지를 뒤틀거나 왜곡하는 기능입니다. 단순한 이미지의 왜곡뿐 아니라 다른 이펙트와 조합해 텍스트 모션, 백그라운드 디테일 제작, 연기, 불 등의 VFX 표현까지 쓰임새가 다양하므로 숙지해두는 것이 좋습니다.

① **Displacement** | 왜곡을 줄 유형을 선택합니다.

② **Amount** | 왜곡의 정도를 설정합니다.

③ **Size** | 왜곡의 크기를 설정합니다.

④ **Offset(Turbulence)** | 왜곡의 기준점을 설정합니다.

⑤ **Complexity** | 왜곡의 복잡성을 설정합니다.

⑥ **Evolution** | 왜곡의 방향을 설정합니다.

⑦ **Cycle Evolution** | 왜곡의 주기를 설정합니다.

⑧ **Random Seed** | 왜곡에 랜덤값을 추가합니다.

⑨ **Pinning** | 고정 포인트를 설정합니다.

TIP [Displacement]를 클릭하면 [Turbulent]부터 [Cross Displacement]까지 설정할 수 있습니다. 다양하게 적용해보며 결과물을 비교해봅니다.

17 ① [brush1.png] 레이어의 [Track Matte] 옵션을 [Alpha Matte "brush1 copy.png"]로 설정합니다. ② **0** 이나 **Spacebar** 를 눌러 프리뷰해보며 브러시가 지나갈 때 그려지는 움직임을 확인합니다.

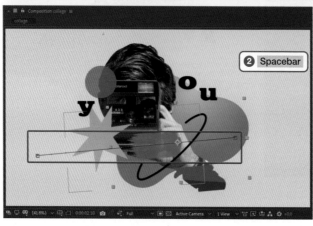

Noise HLS 이펙트를 이용해 질감 만들기

18 ①[Timeline] 패널에서 [green shape] 레이어를 선택합니다. 해당 셰이프 레이어의 [Fill] 컬러는 색상과 질감의 변화를 주기 위해 Radial Gradient 이펙트가 적용되어 있습니다. ②[Effects & Presets] 패널에서 **Noise HLS**를 검색해 [green shape] 레이어에 적용합니다. ③다음 표를 참고해 Noise HLS 이펙트 속성을 설정합니다. ④오돌토돌한 Grain 입자가 생성된 것을 확인할 수 있습니다.

[Noise]	Grain
[Lightness]	20%
[Saturation]	40%
[Grain Size]	1.00

> **TIP** Noise HLS 이펙트는 색상, 명도, 채도에 따라 오돌토돌한 질감의 Grain 입자를 만들어주는 효과입니다. Noise HLS Auto는 Grain을 움직이게 만들고 속도를 조정할 수 있는 이펙트입니다.

19 질감 디테일은 생겼지만 움직임이 없어서 밋밋합니다. ①**3초 00F까지** [green shape] 레이어의 끝점을 늘입니다. 두 번째 장면과 자연스럽게 연결됩니다. ②③④[green shape] 레이어의 [shape 1]–[path]에도 변화를 줍니다. 유기적인 형태이므로 작업자의 입맛에 따라 자유롭게 변형해보세요.

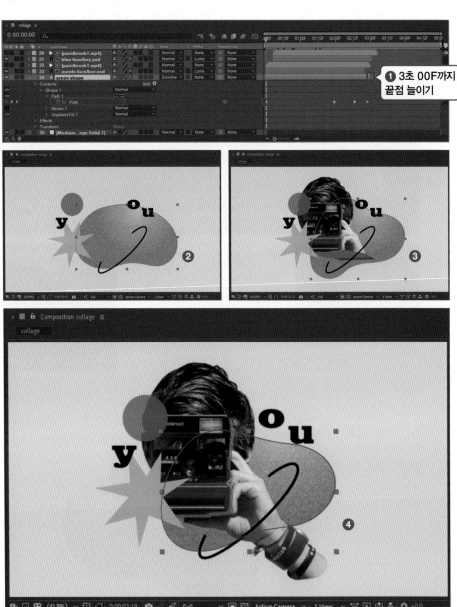

❶ 3초 00F까지 끝점 늘이기

작은 디테일 오브젝트의 움직임 만들기

20 작은 디테일 오브젝트인 선, 도형, 텍스트의 움직임을 만들어보겠습니다. 예제에서 제시
하는 방법 외에도 작업자의 입맛에 맞게 자유로운 움직임을 만들어보는 것이 좋습니다.
①[stroke] 레이어를 선택한 후 ②1초 03F에서 Alt + [를 눌러 시작점을 지정합니다.
③세이프 레이어의 Add 기능을 활용하기 위해 [Add]-[Trim Paths]를 선택합니다. ④
다음 표를 참고해 속성을 설정한 후 ⑤가속과 감속을 만듭니다. ⑥선의 길이 변화와 움직
임을 확인합니다.

Time	1초 14F	2초 14F	Time	1초 03F	1초 20F	Time	1초 03F	2초 14F
[Start]	0%	100%	[End]	0%	100%	[Offset]	0x0.0 °	1x0.0 °

21 ①[flash] 레이어를 선택한 후 ②**0초 07F**에서 <kbd>Alt</kbd> + <kbd>[</kbd> 를 눌러 시작점을 지정합니다. ③예제에서는 [Path]와 [Scale]에 자유로운 변화를 주고 키프레임을 만들었습니다. 다양한 변화를 만들어보세요. ④딱딱한 움직임을 만들기 위해 [Path]와 [Scale] 키프레임을 모두 선택하고 마우스 오른쪽 버튼을 클릭해 ⑤[Toggle Hold Keyframe]을 선택합니다. ⑥키프레임이 바뀌며 움직임이 변형됩니다.

22 ①[circle] 레이어를 선택한 후 ②**1초 07F**에서 <kbd>Alt</kbd> + <kbd>[</kbd> 를 눌러 시작점을 지정합니다. ③예제에서는 [Position]와 [Scale]에 자유로운 변화를 주고 키프레임을 만들었습니다. 원이 커졌다 작아지는 움직임이 적용됩니다. 다양한 변화를 만들어보세요. ④[Scale] 키프레임을 선택하고 <kbd>F9</kbd> 를 눌러 Easy Ease를 적용합니다. ⑤마지막으로 딱딱한 움직임을 만들기 위해 [Position] 키프레임을 모두 선택하고 마우스 오른쪽 버튼을 클릭해 [Toggle Hold Keyframe]을 선택합니다. 키프레임이 바뀌며 움직임이 변형됩니다.

23 텍스트 레이어인 [y], [o] ,[u] 레이어의 움직임을 만들어보겠습니다. ①[y] 레이어는 0초 15F, [o] 레이어는 0초 22F, [u] 레이어는 0초 18F부터 시작하도록 시작점을 지정합니다. ②다음 표를 참고해 세 레이어 모두 [Scale] 속성에 키프레임을 만듭니다. ③[Scale] 키프 레임을 모두 선택하고 F9 를 눌러 Easy Ease를 적용합니다.

Time	첫 프레임	4프레임 후	3프레임 후
[Scale]	0%	115%	100%

24 0 이나 Spacebar 를 눌러 프리뷰를 실행합니다.

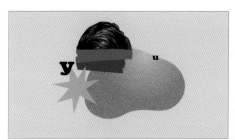

루마 매트와 브러시
영상 소스로 그려지는
움직임 만들기

STEP 01에서 실습한 과정을 참고해 마스크를 든 여성의 움직임을
만듭니다. 이번에도 루마 매트를 활용해 자연스러운 움직임을
표현해봅니다. 그리고 Noise HLS, Fast Box Blur, Turbulent Displace
이펙트로 질감도 만들어봅니다.

인물에 루마 매트 적용하기

25 ①[Project] 패널의 [source_footage]-[paintbrush3.mp4]를 [Timeline] 패널의
[lady.png] 레이어 위에 위치시킵니다. ②[lady.png] 레이어와 같은 위치인 **2초 20F**에
레이어의 시작점을 지정합니다.

26 [lady.png] 레이어에 루마 매트를 적용해 영상의 크기와 위치에 맞춰 인물이 그려지는 것처럼 만들어보겠습니다. [paintbrush3.mp4] 레이어의 위치와 크기를 인물과 화면에 맞게 조정합니다. 예제에서는 매트 소스를 왼쪽 아래로 옮겼습니다. [Size]와 [Position] 속성은 작업자가 원하는 대로 설정해도 됩니다.

ADVANCE [Project] 패널에서 [paintbrush3.mp4]를 클릭해보면 다음과 같은 영상 소스를 확인할 수 있습니다. 밝고(배경) 어두운(브러시가 그려진 부분) 명암 차이가 확실하게 대비되어 보이므로, 예제에서는 루마 매트(Luma Inverted Matte) 소스로 활용할 예정입니다.

27 ① 먼저 [lady.png] 레이어의 [Track Matte] 옵션을 [Luma Inverted Matte "paintbrush3mp4"]로 설정합니다. ②[paintbrush3.mp4] 레이어의 눈이 꺼지고 매트가 잘 적용되었는지 확인합니다. ③영상의 가장 어두운 영역, 즉 브러시가 그려진 영역에만 인물이 보이게 됩니다. ④이때 [lady.png] 레이어의 Solo █를 클릭해 좀 더 명확한 결과물을 확인할 수도 있습니다.

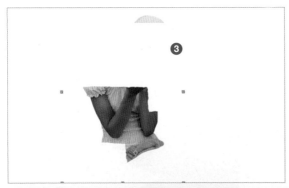

28 더 디테일한 움직임을 만듭니다. ①[lady.png] 레이어를 선택해 Ctrl + D 를 눌러 복제한 후 ②복제된 레이어를 [lady.png] 레이어 바로 아래에 위치시킵니다. ③이때 주의할 점은 복제된 [lady.png] 레이어에 이미 [Luma Inverted Matte]가 적용된 상태이므로 [Track Matte] 옵션을 [No Track Matte]로 설정해야 합니다. ④[Timeline] 패널에서 **2초 18F**으로 타임 인디케이터를 이동한 후 ⑤복제한 [lady.png] 레이어의 시작점을 지정합니다. [를 누르면 레이어의 시작점이 타임 인디케이터 위치로 지정됩니다.

> **TIP** Ctrl + Alt + ↑ / Ctrl + Alt + ↓ | 레이어를 한 칸 위/아래로 이동합니다.
> Ctrl + Alt + Shift + ↑ / Ctrl + Alt + Shift + ↓ | 레이어를 가장 위/아래로 이동합니다.

10 년차 선배의 멘토링 　복제한 레이어의 [Track Matte] 옵션 설정*

트랙 매트(Track Matte)를 적용한 레이어를 복제할 경우, 복제된 레이어를 원본으로 복구해야 합니다. 이때 [Track Matte] 옵션을 [No Track Matte]로 바꿔줍니다.*

[Track Matte] 옵션이 적용된 상태라면 바로 위에 있는 레이어에 영향을 주기 때문입니다. 매트 소스로 활용된 레이어를 복제할 경우에도 눈이 꺼진 채로 복제되므로, 복구를 위해 다시 눈을 켜줍니다. 이 부분은 매트를 이용한 작업 시에 자주 실수하는 부분이니 항상 유의하며 작업을 진행합니다.

29 ①[Project] 패널의 [_source_footage]-[paintbrush2.mp4]를 **28** 과정에서 복제한 [lady.png] 레이어 위에 위치시킵니다. ②[lady.png] 레이어와 같은 위치인 2초 18F에 레이어의 시작점을 지정합니다.

ADVANCE 　[Project] 패널에서 [paintbrush2.mp4]를 클릭해보면 다음과 같은 영상 소스를 확인할 수 있습니다. 밝고(배경) 어두운(브러시가 그려진 부분) 명암 차이가 확실하게 대비되어 보이므로, 예제에서는 루마 매트(Luma Inverted Matte) 소스로 활용할 예정입니다.

30 ①[lady.png] 레이어의 [Track Matte] 옵션을 [Luma Inverted Matte "paintbrush2. mp4"]로 설정합니다. ②[paintbrush2.mp4] 레이어의 눈이 꺼지고 매트가 잘 적용되었는지 확인합니다. ③영상의 가장 어두운 영역, 즉 브러시가 그려진 영역에만 인물이 보이게 됩니다. ④이때 [lady.png] 레이어의 Solo ⬤를 클릭해 좀 더 명확한 결과물을 확인할수도 있습니다.

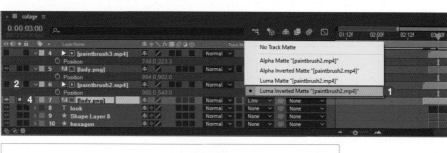

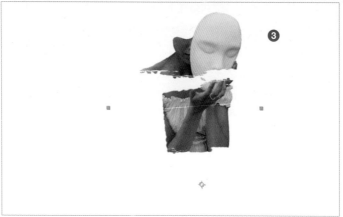

31 28 과정처럼 더 디테일한 움직임을 만듭니다. ①맨 아래에 있던 [lady.png] 레이어를 선택해 Ctrl + D를 눌러 복제한 후 ②복제된 레이어를 복제 전의 [lady.png] 레이어 바로 아래에 위치시킵니다. ③이때 주의할 점은 복제된 [lady.png] 레이어에 이미 [Luma Inverted Matte]가 적용된 상태이므로 [Track Matte] 옵션을 [No Track Matte]로 설정해야 합니다. ④[Timeline] 패널에서 **2초 16F**으로 타임 인디케이터를 이동한 후 ⑤복제된 [lady.png] 레이어의 시작점을 지정합니다. **[**를 누르면 레이어의 시작점이 타임 인디케이터 위치로 지정됩니다.

32 29~30 과정을 한 번 더 반복하여 복제된 [lady.png] 레이어에 [Luma Inverted Matte]를 적용합니다. ① 이때 불러올 영상 소스는 [paintbrush2.mp4]이며, 소스의 위치를 [lady.png] 레이어 위에 위치시킵니다. ② 31 과정에서 복제한 [lady.png] 레이어의 [Track Matte] 옵션을 [Luma Inverted Matte "paintbrush2.mp4"]로 설정하고 [lady.png] 레이어의 Solo █를 클릭해 좀 더 명확한 결과물을 확인해봅니다.

[Timeline] 패널을 확인해보면 [paintbrush3.mp4], [paintbrush2.mp4]와 [lady.png] 레이어가 2프레임 차이로 세 번 반복되어야 합니다.

여성 레이어에 이펙트 속성을 추가해 디테일한 움직임 적용하기

33 ① [Effects & Presets] 패널에서 **Fill**을 검색해 ② 가장 아래에 있는 [lady.png] 레이어에 적용합니다. ③ Fill 이펙트의 [Color]를 ④ **#5F1AC6**으로 설정하고 ⑤ 색이 채워진 [lady.png] 레이어의 이름을 **purple lady.png**로 변경합니다.

④ #5F1AC6

② Fill 이펙트 적용

34 ①세 개의 [lady.png] 레이어의 Solo █를 클릭합니다. ② 0 이나 Spacebar 를 눌러 프리뷰해봅니다. 시간차를 두며 브러시로 그리듯 구현되는 움직임을 확인합니다.

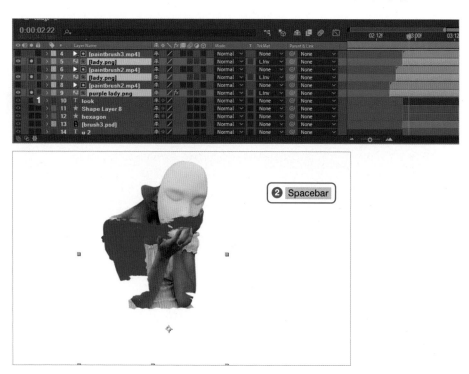

35 ①두 번째의 [lady.png] 레이어를 선택하고 [Parent & Link] 항목의 ◎를 가장 위에 있는 [lady.png]에 드래그해 연결합니다. ②같은 방법으로 [purple lady.png] 레이어의 ◎를 [lady.png]에 드래그해 연결합니다. ③가장 위에 있는 [lady.png] 레이어와 두 번째의 [lady.png], 세 번째의 [purple lady.png] 레이어가 종속 관계로 형성됩니다.

TIP [Parent & Link] 항목이 보이지 않는다면 Shift + F4 를 눌러 [Parent & Link] 항목을 엽니다.

ADVANCE Parent 기능은 레이어 간의 종속 관계를 만들어줍니다. [Parent & Link] 항목에서 연결할 수 있으며, 하위 레이어는 상위 레이어의 [Position], [Scale], [Rotation] 속성을 따라갑니다. [Opacity] 속성은 따라가지 않습니다.

Shift + F4 단축키 외에도 [Timeline] 패널의 상단을 마우스 오른쪽 버튼으로 클릭해 [Columns]–[Parent & Link]를 체크하면 해당 항목을 열 수 있습니다.

36 ①마지막으로 다음 표를 참고해 부모(Parent) 역할인 [lady.png] 레이어에 [Rotaion] 속성을 설정합니다. ②자식(Child) 역할인 두 레이어가 함께 움직이는 것을 확인합니다.

Time	3초 06F	4초 23F
[Rotation]	0x+3.0 °	0x+0.0 °

브러시 이미지가 그려지는 움직임 만들기

37 ①알파 매트를 이용해 브러시가 그려지는 움직임을 만들기 위해 [brush3.psd] 레이어를 선택하고 Ctrl + D 를 눌러 레이어를 복제합니다. ②복제된 레이어 이름을 brush3 copy.psd로 변경합니다.

38 [brush3 copy.psd] 레이어의 브러시 이미지가 대각선으로 훑고 지나가는 느낌을 표현해보겠습니다. ①다음 표를 참고하여 [Position] 속성에 키프레임을 만듭니다. ②키프레임을 모두 선택하고 F9 를 눌러 Easy Ease를 적용합니다.

Time	2초 20F	3초 10F
[Position]	−58, 1060	938, 704

39 ①[brush3.psd] 레이어의 [Track Matte] 옵션을 [Alpha Matte "brush3 copy.psd"]로 설정합니다. ②브러시가 지나가며 그려지는 움직임이 적용됩니다.

레이어 정리하여 자연스러운 장면 전환 만들기

40 아직은 카메라를 든 인물이 마스크를 든 인물과 겹쳐 보이는 상태입니다. 겹쳐 보이는 레이어를 정리해 자연스럽게 장면이 전환되도록 만듭니다. ①타임 인디케이터를 2초 04F으로 이동합니다. ②루마 매트가 적용된 [paintbrush1.mp4] 레이어 두 개와 [blue face/boy.psd], [purple face/boy.psd] 레이어를 선택합니다. ③ Ctrl + Shift + D 를 눌러 레이어의 길이를 현재 위치에서 분할하고 뒷부분 레이어는 삭제합니다.

> **TIP** 단축키 Ctrl + Shift + D 는 레이어의 길이를 현재 위치에서 분할합니다. 현재 위치 기준으로 레이어가 두 개가 되며 뒷부분 레이어는 삭제 Delete 한 후 실습을 진행합니다.

41 ①다음 표를 참고하여 레이어 길이를 자르지 않은 [face/boy.psd] 레이어의 [Scale] 속성을 설정해 인물이 작아지다가 없어지는 움직임을 만듭니다. ②[camera/boy.psd] 레이어는 2초 20F에서 Ctrl + Shift + D 를 눌러 전체 레이어를 분할한 후 뒷부분을 삭제합니다.

Time	2초 02F	2초 23F
[Scale]	50%	0%

Noise HLS 이펙트를 이용해 질감 만들기

42 ①[Timeline] 패널에서 [blue shape] 레이어를 선택합니다. 해당 셰이프 레이어의 Fill 컬러는 색상과 질감의 변화를 주기 위해 Radial Gradient 이펙트, Dissolve 블렌딩 모드가 적용되어 있습니다. ②[Effects & Presets] 패널에서 **Noise HLS**를 검색해 [blue shape] 레이어에 적용합니다. ③다음 표를 참고해 Noise HLS 이펙트 속성을 설정합니다. ④오돌토돌한 Grain 입자가 생성된 것을 확인할 수 있습니다.

[Noise]	Grain
[Lightness]	20%
[Grain Size]	1.00

43 ①[Effects & Presets] 패널에서 **Fast Box Blur**를 검색해 [blue shape] 레이어에 적용합니다. ②[Effect Controls] 패널에서 [Fast Box Blur]를 [Noise HLS] 위로 위치시킨 후 ③[Blur Radius]를 **5.0**으로 설정합니다. ④매끈했던 아웃라인이 지글거리는 느낌으로 바뀐 것을 확인합니다.

44 ①일렁이는 움직임을 주기 위해 [Effects & Presets] 패널에서 **Turbulent Displace**를 검색해 [blue shape] 레이어에 적용합니다. ②다음 표를 참고해 Turbulent Displace 이 펙트 속성을 설정합니다. ③살짝 일렁이는 움직임을 확인합니다.

[Amount]	13.0	
Time	3초 12F	4초 23F
[Evolution]	0x+0.0 ˚	0x−110.0 ˚

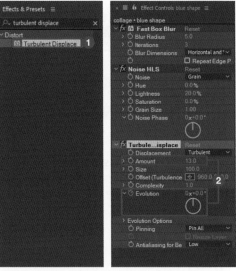

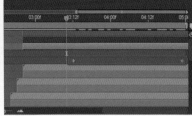

45 마지막으로 알파 매트를 이용해 [blue shape] 레이어가 그려지는 움직임을 만들어보겠습니다. ①[Project] 패널의 [_source_img]-[brush3.psd] 파일을 [Timeline] 패널의 [blue shape] 레이어 위로 가져옵니다. ②다음 표를 참고해 [brush3.psd] 레이어의 [Position] 속성에 키프레임을 만듭니다. ③키프레임을 모두 선택하고 F9 를 눌러 Easy Ease를 적용합니다. 브러시 선이 대각선으로 훑고 지나가는 느낌이 표현됩니다. ④타임 인디케이터를 **3초 07F**으로 옮기고 ⑤[brush3.psd]와 [blue shape] 레이어를 선택한 후 Alt + [를 눌러 시작점을 지정합니다.

Time	3초 07F	4초 03F
[Position]	1718, 102	1254, 686

46 ①[blue shape] 레이어의 [Track Matte] 옵션을 [Alpha Matte "brush3.psd"]로 설정합니다. ②브러시가 지나가며 그려지는 움직임을 확인합니다.

작은 디테일 오브젝트의 움직임 만들기

47 배경 오브젝트에 움직임을 만들어보겠습니다. ①다음 표를 참고해 [hexagon] 레이어의 [Scale], [Rotation] 속성에 키프레임을 만듭니다. ②[Scale] 키프레임을 모두 선택하고 F9 를 눌러 Easy Ease를 적용합니다. ③hexagon 오브젝트가 커지며 등장한 후 돌아가는 움직임이 적용됩니다. ④[Shape Layer 8] 레이어를 선택하고 ⑤3초 07F에서 Alt + [를 눌러 시작점을 지정합니다. ⑥[Add]−[Trim Paths]를 선택하고 다음 표를 참고해 [Start] 속성에 키프레임을 만듭니다. 방사형 오브젝트가 활짝 커지는 움직임이 적용됩니다.

Time	2초 20F	2초 23F	3초 01F
[Scale]	0%	115%	80%

Time	2초 20F	4초 20F
[Rotation]	0x-15.0°	0x-30.0°

Time	3초 07F	3초 17F
[Start]	100%	0%

48 텍스트 레이어에 움직임을 적용해보겠습니다. ①[look] 레이어는 **3초 06F**, ②[nice] 레이어는 **3초 21F**부터 시작되도록 레이어의 시작점을 지정합니다. ③다음 표를 참고하여 [look] 레이어의 [Position] 속성에 키프레임을 만듭니다. ④키프레임을 모두 선택하고 F9 를 눌러 Easy Ease를 적용합니다. 텍스트가 왼쪽으로 이동하는 모습이 적용됩니다. ⑤다음 표를 참고하여 [nice] 레이어의 [Scale] 속성에 키프레임을 만듭니다. ⑥키프레임을 모두 선택하고 F9 를 눌러 Easy Ease를 적용합니다. 텍스트가 커지면서 발생하는 움직임이 적용됩니다.

Time	3초 06F	3초 13F		Time	3초 21F	4초 01F	4초 03F
[Position]	704, 570	542, 570		[Scale]	0%	105%	100%

237

49 마지막으로 [stroke] 레이어의 움직임을 만들어보겠습니다. ①**3초 10F**으로 타임 인디케이터를 이동해 [stroke] 레이어의 시작점을 지정합니다. ②[Add]-[Trim Paths]를 선택한 후 다음 표를 참고해 [Start], [End] 속성에 키프레임을 만듭니다. ③키프레임을 모두 선택하고 F9 를 눌러 Easy Ease를 적용합니다.

Time	3초 19F	4초 12F		Time	3초 10F	4초 05F
[Start]	0%	100%		[End]	0%	100%

PROJECT 04 콜라주 콘셉트의 그래픽 영상 만들기

50 모든 과정이 끝났습니다. <kbd>0</kbd> 이나 <kbd>Spacebar</kbd> 를 눌러 프리뷰를 실행해 지금까지의 작업을
확인합니다.

—

자유로운 브러시 드로잉 영상 만들기

최근에는 광고 영상, 뮤직비디오, 패션 필름, 컨셉아트 영상 등 다양한 분야에서 브러시를 활용한 개성 있는 연출을 하고 있습니다. 브러시 도구를 사용하는 것은 어렵지 않지만, 아트워크에 대한 기획 방향이 확실해야 완성도 있는 결과물이 탄생합니다. 움직이는 영상의 특성상 프레임 단위로 브러시를 그려줘야 하는 경우가 많기 때문에 충분한 작업 시간이 필요합니다.

PREVIEW

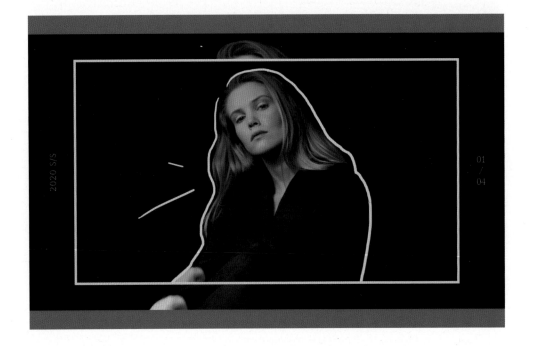

10년차 선배는 이렇게!

화면 분할과 색감의 대비를 만들자!
같은 소스를 활용하더라도 크기, 색감의 대비를 활용해 심플한 변화를 만들어봅니다.

브러시 도구를 활용해 라인 드로잉 움직임을 만들자!
짧은 프레임 단위의 다양한 브러시 라인을 만들어봅니다. 타블렛과 펜 마우스를 사용한다면 선 두께에도 변화를 줄 수 있어 자유로운 느낌의 드로잉으로 연출할 수 있습니다.

로토 브러시와 리파인 엣지 도구를 활용해 영상과 피사체를 분리하자!
크로마키 촬영 없이 영상과 피사체를 분리하여 좀 더 디테일한 그래픽 요소를 추가해봅니다.

▶ PLAY

PROJECT 05 자유로운 브러시 드로잉 영상 만들기

USE EFFECT

- Hue/Saturation
- Drop Shadow
- Tint   Brush Tool
- Roto Brush Tool
- Refine Edge Tool

AE BASIC NOTE

01 브러시 도구  사용법

도구바의 아이콘을 클릭하거
나 단축키 Ctrl + B 를 눌러 사
용합니다. 브러시 도구가 선택
되어 있더라도 [Composition]
패널에서는 바로 사용할 수 없
습니다. 브러시 드로잉을 하
려는 레이어를 더블클릭*하여
[Layer] 패널을 활성화한 후 작
업해야 합니다.

242

TIP [Layer] 패널은 [Composition] 패널과 같은 위치에 열립니다. 같은 위치에 열리기 때문에 처음 [Layer] 패널이 열렸을 때 [Composition] 패널과 착각하는 경우가 많습니다. 그러나 [Layer] 패널은 아래에 표시되는 옵션이 다릅니다. 또한 상단 탭 을 보면 [Layer '레이어 이름']으로 표시되어 개별 레이어의 패널임을 확인할 수 있습니다. [Composition] 패널이 타임라인 상의 모든 레이어를 보여준다면, [Layer] 패널은 선택한 레이어만 단독으로 보여줍니다.*

브러시 도구를 선택하면 [Brushes] 패널과 [Paint] 패널이 나타납니다. 이 두 패널의 설정
에 따라 브러시 효과는 다양하게 변화합니다.

02 [Brushes] 패널

① **Diameter** | 브러시 직경을 설정합니다. Ctrl 을 누른 상태
에서 드래그하여 굵거나 얇게 직경을 조절할 수 있습니다.

② **Angle** | 브러시의 방향(각도)을 설정합니다.

③ **Roundness** | 브러시의 굴곡을 설정합니다. 100%에 가까
울수록 원형, 0%에 가까울수록 선형이 됩니다.

④ **Hardness** | 브러시의 강도를 설정합니다. 100%에 가까울
수록 브러시의 가장자리가 깔끔하게, 0%에 가까울수록 브
러시의 가장자리가 투명해집니다.

⑤ **Spacing** | 브러시의 간격을 설정합니다. 수치가 커질수록
점선 형태가 됩니다.

⑥ **Brush Dynamics** | 타블렛 사용 시 펜 마우스의 필압에 영
향을 받습니다. 특히 [Pen Pressure]를 설정하면 필압에
따라 브러시 선 두께가 변하여 자연스러운 브러시 라인을
만들 수 있습니다. 일반 마우스를 사용할 때에는 아무런 변
화가 적용되지 않습니다.

BRUSH TOOL

03 [Paint] 패널

① **Mode** │ 브러시 블렌딩 모드를 설정합니다.

② **Channels** │ [RGBA], [RGA], [ALPHA] 중에 선택할 수 있습니다.

- **[RGBA], [RGA]** │ 레이어 위에 브러시 라인이 그려집니다.

- **[ALPHA]** │ 지우개 기능처럼 브러시 라인에 맞추어 레이어가 지워집니다.

③ **Duration** │ 브러시의 지속 시간을 설정합니다. [Constant], [Write On], [Single Frame], [Custom] 중 선택할 수 있습니다.

- **[Constant]** │ 현재 타임 인디케이터 위치부터 마지막 프레임까지 지속됩니다.

- **[Write On]** │ 현재 타임 인디케이터 위치부터 마지막 프레임까지 지속됩니다. 이때 브러시를 그린 속도 대로 [End] 속성에 키프레임이 자동 생성됩니다.

- **[Single Frame]** │ 현재 타임 인디케이터 위치부터 1프레임까지 지속됩니다.

- **[Custom]** │ 사용자 설정에 따릅니다.

> **TIP** [Duration]의 네 가지 설정 후에도 브러시 레이어 막대의 끝점을 잡고 길이 조정을 통해 지속 시간을 조정할 수 있습니다.

04 [Paint] 패널에서 [Channels]은 [RGBA], [Duration]은 [Constant]로 설정한 모습입니다.

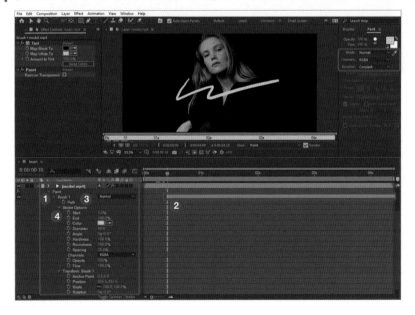

① [model.mp4] 레이어 아래에 [Brush 1] 속성이 생겼습니다. ② [Duration] 속성을 [Constant]로 설정했으므로 10F의 타임 인디케이터 위치를 기준으로 마지막 프레임까지 생

성되었습니다. ③[Brush 1] 속성에서 브러시의 컬러, 직경, 방향, 경도, 투명도, 변형 속성 등을 조정할 수 있습니다. 스톱워치 를 클릭해 키프레임을 만들어 움직임을 적용할 수 있습니다. ④특히 [Start], [End] 속성의 변화로 브러시의 시작점과 끝점에 길이 변화*를 만들 수 있습니다. 셰이프 레이어의 [Add]-[Trim Paths] 속성과 같은 기능*입니다.

05 [Paint] 패널에서 [Channels]은 [Alpha], [Duration]은 [Write On]으로 설정한 모습입니다.

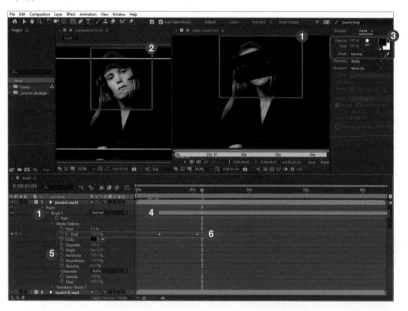

①[model.mp4] 레이어 아래에 [Brush 1] 속성이 생성된 것을 확인할 수 있습니다. ② [Channels]은 [Alpha]로 설정했으므로 브러시 라인대로 지우개 효과가 적용되어 아래의 [model B.mp4] 영상이 보입니다. 아웃풋은 [Layer] 패널이 아닌 [Composition] 패널 에서 확인*합니다. ③[Channels]을 [Alpha]로 설정했을 때 깔끔하게 지워지는 효과를 보고 싶다면 브러시 컬러는 완전한 블랙이나 완전한 화이트로 지정하는 것이 좋습니다. 이때 중간 정도의 명도를 가진 컬러로 설정한다면 반투명하게 지워지는 효과가 생성됩니다. ④[Duration]은 [Write On]으로 설정했으므로 09F의 타임 인디케이터 위치를 기준 으로 마지막 프레임까지 생성되었습니다. 또한 작업자가 드로잉한 속도를 반영해 [End] 속성의 키프레임이 0%→100%로 자동 설정되었습니다. ⑤그밖에도 [Brush 1] 속성에서 브러시의 컬러, 직경, 방향, 경도, 투명도, 변형 속성 등을 조정할 수 있습니다. 스톱워치 를 클릭해 키프레임을 만들어 움직임을 적용할 수 있습니다. ⑥이미 [End] 속성에 키프레

임이 생성되었지만, [Start], [End] 속성의 변화로 브러시의 시작점과 끝점에 길이 변화*를 만들 수 있습니다. 셰이프 레이어의 [Add]-[Trim Paths] 속성과 같은 기능*입니다.

06 브러시 도구를 잘 활용한 영상을 소개합니다. 영국의 그래픽 디자인 스튜디오인 Studio Moross에서 제작한 2016년 미국 MTV Video Music Awards(VMA) 노미네이트 영상 시리즈입니다. MTV 그래픽 영상물의 역사는 모션 그래픽과 영상 디자인의 역사와 함께 해왔다고 해도 과언이 아닐 정도로, 당대의 트렌디함을 충실히 반영하고 있습니다. 매해 MTV VMA의 타이틀, 노미네이트 영상을 찾아보는 것도 영상 디자인 공부에 큰 도움이 됩니다. 아래 영상에서 브러시 도구의 사용 외에도 화면 분할, 타이포그래피, 색감의 활용을 눈여겨보는 게 좋습니다.

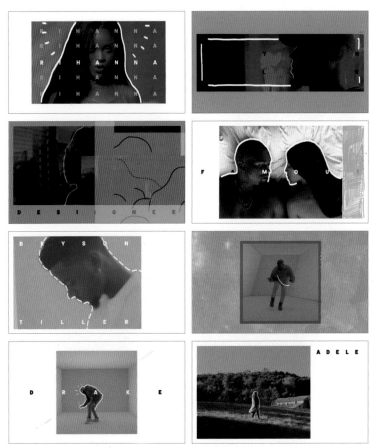

🔖 https://www.studiomoross.com/projects/video-music-awards-nominee-films/

> **TIP** Studio Moross는 핸드 드로잉 일러스트로 유명해진 케이트 모로스(Kate Moross)가 만든 그래픽 디자인 스튜디오입니다. 그래픽 인쇄물뿐 아니라 패션, 브랜딩, 영상 디렉팅도 진행하며, 컬러풀하고 키치한 느낌의 대담한 아트워크를 선보입니다. 샘 스미스, 디스클로저, 원 디렉션 등 아티스트 음반의 아트 디렉팅을 맡은 것으로도 잘 알려져 있습니다.

STEP 01

라인 드로잉하고
움직임 만들기

하나의 영상 소스에 색감과 크기 변화를 적용해 만든 레이아웃을
눈여겨봅니다. 그런 다음 브러시 도구의 다양한 기능을 활용해 영상 소스
위에 자유롭게 드로잉해보겠습니다.

aep 파일 열고 프로젝트 확인하기

01 ① Ctrl + O 를 눌러 **brush.aep** 파일을 불러옵니다. ②[Project] 패널에서 [* comp]–
[brush] 컴포지션을 더블클릭해 컴포지션을 엽니다. 컬러와 크기에 변화를 준 두 개의 영
상 레이어를 확인할 수 있습니다.

02 ①[model.mp4] 영상 위에 브러시 도구로 드로잉을 할 예정입니다. ②가장 아래의 [model B.mp4] 레이어는 Hue/Saturation 이펙트를 적용한 블랙&화이트의 모노톤 영상이며, [model.mp4] 레이어는 Tint 이펙트를 적용해 어두운 네이비톤의 영상으로 설정되어 있습니다. ③[fashion preview] 레이어에는 [Opacity] 속성에 변화를 주어 자연스럽게 등장하는 키프레임이 설정되어 있습니다. ④이번 예제에서는 자연스러운 실사 영상의 움직임을 위해 컴포지션 세팅을 초당 25프레임으로 설정했습니다(Ctrl + K 를 눌러 [Frame Rate] 속성을 확인할 수 있습니다.).

> **TIP** 레이어 이름이 'model.mp4'로 같게 보인다면 [Timeline] 패널의 [Source Name]을 클릭해 [Layer Name]으로 설정합니다.

> **TIP** 각 이펙트에 적용한 속성을 확인하려면 [Effect Controls] 패널을 확인합니다.

> **TIP** 예제에 쓰인 Noto Serif 폰트는 https://www.google.com/get/noto/#serif-lgc에서 다운로드할 수 있습니다. Noto 시리즈는 구글에서 제작한 개인/상업용 무료 폰트입니다.

브러시 도구로 다양한 라인 드로잉하기

03 ①라인을 드로잉할 [model.mp4] 레이어를 더블클릭해 [Layer] 패널을 활성화합니다. ② Ctrl + B 를 눌러 브러시 도구 📷 를 선택합니다. ③브러시 도구가 선택되면 [Brushes] 패널과 [Paint] 패널이 나타납니다. ④[Layer] 패널과 [Composotion] 패널을 분리해 나란히 배치하여 작업합니다.

04 라인 드로잉을 하기 전에 브러시 속성을 설정합니다. ①②다음 표를 참고해 [Brushes] 패널에서 브러시 모양과 직경을 설정하고 ③④⑤[Paint] 패널에서 브러시 컬러와 길이를 설정합니다.

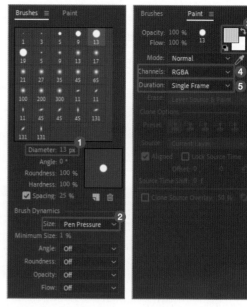

[Brushes] 패널	
[Diameter]	13.0
[Brush Dynamics]–[Size]	Pen Pressure

[Paint] 패널	
[Color]	#E2E4B8
[Channels]	RGBA
[Duration]	Single Frame

05 ①마우스를 이용해 [Layer] 패널에서 자유롭게 드로잉을 해봅니다. ②영상의 인물이 계속 움직이므로 예제에서는 [Duration]을 [Single Frame]으로 설정한 뒤 ③1프레임 간격으로 브러시 라인을 그려줍니다.

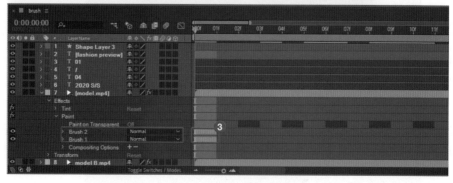

06 ①②하나의 브러시가 생성된 후 새 브러시 라인을 그리기 위해서는 [Timeline] 패널의 빈 곳을 클릭한 후 다시 그려줍니다. ③④인물의 아웃라인을 따라 그려지는 라인을 1프레임씩 끊어서 ⑤5프레임까지 그려줍니다.

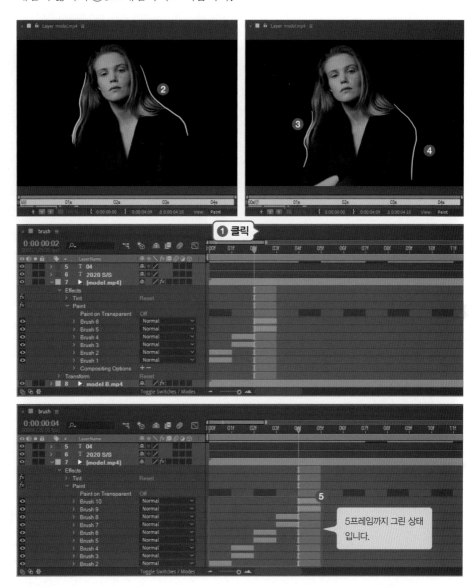

TIP 브러시 라인을 그린 후에 [Timeline] 패널 아래의 [Paint]–[Brush] 속성에서 작업자가 원하는 대로 수정할 수도 있습니다.

ADVANCE 브러시 도구로 드로잉을 할 때 앞뒤 프레임으로 이동하려면 숫자키 1 , 2 를 누르면 편리합니다.

자유로운 드로잉이 매력적으로 다가오기도 합니다. 너무 꼼꼼하게 아웃라인을 따라 그릴 필요는 없습니다. 오차 없이 그리는 것보다 전체적인 느낌을 표현할 수 있는 것에 초점을 맞춥니다.

타블렛과 펜 마우스를 활용한다면 자연스레 생기는 펜 압력을 이용해 선의 굵기에 변화를 주는 것도 좋습니다.

07 좀 더 긴 프레임의 라인을 그려줍니다. [Duration]이 [Single Frame]인 상태에서 1프레임의 브러시 레이어가 생기면 막대의 끝점을 잡고 길이를 늘입니다. ① 여기서는 [Brush 15] 레이어를 3프레임, ② [Brush 16]~[Brush 18] 레이어는 2프레임 길이로 그렸습니다. ③ 인물의 아웃라인을 따라 그렸지만 변화를 위해 다양한 라인을 만들어줍니다.

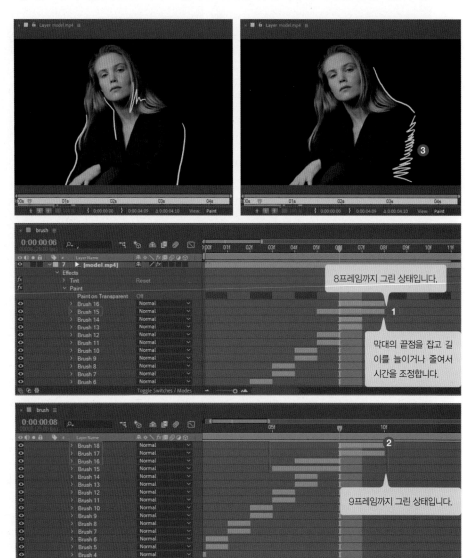

08 라인의 굵기, 시간 등에 변화를 주면서 다양하게 드로잉합니다. 예제에서는 [Paint] 패널의 [Diameter] 속성을 **13, 18, 24**로 변화를 주어 작업하였습니다. 여기까지 한 프레임씩 차근차근 드로잉을 만들어보면 작업 시간이 꽤 소요된다는 것을 알 수 있습니다.

13프레임까지 그린 상태입니다.

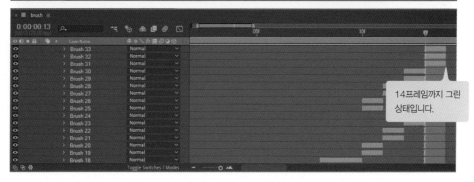

14프레임까지 그린 상태입니다.

인물과
배경 분리하기

로토 브러시 도구를 활용하면 크로마키 촬영 없이 피사체와 배경을 분리할
수 있습니다. 이 기능은 레이어 간 합성에 많이 쓰입니다. 이번에는 브러시
도구와 로토 브러시 도구를 함께 활용해 드로잉 라인이 돋보이는 영상을
만들어보겠습니다.

로토 브러시 도구로 배경 분리하기

09 로토 브러시 도구로 인물과 배경을 분리하여 인물 뒤쪽으로 그려지는 라인을 만들어보겠
습니다. ①[model.mp4] 레이어를 선택하고 Ctrl + D 를 눌러 복제합니다. 배경을 분리
한 인물을 상단에 배치시키기 위함입니다. ②복제된 레이어 이름을 **model copy**로 변경
합니다.

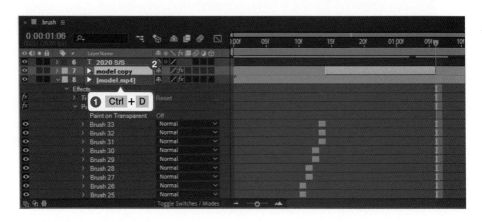

10 ①[model copy] 레이어 막대의 앞뒤를 조정해 **14F**부터 **1초 06F**까지 보이도록 조정합니다. ②[model copy] 레이어를 더블클릭해 ③[Layer] 패널에서 [model copy]를 확인합니다. ④ `Alt` + `W`를 눌러 로토 브러시 도구 를 선택합니다.

11 로토 브러시 도구로 인물의 형태를 따라 그리며 배경과 분리할 영역을 선택합니다. 브러시 크기를 조정하려면 `Ctrl` 을 누른 채 컴포지션을 드래그하거나 [Brushes] 패널의 [Diameter]에서 조정합니다.

TIP 인물과 배경의 분리가 잘되도록 로토 브러시의 크기(직경, Diameter)는 너무 두껍지 않게 설정합니다.

12 ①[Layer] 패널에서 인물과 배경이 분리된 것을 확인합니다. ②[model.mp4] 레이어와 겹쳐 있는 상태이므로 [Timeline] 패널에서 [model copy] 레이어의 Solo █️를 클릭해 ③[Composition] 패널을 확인해보는 것도 좋습니다.

> **TIP** [Layer] 패널의 옵션이 Toggle Alpha Boundary로 설정되어 있기 때문에 선택된 피사체 영역이 얇은 경계선으로 보입니다. 자세한 내용은 266쪽을 참고하세요.

13 인물의 의상 오른쪽 부분과 배경의 명도가 비슷해 제대로 분리되지 않은 상황입니다. ① 로토 브러시 도구 █️가 선택된 상태에서 Alt 를 누른 채 오른쪽 배경 부분을 클릭합니다. ②오른쪽 배경이 지워진 것을 확인합니다.

> **TIP** 로토 브러시 도구가 선택된 상태에서 Alt 를 누르면 마우스 포인터가 붉은색(레드 컬러)으로 바뀌고 선택 영역을 지워주는 기능을 합니다.

Roto Brush & Refine Edge Span

TIP 레이어 패널 아래에 있는 Roto Brush & Refine Edge Span을 뒤로 늘이면 선택한 영역이 피사체의 움직임에 따라 자동으로 증식됩니다. 예제에서는 짧은 프레임의 영상을 작업하므로 Roto Brush & Refine Edge Span을 더 늘일 필요는 없습니다. 자세한 내용은 268쪽을 참고하세요.

14 ①첫 프레임의 배경은 어느 정도 지워졌지만 다음 프레임부터 인물이 움직이므로 타임 인디케이터를 천천히 뒤로 옮기면서 배경과 인물을 확인합니다. ②**1초 02F**에서 인물의 오른쪽 부분 배경이 분리되지 않았습니다. ③ `Alt` 를 누른 채 지울 배경을 클릭합니다.

② 1초 02F

③ `Alt` +클릭

① 타임 인디케이터 이동

15 ①오른쪽 배경이 어느 정도 지워진 것을 확인합니다. ②[Timeline] 패널에는 [Strokes] 속성 아래에 여러 개의 속성 레이어가 생겼습니다. [Foreground] 속성은 인물을 선택하기 위해 그린 초록색 브러시 라인이고, [Background] 속성은 Alt 를 누른 채 배경을 지우기 위해 그린 빨간색 브러시 라인입니다.

16 ①같은 방식으로 다음 프레임으로 넘기면서 로토 브러시 도구 와 Alt 를 적절히 사용하면서 인물을 선택합니다. ②[Layer] 패널 아래의 Toggle Alpha Overlay 를 클릭해 설정을 바꾸며 작업해도 좋습니다.

TIP Toggle Alpha Overlay 를 클릭하면 알파 매트가 적용되어 투명했던 배경이 색으로 나타납니다.

리파인 엣지 도구로 배경 분리하기

17 아직 정리되지 않은 머리카락 등 인물의 가장자리는 리파인 엣지 도구로 지워보겠습니다. ①[model copy] 레이어의 첫 프레임으로 이동하고 ② Alt + W 를 눌러 리파인 엣지 도구를 선택합니다. ③인물의 가장자리인 머리카락 부분을 드래그합니다. 브러시 컬러가 파란색으로 보입니다.

TIP 리파인 엣지 도구를 선택하려면 로토 브러시 도구를 길게 클릭한 후 추가 도구에서 선택합니다. 가장자리의 영역이 적당히 선택되도록 리파인 엣지 브러시의 직경은 두껍게 설정합니다.

18 ①[Composition] 패널에서 피사체의 머리카락 부분이 좀 더 깔끔해진 것을 확인합니다. ②[Layer] 패널 아래의 Toggle Refine Edge X-ray 가 활성화된 것을 확인할 수 있습니다.

TIP Toggle Refine Edge X-ray 가 활성화되면 리파인 엣지 도구로 선택한 영역을 X-ray처럼 보여줍니다.

19 ①프레임을 뒤로 이동하면서 같은 방식으로 가장자리를 정돈해나갑니다. ②[Timeline] 패널을 보면 리파인 엣지 도구로 그린 [Edge Refinement] 속성 레이어가 생성된 것을 확인할 수 있습니다.

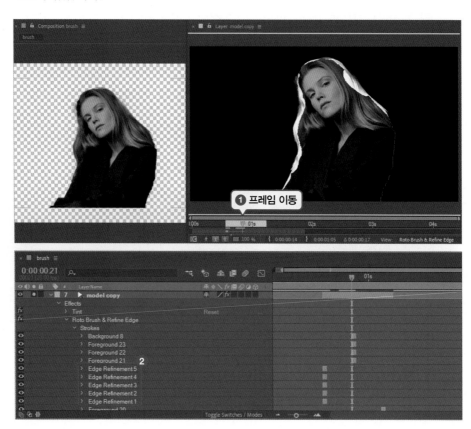

ADVANCE 작업자가 원하는 대로 로토 브러시 도구 와 리파인 엣지 도구 를 사용해서 인물과 배경을 분리합니다. 두 도구를 사용할 때 생기는 [Foreground], [Background], [Edge Refinement] 속성 레이어를 선택해 [Effect Controls] 패널에서 가장자리 영역을 좀 더 세밀하게 수정할 수도 있습니다. 자세한 내용은 267쪽을 참고하세요.

◀ [Effect Controls] 패널의 [Roto Brush & Refine Edge] 속성

20 피사체와 배경을 분리하는 작업이 마무리되었다면 [Layer] 패널 아래의 프리즈  를 클릭해 지금까지 만든 로토 브러시와 리파인 엣지 영역을 잠급니다. 영역을 잠근 후에는 더 이상 로토 브러시 영역이나 리파인 엣지 영역을 수정할 수 없습니다. 작업을 더 진행하거나 수정하고 싶다면 프리즈를 다시 클릭해 해제합니다.

프리즈 클릭

TIP 프리즈는 매우 중요한 기능입니다. 특히 20 과정은 로토 브러시 도구와 리파인 엣지 도구를 사용해 배경과 인물을 분리한 작업을 완료하는 과정이므로 꼭 익혀두기 바랍니다.*

프리즈 진행 중

프리즈 완료 메시지가 나타납니다.

프리즈 완료

배경을 지운 인물 뒤로 브러시 라인 드로잉하기

21 배경을 제거한 인물 뒤로 드로잉 라인을 그려보겠습니다. ①[model.mp4] 레이어를 더블클릭해 [Layer] 패널에 불러옵니다. ② Ctrl + B 를 눌러 브러시 도구 █를 선택합니다. ③다음 표를 참고해 [Brushes] 패널과 [Paint] 패널에서 브러시 모양과 직경, 컬러, 길이를 설정합니다. ④**14F**부터 [model copy] 레이어가 끝나는 프레임까지 다양하게 드로잉합니다. ⑤[Duration]을 [Write On]으로 설정했기 때문에 드로잉하는 속도를 인식해 [End] 키프레임이 자동으로 생성됩니다.

[Brushes] 패널	
[Diameter]	45.0
[Brush Dynamics]–[Size]	Pen Pressure

[Paint] 패널	
[Color]	#E2E4B8
[Channels]	RGBA
[Duration]	Write On

TIP 이전 과정에서 배경을 지운 [model copy] 레이어가 상단에 있으므로 [model.mp4] 레이어에 그린 브러시 라인은 인물 뒤쪽으로 나타납니다. 최종 아웃풋은 [Layer] 패널이 아닌 [Composition] 패널에서 확인합니다.

22 ①[model copy] 레이어를 더블클릭하고 ②[Layer] 패널에서 브러시 도구를 이용해 드로잉합니다. ③이때 [Paint] 패널에서 [Duration]을 [Single Frame]으로, 컬러는 #03122E로 설정합니다.

23 영상의 남은 뒷부분도 지금까지의 과정을 활용해 드로잉 라인을 만듭니다. 브러시의 직경, 컬러, 시간 등에 자유롭게 변화를 주면서 만드는 것이 좋습니다. 브러시 도구를 활용할 때는 영상이 프레임 단위로 움직이기 때문에 꼼꼼하고 디테일하게 작업하는 것이 좋습니다. 단순한 느낌이 들지 않도록 다양한 드로잉 라인을 만들어주는 것이 좋습니다. 이 과정은 정답이 있는 게 아니므로 기본 기능을 이해한 후 자유롭게 작업을 진행합니다. 모든 과정을 마치면 0 이나 Spacebar 를 눌러 프리뷰해보며 작업을 완성합니다.

로토 브러시 도구와
리파인 엣지 도구

로토 브러시 도구와 리파인 엣지 도구는 피사체와 배경을 분리하는 기능을 합니다. 두 도구는 프레임 단위의 작업을 수행하여 메모리를 많이 사용하므로, 작업자의 컴퓨터 사양이 낮으면 작업 시간이 오래 걸리는 것이 단점입니다. 경우에 따라 작업 도중 애프터 이펙트 프로그램이 멈추기도 하니 [Duration]이 긴 영상에는 유의하여 사용해야 합니다. 또한 배경이 너무 밝거나 어두워서 피사체와 배경이 잘 구분되지 않거나, 피사체의 윤곽이 흐리거나 복잡한 경우에도 로토 브러시 활용이 어려울 수 있습니다. 피사체와 배경을 분리할 때는 크로마키 촬영 후 작업하는 편이 더 효율적입니다. 따라서 로토 브러시 도구와 리파인 엣지 도구의 사용은 작업 상황에 따른 차선책 정도로만 활용해도 충분합니다.

> **TIP** 로토 브러시 도구와 리파인 엣지 도구를 사용할 때 잊지 말아야 할 것이 있습니다. 바로 저장(Save)입니다. 두 도구는 메모리를 많이 사용하는 프레임 단위의 작업이므로 언제 애프터 이펙트 프로그램이 중단될지 모릅니다. 작업 중간중간에 Ctrl + S 를 눌러 저장하는 것을 잊지 말아야 합니다.

01 로토 브러시 도구

브러시 도구로 그린 영역을 마스크처럼 선택해 피사체와 배경을 분리할 수 있습니다.

그리기

마우스 포인터가 +일 때 [Layer] 패널을 드래그하여 그립니다. 브러시의 크기(직경)를 조절하려면 Ctrl 을 누른 채 [Layer] 패널을 드래그하거나 [Brushes] 패널의 [Diameter]에서 설정할 수 있습니다.

지우기

Alt 를 누르면 마우스 포인터가 – 로 바뀝니다. 지울 영역을 클릭하거나 드래그합니다.

원본

로토 브러시 도구로
인물 영역을 선택한 모습

배경과 분리된 피사체 영역을 [Composition] 패널에서 확인합니다. 배경이 지워진 피사체 아래에 텍스트와 솔리드 레이어가 보입니다. 그러나 머리카락 등의 가장자리가 깔끔하게 분리되지 않았으므로, 대략적인 큰 부분을 따낸 후 리파인 엣지 도구로 정교하게 정리합니다.*

로토 브러시 도구 옵션

로토 브러시 도구로 선택한 영역은 [Layer] 패널 아래에 있는 옵션에 따라 다르게 확인할 수 있습니다.

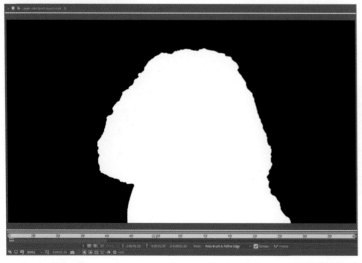

▲ Toggle Alpha

▲ Toggle Alpha Boundary 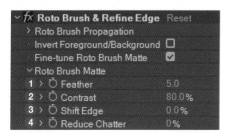　　　　　　　▲ Toggle Alpha Overlay

① **Toggle Alpha** ｜ 블랙&화이트의 알파 채널 형식으로 보여줍니다.

② **Toggle Alpha Boundary** ｜ 선택한 영역을 경계선으로 보여줍니다.

③ **Toggle Alpha Overlay** ｜ 알파 채널로 빠진 부분을 오버레이(덮어쓰기) 형식으로 보여줍니다.

④ **Alpha Boundary/Overlay Color** ｜ 바운더리(경계선)와 오버레이(덮어쓰기)의 컬러, 투명도를 조정합니다.

로토 브러시 도구 속성 설정

로토 브러시 도구로 선택한 영역은 [Effect Controls] 패널의 [Roto Brush & Refine Edge] 속성에서 옵션을 설정해 디테일하게 다듬을 수 있습니다.

① **Feather** ｜ 영역의 가장자리에 페더값을 적용해 부드럽게 처리합니다.

② **Contrast** ｜ 가장자리 페더값의 대비를 조정합니다.

③ **Shift Edge** ｜ 가장자리 부분을 확대하거나 축소합니다.

④ **Reduce Chatter** ｜ 다음 프레임으로 전환될 때 가장자리의 오차를 보완합니다.

자동으로 영역 선택하고 선택 영역 잠그기(Freeze)

① **자동으로 영역 선택하기** | 로토 브러시 도구로 선택한 영역은 [Layer] 패널 아래에 있는 Roto Brush & Refine Edge Span에 나타납니다. 이 영역을 드래그해 늘리면 늘린 시간만큼 자동으로 렌더링되면서 피사체의 움직임을 따라 선택 영역이 변합니다. 프레임 단위로 피사체와 배경을 분리할 필요가 없다는 의미입니다.

② **선택 영역 잠그기(Freeze)** | 배경과 피사체 영역을 분리했다면 완료된 작업 상태를 잠급니다. 프리즈를 하고 난 후에는 더 이상의 수정을 할 수 없습니다. 프리즈를 다시 클릭해 수정하거나 추가 작업을 합니다.

① Roto Brush & Refine Edge Span 영역의 끝부분을 잡고 드래그해서 늘립니다.

② 작업 상태 잠그기

TIP 첫 선택 영역에 비해 피사체의 움직임이 크면 선택 영역이 중간에 흐트러집니다. Roto Brush & Refine Edge Span으로 영상의 처음부터 끝까지 편하게 배경을 분리하지는 못한다는 의미입니다.

TIP Roto Brush & Refine Edge Span의 시간을 길게 잡을수록 컴퓨터 사양에 따라 렌더링 시간이 길게 소요될 수 있습니다.

02 리파인 엣지 도구

로토 브러시 도구로 선택한 영역의 가장자리(머리카락, 털 등)를 좀 더 정교하게 다듬을 수 있습니다. 로토 브러시 도구를 길게 클릭하여 선택합니다.

그리기

브러시의 크기(직경)를 조절하려면 Ctrl 을 누른 채 [Layer] 패널을 드래그하거나 [Brushes] 패널의 [Diameter]에서 설정할 수 있습니다.

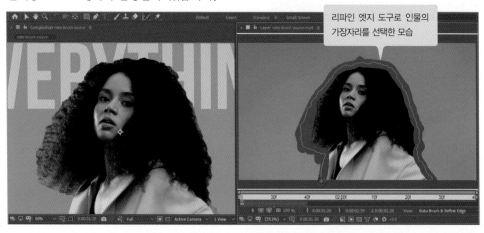

리파인 엣지 도구로 인물의 가장자리를 선택한 모습

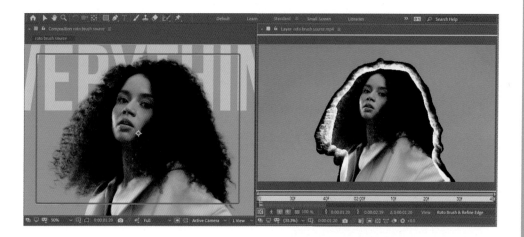

[Composition] 패널을 확인하면 복잡했던 가장자리의 머리카락 영역이 좀 더 정교하게 정리된 것을 확인할 수 있습니다. 예시 영상은 심플한 배경이기 때문에 리파인 엣지 도구의 브러시 크기(직경)를 크고 두껍게 선택한 편이지만, 정교함이 필요한 영상일수록 브러시 크기(직경)를 작게 해서 세밀하게 작업하는 것이 좋습니다.

리파인 엣지 도구 옵션

리파인 엣지 도구로 선택한 영역은 [Layer] 패널 아래에 있는 Toggle Refine Edge X-Ray  를 클릭해 가장자리를 X-Ray처럼 볼 수 있습니다.

리파인 엣지 도구 속성 설정

리파인 엣지 도구로 선택한 영역은 [Effect Controls] 패널의 [Refine Edge Matte] 속성에서 옵션을 설정해 디테일하게 다듬을 수 있습니다.

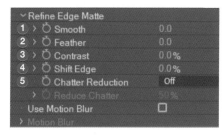

① **Smooth** ｜ 영역의 가장자리를 매끄럽게 처리합니다.

② **Feather** ｜ 영역의 가장자리에 페더값을 적용해 부드럽게 처리합니다.

③ **Contrast** | 가장자리 페더값의 대비를 조정합니다.

④ **Shift Edge** | 가장자리 부분을 확대/축소합니다.

⑤ **Chatter Reduction** | 다음 프레임으로 전환될 때 가장자리의 오차를 보완합니다.

로토 브러시 도구와 리파인 엣지 도구의 공통 속성

[Effect Controls] 패널의 [Roto Brush & Refine Edge] 속성에서 옵션을 설정할 수 있습니다. 아래의 속성은 두 도구의 공통 속성입니다.

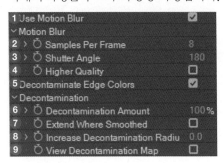

① **Use Motion Blur** | 선택 영역에 모션 블러를 생성합니다.

② **Samples Per Frame** | 최소 블러값을 설정합니다.

③ **Shutter Angle** | 블러 영역을 조정합니다.

④ **High Quality** | 블러의 품질을 향상합니다.

⑤ **Decontaminate Edge Colors** | 가장자리에 남은 컬러를 제거합니다.

⑥ **Decontamination Amount** | 제거할 컬러 영역을 설정합니다.

⑦ **Extend Where Smoothed** | 컬러 영역을 부드럽게 제거합니다.

⑧ **Increase Decontamination Radius** | 지워지는 영역의 넓이를 표시합니다.

⑨ **View Decontamination Map** | 지워지는 컬러의 영역을 표시합니다.

PROJECT 06

캐릭터 리깅 애니메이션 만들기

퍼펫 핀 도구는 캐릭터 애니메이션을 제작할 때 유용하게 사용할 수 있습니다. 3D 프로그램에서 캐릭터의 뼈대와 관절을 만들어 움직임을 주는 리깅(Rigging)의 기초적인 개념을 활용하는 것이지요. 최근에는 개성 있는 아트워크가 각광받는 추세인데, 점점 일러스트나 드로잉 기반의 애니메이션과 벡터 그래픽 기반의 모션 그래픽 영상 간에 경계선이 자연스레 허물어지고 있습니다. 따라서 영상 작업자가 일러스트레이션 능력까지 겸비한다면 영상 디자이너로서 독보적인 입지를 다질 수 있을 것입니다. 이번 예제에서는 캐릭터 애니메이션 영상을 만들고 질감의 표현도 함께 익혀봅니다.

PREVIEW

퍼펫 핀 도구를 활용해 캐릭터의 움직임을 만들자!
캐릭터의 팔, 다리 등을 분리해 개별적인 움직임을 만들 수 있습니다. 단, 소스로 사용할 캐릭터의 각 부분을 레이어별로 나누어 저장해두어야 합니다.

Expression을 활용해 반복되는 움직임을 만들자!
키프레임을 여러 개 만들지 않더라도 동일하게 반복되는 움직임을 만들 수 있습니다.

Turbulent Displace 이펙트를 활용해 질감을 만들자!
깔끔하게 제작한 벡터 그래픽에 지글거리는 질감을 적용할 수 있습니다.

▶ PLAY

USE EFFECT

(Puppet Pin Tool)   (Expression_loopOut( ))   (Wave Warp)   (Turbulent Displace)

AE BASIC NOTE

01 애프터 이펙터의 레이어는 위치(Position), 크기(Size), 비율(Scale) 등 움직임에 변화를 줄 수 있는 Transform 속성이 있습니다. 그러나 Transform 속성만으로는 자연스러운 동작을 표현하기 힘듭니다. 이때 퍼펫 핀 도구(Puppet Pin Tool)를 활용하면 캐릭터 애니메이션이 한결 수월해집니다. 'Puppet'은 꼭두각시 인형이라는 의미대로 레이어의 각 부분에 핀을 추가한 뒤 각 부분의 움직임을 만들 수 있습니다. 리깅(Rigging) 애니메이션을 만들기 전 꼭 알아두어야 할 퍼펫 핀 도구의 속성을 살펴봅니다.

02 퍼펫 핀 도구 사용법

상단 도구바에서 퍼펫 핀 도구를 클릭하거나 단축키 `Ctrl` + `P` 를 눌러 퍼펫 핀 도구를 선택합니다. 퍼펫 핀 도구를 2초 가량 길게 클릭하면 추가 도구가 더 나타납니다.

① **Puppet Position Pin Tool** ㅣ 기본적인 퍼펫 핀 기능으로, 원하는 곳에 핀으로 포인트를 설정해 위치 변화를 만듭니다. 레이어 위에 노란색 원으로 표시됩니다.

② **Puppet Starch Pin Tool** ㅣ 오브젝트가 왜곡되는 부분을 핀으로 고정합니다. 레이어 위에 빨간색 원으로 표시됩니다.

③ **Puppet Bend Pin Tool** ㅣ 퍼펫 핀에 회전값을 추가합니다. 오브젝트를 비틀거나 구부리는 움직임을 만들 수 있습니다. 레이어 위에 갈색 원으로 표시됩니다.

④ **Puppet Advanced Pin Tool** ㅣ 퍼펫 핀의 위치, 비율, 회전을 모두 제어할 수 있습니다. 레이어 위에 녹색 원으로 표시됩니다.

⑤ **Puppet Overlap Pin Tool** ㅣ 오브젝트끼리 겹치는 부분의 앞뒤 위치를 설정합니다. 레이어 위에 파란색 원으로 표시됩니다.

03 기본 퍼펫 핀 도구(Puppet Position Pin Tool)를 선택하면 옵션바에 세부 속성이 나타납니다.

① **Mesh** | 퍼펫 핀 도구로 선택한 영역을 삼각형 메시로 보여줍니다.

② **Expansion** | 삼각형 메시의 영역을 설정합니다.

③ **Destiny** | 삼각형 메시의 크기를 설정합니다. 숫자가 작을수록 삼각형 메시의 형태가 단순해집니다.

④ **Puppet Record Options** | `Ctrl` 을 누른 채 퍼펫 핀을 이동하면 타임라인에 자동으로 키프레임이 생성됩니다.

04 [Puppet Record Options] 대화상자에서 퍼펫 핀 키프레임의 세부 옵션을 설정할 수 있습니다.

① **Speed** | 숫자가 커질수록 느리게, 숫자가 작을수록 빠르게 기록합니다. 100%일 때 작업자가 퍼펫 핀을 이동한 속도 그대로 키프레임을 만듭니다.

② **Smoothing** | 자연스러운 움직임을 만들기 위해 설정합니다. 숫자가 커질수록 불필요한 키프레임을 제거합니다.

③ **Use Draft Deformation** | Starch 핀의 영향을 받지 않고 기록합니다.

④ **Show Mesh** | 삼각형 메시를 보이도록 설정합니다.

05 퍼펫 오버랩 핀 도구(Puppet Overlap Pin Tool) 를 선택하면 옵션바에 세부 속성이 나타납니다.

① **Mesh** | 퍼펫 핀으로 선택한 영역을 삼각형 메시로 보여줍니다.

② **In Front** | +값이 클수록 해당 부분이 위로 올라가고, −값이 클수록 해당 부분이 아래로 내려갑니다.

③ **Extent** | 핀의 영향이 미치는 거리를 나타냅니다. [In Front]가 −값이면 어두운 색으로 칠해지고, +값이면 밝은 색으로 칠해집니다.

캐릭터의
세부 움직임 만들기

형태별로 분리된 각각의 ai 레이어에 퍼펫 핀과 Wave Warp 이펙트를
이용해 움직임을 만들어봅니다.

aep 파일 열고 프로젝트 시작하기

01 ① `Ctrl` + `O` 를 눌러 **Puppet Pin.aep** 파일을 불러오고 ② [Project] 패널에서
[dustboy] 컴포지션을 더블클릭합니다. ③캐릭터의 눈, 입, 머리, 팔, 다리를 각각의 레
이어로 분리해 저장한 dustboy.ai 파일을 [컴포지션 형태_레이어 사이즈] 옵션으로 임포
트한 것을 확인할 수 있습니다.

> **TIP** [Project] 패널에서 [dustboy Layers] 폴더를 클릭해 각 레이어를 따로 확인할 수도 있습니다. 레이어가 분리된 psd, ai 파
> 일의 임포트 방식은 202쪽을 참고하세요.

> **TIP** 양쪽 눈과 팔, 입은 머리 레이어에 Parent 기능으로 귀속되어 있는 상태로, 머리의 움직임을 따라가게 만들 예정입니다.
> Parent 기능은 229쪽을 참고하세요. 레이어 이름은 캐릭터의 오른쪽, 왼쪽이 아닌, 작업자의 시선을 기준으로 오른쪽, 왼쪽
> 을 가리킵니다. 레이어 선택과 이동에 유의하며 실습합니다.

양쪽 다리에 움직임 설정하기

02 먼저 [leg L] 레이어인 왼쪽 다리부터 퍼펫 핀을 만들어줍니다. ①퍼펫 핀 도구 로 캐릭터의 다리 관절이 있을 곳을 클릭합니다. 이때 중요한 점은 <u>움직이지 않을 부분도 클릭해 핀을 만들어야 한다</u>는 것입니다. 무릎을 움직이려고 무릎에만 핀을 만들면 다리 전체가 움직입니다. 따라서 움직이지 않는 부분에도 핀을 만듭니다. ②이렇게 생성된 퍼펫 핀은 노란색 원으로 표시됩니다. 허벅지, 무릎, 발 부분으로 나눠 총 5개의 핀을 만듭니다.

> **TIP** 퍼펫 핀을 만들 때 타임 인디케이터는 0초 0F(시작점)에 두고, [leg L] 레이어 위에 만듭니다.

03 ①퍼펫 핀을 만든 [leg L] 레이어를 선택하고 ②U를 눌러 속성을 확인해봅니다. 총 5개의 퍼펫 핀 키프레임이 생성된 것을 확인할 수 있습니다. ③아래 이미지를 참고해 각 퍼펫 핀 레이어의 이름을 알기 쉽게 바꿉니다. 이때 [Composition] 패널에서 각각의 핀을 클릭해보며 해당 핀이 제대로 선택되는지 확인해봅니다.

> **TIP** 레이어 이름을 바꾸는 과정이 때로는 귀찮게 느껴질 수 있습니다. 하지만 복잡해지는 영상 작업의 특성상 레이어의 수가 많아지므로 이 과정을 게을리 하지 않아야 합니다. 레이어 이름을 확실하게 설정해두는 것은 개인 작업에도 유용하지만, 다른 작업자와 파일을 주고받을 때에도 매우 중요합니다. 따라서 항상 레이어 이름을 헷갈리지 않게 정리해두는 습관을 기르도록 합니다.

04 ① Shift + PageDown 을 눌러 **10F**으로 이동합니다. ②[Composition] 패널에서 무릎에 있는 퍼펫 핀을 살짝 왼쪽으로 옮깁니다. ③[leg L] 레이어의 10F에 퍼펫 핀 키프레임이 생성된 것을 확인합니다. 퍼펫 핀 위치를 바꾸었으므로 왼쪽 다리의 무릎 부분이 왼쪽으로 구부러지는 움직임이 만들어집니다. 허벅지, 발의 퍼펫 핀은 고정 역할을 합니다.

TIP Shift + PageUp 과 Shift + PageDown 을 누르면 [Timeline] 패널에서 타임 인디케이터를 10프레임 단위로 이동할 수 있습니다. 단, 노트북으로 작업 시 PageUp , PageDown 이 없다면 Ctrl + Shift + ← 와 Ctrl + Shift + → 를 사용합니다.

05 이번에는 [leg R] 레이어인 오른쪽 다리에 퍼펫 핀을 만들어줍니다. ① 02 과정처럼 퍼펫 핀 도구 ✪ 로 캐릭터의 다리 관절이 있을 곳을 클릭합니다. 이때 중요한 점은 움직이지 않을 부분도 클릭해 핀을 만들어야 한다는 것입니다. 무릎을 움직이려고 무릎에만 핀을 만들면 다리 전체가 움직입니다. 따라서 움직이지 않는 부분에도 핀을 만듭니다. ②이렇게 생성된 퍼펫 핀은 노란색 원으로 표시됩니다. 허벅지, 무릎, 발 부분으로 나눠 총 5개의 핀을 만듭니다.

TIP 퍼펫 핀을 만들 때 타임 인디케이터는 0초 0F(시작점)에 두고, [leg R] 레이어 위에 만듭니다.

06 ①퍼펫 핀을 만든 [leg R] 레이어를 선택하고 ② U 를 눌러 속성을 확인해봅니다. 총 5개의 퍼펫 핀 키프레임이 생성된 것을 확인할 수 있습니다. ③아래 이미지를 참고해 각 퍼펫 핀 레이어의 이름을 알기 쉽게 바꿉니다. 이때 [Composition] 패널에서 각각의 핀을 클릭해보며 해당 핀이 제대로 선택되는지 확인해봅니다.

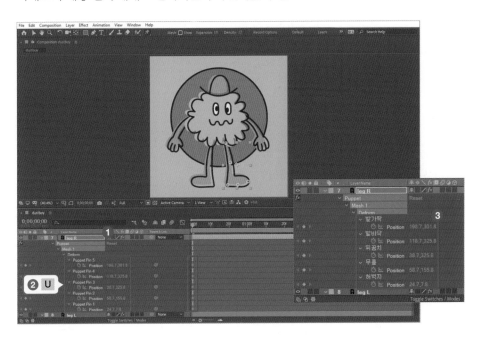

07 ① Shift + PageDown 을 눌러 **10F**으로 이동합니다. ②[Composition] 패널에서 무릎에 있는 퍼펫 핀을 살짝 오른쪽으로 옮깁니다. ③[leg R] 레이어의 10F에 퍼펫 핀 키프레임이 생성된 것을 확인합니다. 퍼펫 핀 위치를 바꾸었으므로 오른쪽 다리의 무릎 부분이 오른쪽으로 구부러지는 움직임이 만들어집니다. 허벅지, 발의 퍼펫 핀은 고정 역할을 합니다.

양쪽 팔에 움직임 설정하기

08 [arm L] 레이어인 왼쪽 팔의 퍼펫 핀을 만들어줍니다. **02** 과정처럼 퍼펫 핀 도구 █ 로 캐릭터의 팔 관절이 있을 곳을 클릭합니다. 이렇게 생성된 퍼펫 핀은 노란색 원으로 표시됩니다. 어깨, 팔꿈치, 손끝으로 나눠 총 세 개의 핀을 만듭니다.

09 ①퍼펫 핀을 만든 [arm L] 레이어를 선택하고 ② U 를 눌러 속성을 확인해봅니다. 총 세 개의 퍼펫 핀 키프레임이 생성된 것을 확인할 수 있습니다. ③아래 이미지를 참고해 각 퍼펫 핀 레이어의 이름을 알기 쉽게 바꿉니다. 이때 [Composition] 패널에서 각각의 핀을 클릭해보며 해당 핀이 제대로 선택되는지 확인해봅니다.

10 ①**Shift** + **PageDown** 을 눌러 **10F**으로 이동합니다. ②[Composition] 패널에서 손끝과 팔꿈치에 있는 퍼펫 핀을 살짝 오른쪽으로 옮깁니다. ③[arm L] 레이어의 10F에 퍼펫 핀 키프레임이 생성된 것을 확인합니다. 퍼펫 핀 위치를 바꾸었으므로 왼쪽 팔이 안쪽으로 구부러지는 움직임이 만들어집니다. 어깨 퍼펫 핀은 고정 역할을 합니다.

ADVANCE 영상 작업 시 레이어에 움직임을 적용하려면 [Timeline] 패널에서 각 속성의 키프레임 설정을 변경합니다. 그러나 예외적으로 퍼펫 핀 도구를 이용할 때는 옵션값을 변경하지 않고 [Composition] 패널에서 직접 움직임의 변화를 만듭니다. 따라서 이번 실습에서는 퍼펫 핀 레이어의 속성 값을 동일하게 설정하지 않아도 됩니다.

11 ①08 과정처럼 [arm R] 레이어인 오른쪽 팔의 퍼펫 핀을 만들어줍니다. ②09 과정처럼 각 퍼펫 핀 레이어의 이름을 알기 쉽게 바꿉니다.

12 ① Shift + PageDown 을 눌러 **10F**으로 이동합니다. ②[Composition] 패널에서 손끝과 팔꿈치에 있는 퍼펫 핀을 살짝 오른쪽으로 옮깁니다. ③[arm R] 레이어의 10F에 퍼펫 핀 키프레임이 생성된 것을 확인합니다. 퍼펫 핀 위치를 바꾸었으므로 오른쪽 팔이 바깥쪽으로 구부러지는 움직임이 만들어집니다. 어깨 퍼펫 핀은 고정 역할을 합니다.

눈과 입에 움직임 만들기

13 이번에는 눈과 입에 움직임을 만들어보겠습니다. ①②아래 표를 참고하여 [eye R], [eye L] 레이어의 [Position]에 키프레임을 설정합니다. ③다음 표를 참고하여 [mouth] 레이어에 Wave Warp 이펙트를 적용합니다. 부드러운 웨이브 움직임으로 눈동자와 입이 엉뚱한 느낌으로 움직입니다.

Time	00F	10F
[eye L]–[Position]	263, 267	263, 293
[eye R]–[Position]	346, 278	346, 244

[Wave Height]	3
[Wave Width]	65
[Direction]	0x+60.0 ˚

Wave Warp 이펙트는 이미지에 물결치는 왜곡 효과를 만듭니다. 각 옵션을 살펴보겠습니다.

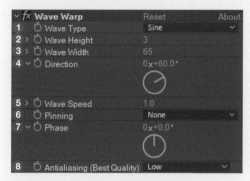

① Wave Type | 물결의 모양을 설정합니다.

② Wave Height | 세로 방향의 물결을 만듭니다.

③ Wave Width | 가로 방향의 물결을 만듭니다.

④ Direction | 물결의 방향을 설정합니다.

⑤ Wave Speed | 물결치는 속도를 설정합니다.

⑥ Pinning | 물결 왜곡이 생기지 않도록 고정하는 방향을 설정합니다.

⑦ Phase | 물결의 시작점을 설정합니다.

⑧ Antialiasing(Best Quality) | 안티 에일리어싱(계단현상 방지 기술)의 품질을 설정합니다.

14 좀 더 자연스러운 움직임을 적용해보겠습니다. ①아래 표를 참고하여 [head] 레이어의 [Position]에 키프레임을 설정합니다. 다리가 구부러지는 움직임을 따라 위아래로 움직이 도록 만듭니다. ②미리 Parent 기능으로 연결된 눈, 입, 양팔, 양다리가 머리의 움직임과 연결된 것을 확인합니다.

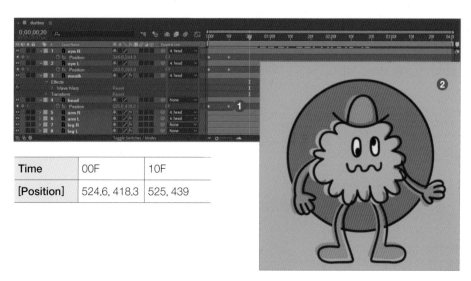

Time	00F	10F
[Position]	524.6, 418.3	525, 439

15 <kbd>0</kbd> 이나 <kbd>Spacebar</kbd> 를 눌러 프리뷰를 실행합니다.

▲ 0F

▲ 10F

캐릭터에
반복 모션 적용하기

Expression을 이용해 반복되는 움직임을 쉽게 만들어봅니다. Turbulent
Displace 이펙트로 레이어에 질감을 만들어 디자인의 완성도를 높입니다.

Expression으로 반복적인 움직임 만들기

16 퍼펫 핀 도구와 [Position] 속성, Wave Warp 이펙트를 이용해 캐릭터의 머리, 눈, 입,
팔, 다리에 10프레임 간격으로 움직임을 만들어준 상태입니다. 이제는 Expression을
이용해 키프레임을 생성하지 않고 자동으로 반복되는 움직임을 만들어봅니다. ①[leg
L] 레이어를 선택하고 U 를 눌러 퍼펫 핀 키프레임을 확인합니다. ② Alt 를 누른 채
[무릎]의 [Position] 스톱워치 를 클릭합니다. ③Expression 에디터 창이 나타나면
loopOut("pingpong")를 입력하고 [Timeline] 패널의 아무 곳이나 클릭하여 빠져나옵
니다.

TIP Expression을 추가하는 방법은 세 가지가 있습니다. ❶ 메뉴바에서 [Animation]-[Add Expression] 메뉴를 선택하거나
❷ Alt 를 누른 채 키프레임을 클릭합니다. ❸ Alt + Shift + = 를 눌러도 됩니다. Expression을 해제할 때는 같은 방식으로
한 번 더 단축키를 사용합니다. 자세한 설명은 329쪽을 참고하세요.

17 ①[무릎]의 퍼펫 핀 키프레임 두 개를 모두 선택하고 F9 를 눌러 Easy Ease를 적용합니다. ② 0 이나 Spacebar 를 눌러 프리뷰를 실행하여 왼쪽 다리가 바깥쪽으로 구부러지는 움직임이 반복되는 것을 확인합니다.

18 16 과정처럼 [leg R] 레이어에도 Expression을 추가합니다. ① Alt 를 누른 채 [무릎]의 [Position] 스톱워치⏱를 클릭하고 ②Expression 에디터 창에 키프레임을 설정하고 Expression-loopOut("pingpong")를 입력합니다. ③17 과정처럼 [무릎]의 퍼펫 핀 키프레임 두 개를 모두 선택하고 F9 를 눌러 Easy Ease를 적용합니다. ④오른쪽 다리가 바깥쪽으로 구부러지는 움직임이 반복됩니다.

19 ① 18 과정과 같은 방식으로 Alt 를 누른 채 [arm L] 레이어의 [손끝], [팔꿈치]의 [Position] 스톱워치 █ 를 클릭해 ②Expression 에디터 창에 **loopOut("pingpong")**를 입력합니다. ③그런 다음 키프레임에 Easy Ease를 적용합니다. ④왼쪽 팔이 안쪽으로 구부러지는 움직임이 반복됩니다.

20 ① 18 과정과 같은 방식으로 Alt 를 누른 채 [arm R] 레이어의 [손끝], [팔꿈치]의 [Position] 스톱워치 █ 를 클릭해 ②Expression 에디터 창에 **loopOut("pingpong")**를 입력합니다. ③그런 다음 키프레임에 Easy Ease를 적용합니다. ④오른쪽 팔이 바깥쪽으로 구부러지는 움직임이 반복됩니다.

21 ①앞선 과정과 같은 방식으로 [head], [eye L], [eye R] 레이어의 [Position] 키프레임에 도 Expression-**loopOut("pingpong")**을 추가합니다. ②그런 다음 키프레임에 Easy Ease를 적용합니다. ③머리와 눈의 움직임이 반복되는 것을 확인합니다.

> **TIP** [mouth] 레이어는 Wave Warp 이펙트로 계속된 움직임을 만들어 두었기 때문에 Expression을 추가하지 않습니다.

Turbulent Displace 이펙트로 캐릭터에 질감 입히기

22 모든 움직임을 만들었으니 dustboy 캐릭터에 질감을 추가하여 디테일을 완성해갑니다. ①[background] 레이어를 제외한 모든 레이어를 선택하고 Ctrl + Shift + C 를 눌러 Pre-compose합니다. ②[Pre-compose] 대화상자가 나타나면 새 컴포지션의 이름을 **texture**로 입력하고 ③ [OK]를 클릭합니다.

23 [Timeline] 패널을 확인해 [texture] 컴포지션이 새로 생성된 것을 확인합니다. [background] 레이어를 제외한 모든 레이어가 [texture] 컴포지션으로 이동했습니다.

10 년차 선배의 멘토링   [Pre-compose] 대화상자 알아보기

Pre-Compose는 하나의 레이어 혹은 여러 개의 레이어를 하나의 컴포지션으로 묶는 역할을 합니다. 옵션에 따라 결과물이 달라집니다.* 옵션을 살펴보겠습니다.

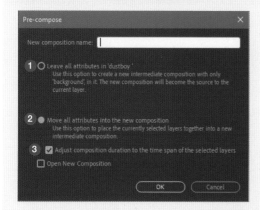

① **Leave all attributes in '레이어 이름'** | 하나의 레이어만 Pre-Compose할 때 선택합니다. 레이어에 적용된 속성은 현재 컴포지션에 남기고 레이어만 새로운 컴포지션으로 이동합니다.

② **Move all attributes into the new composition** | 여러 개의 레이어를 Pre-Compose할 때 선택합니다. 레이어의 속성이 새로운 컴포지션으로 이동합니다.

③ **Adjust composition duration to the time span of the selected layers** | 선택한 레이어의 길이대로 새로운 컴포지션이 생성됩니다.

24 마지막으로 캐릭터에 질감 효과를 적용해보겠습니다. ① [Effects & Presets] 패널에서 Turbulent Displace를 검색하고 ②[texture] 컴포지션에 이펙트를 적용합니다. ③다음 표를 참고하여 [Effect Controls] 패널에서 Turbulent Displace 이펙트 속성을 설정하고 ④[Random Seed]에 키프레임을 설정합니다.

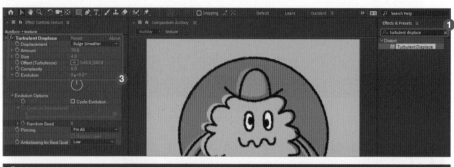

[Displacement]	Bulge Smoother	
[Amount]	70.0	
[Size]	4.0	
[Complexity]	6.0	

[Time]	00F	3초 29F
[Evolutution Options]– [Random Seed]	0	30

TIP Turbulent Displace 이펙트에 대한 자세한 설명은 216쪽을 참고하세요.

25 모든 과정이 마무리되었습니다. 0 이나 Spacebar 를 눌러 완성된 작업물을 확인합니다.

Duik Bassel을 이용한 캐릭터 애니메이션 만들기

애프터 이펙트는 프로그램에 내장된 기본 이펙트 외에 사용자가 원하는 스크립트나 플러그인을 설치해서 다양한 작업을 할 수 있습니다. 이번에 소개하는 Duik Bassel 은 자연스럽고 역동적인 캐릭터 애니메이션을 위해 많이 사용하는 스크립트로, 캐릭터 외에도 다양한 오브젝트에 Transform 기능으로만 구현하기 어려운 움직임을 만들 수 있습니다. 3D 프로그램에서 캐릭터의 뼈대와 관절을 만들어 움직임을 주는 리깅(Rigging)의 기초적인 개념을 활용해 캐릭터 애니메이션 영상을 만들어보겠습니다.

PREVIEW

10년차 선배는 이렇게!

스크립트와 플러그인을 활용해보자!

애프터 이펙트의 기본 이펙트 기능을 충실히 익혔다면 이제는 더 디테일하고 발전된 이미지와 움직임을 만들어봅니다. 이때 스크립트와 플러그인을 적절히 활용해보는 것이 좋습니다.

Duik Bassel을 활용해 캐릭터의 움직임을 만들자!

캐릭터의 팔, 다리 등에 뼈대를 심고 움직이는 리깅(Rigging)의 개념을 연습해봅니다. 그 전에 소스로 사용할 캐릭터의 각 부분을 세분화해 레이어별로 나누어 저장하는 것이 중요합니다. Duik Bassel을 활용하면 캐릭터와 오브젝트의 더 자연스러운 움직임을 구현할 수 있습니다.

Expression을 활용해 반복되는 배경을 만들자!

키프레임을 여러 개 만들지 않더라도 동일하게 반복되는 움직임을 만들 수 있습니다.

준비 파일 Project/7_Duik Bassel/Duik Bassel 폴더
완성 파일 Project/7_Duik Bassel/Duik Bassel_완성.aep

▶ PLAY

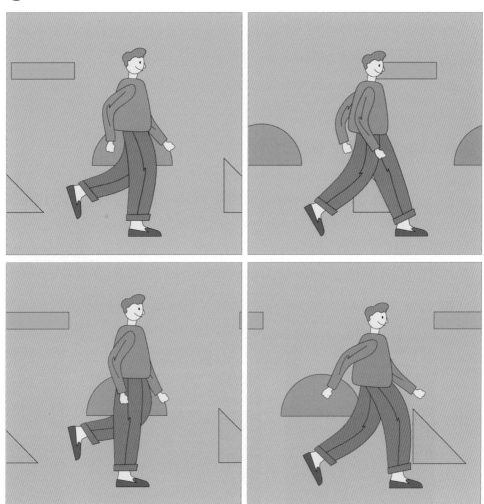

USE EFFECT

Puppet Pin Tool   Duik Bassel   Expression_loopOut( )

AE BASIC NOTE

01 애프터 이펙트용 스크립트와 플러그인은 개인이나 회사가 만들어서 배포합니다. 무료로 사용할 수 있는 경우도 있으나 대부분 비용을 지불하고 사용해야 합니다.

02 스크립트 Duik Bassel은 2009년 프랑스의 애니메이터가 개발한 무료 스크립트입니다. 꾸준한 업데이트를 제공하여 현재도 모션 그래픽 디자이너들 사이에서 활발하게 사용되고 있습니다. 스크립트나 플러그인의 사용은 개성 있고 다양한 모션 그래픽과 애니메이션을 위해 점점 더 필수불가결한 요소가 되고 있습니다.

> **TIP** 이 책의 333쪽에서 실무에서 많이 사용하는 플러그인을 소개합니다. Duik Bassel은 https://rainboxlab.org/tools/duik/에서 다운로드할 수 있습니다.

03 Duik Bassel 설치하고 실행하기

①Rainboxlab 웹사이트(https://rainboxlab.org/tools/duik/)에 접속한 후 ② [Download]를 클릭해 내 컴퓨터에 스크립트 파일을 다운로드합니다. ③다운로드한 [Duik_Bassel.2.zip] 파일의 압축을 풉니다. ④압축을 푼 폴더의 [ScriptUI Panels] 폴더를 클릭합니다. ⑤[Duik Bassle.2.jsx]를 선택하고 아래 TIP에서 표시하는 다음의 경로에 따라 들어가 [Duik Bassel.2.jsx]를 [ScriptUI Panels] 폴더에 복사해 붙여 넣습니다.

> **TIP** 이 방식이 모든 스크립트 설치에 적용되는 것은 아니지만 대부분의 스크립트는 이런 방식으로 설치합니다.

> **TIP** **Windows** | C: Program Files\Adobe\Adobe After Effects CC 2020(2021)\Support Files\Scripts\ ScriptUI Panels
> **MacOS** | Applications\Adobe After Effects CC\Scripts\ScriptUI Panels

DUIK BASSEL SCRIPT

⑥ 애프터 이펙트를 실행하고 [Window]-[Duik Bassle.2.jsx] 메뉴를 선택합니다. ⑦ [Duik Bassel.2] 패널이 나타납니다. 이번 예제에서는 스크립트 중 [Rigging]을 활용해 보겠습니다.

TIP 설치 후 에러 메시지가 나타나기도 합니다. 메뉴바의 [Preferences]-[Scripting & Expressions] 메뉴에서 [Allow Scripts to Write Files and Access Network]에 체크되어 있어야 에러 메시지가 나타나지 않습니다.

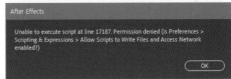

04 Duik Bassel의 기능

Duik Bassel을 이용한 리깅의 기본 사용 방법은 두 가지가 있습니다. Duik Bassel의 기본 스트럭처로 뼈대를 생성한 후 이미지에 적용하는 방법과 퍼펫 핀을 직접 만들어 뼈대를 생성한 후 FK, IK를 적용하는 방법입니다.

FK(Forward Kinematics)는 최상위 Parent(부모 역할 레이어)인 골반을 움직이면 온몸이 다함께 움직입니다. 피규어 개념과 비슷하며 관절 하나하나를 따로 움직여야 합니다.

IK(Inverse Kinematics)는 FK와 반대로 하위(Child) 레이어가 움직이면 상위(Parent) 레이어가 움직입니다. Parent 레이어가 움직여도 Child 레이어가 영향을 받지 않습니다. 마리오네트 개념과 비슷하며, 손목, 발목을 잡고 움직이면 팔이 함께 움직입니다.

05 이번 예제에서는 두 번째 방법(IK)을 이용해 퍼펫 핀으로 뼈대를 생성한 후 IK 컨트롤러를 만들어 움직이는 방식을 소개합니다. 이외에도 Duik Bassel을 이용하면 캐릭터의 이목구비 움직임도 쉽게 만들 수 있습니다.

STEP 01

Duik Bassel을 이용해 뼈대를 만들고 리깅 작업하기

Duik Bassel은 IK(Inverse Kinematics) 컨트롤러 및 뼈와 같은 모든 3D 프로그램에서 볼 수 있는 주요 리깅 도구가 제공됩니다. 사용자가 이것들을 움직이며 애니메이션을 쉽게 만들 수 있습니다.

aep 파일 열고 프로젝트 확인하기

01 ① Ctrl + O 을 눌러 **walk.aep** 파일을 불러옵니다. ②[Project] 패널에서 [*comp]−[walk] 컴포지션을 더블클릭해 컴포지션을 엽니다. ③배경과 캐릭터의 머리, 몸통, 양쪽 팔다리, 신발이 각각의 레이어로 구성되어 있으며 ④ U 를 눌러 각 레이어의 퍼펫 핀을 확인할 수 있습니다.

> **TIP** 예제는 walk.ai 파일을 '컴포지션 형태_레이어 사이즈' 옵션으로 임포트한 상태입니다.

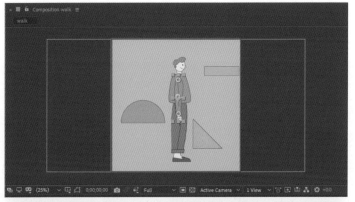

> **TIP** 신체의 각 관절별로 퍼펫 핀을 미리 설정해놓았습니다. 몸통은 [neck], [waist], 양팔은 [shoulder], [elbow], [wrist], [hand], 양다리는 [hip], [knee], [ankle]로 이름을 설정했습니다. 캐릭터의 형태에 따라 관절별 퍼펫 핀의 개수는 달라질 수 있습니다. 퍼펫 핀 기능은 274쪽을 참고하세요.

Duik Bassel 실행하기

02 [Window]-[Duik Bassel.2.jsx] 메뉴를 선택합니다.

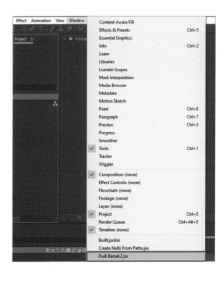

> **TIP** 이번 예제는 Duik Bassel 스크립트를 활용한 예제이므로, 설치하지 않고서는 실습을 제대로 따라 할 수 없습니다. Duik Bassel을 설치하는 방법은 294쪽을 참고하세요.

03 ①[Duik Bassel.2] 패널이 나타나면 [Rigging]을 클릭하고 ②[Links & constraints]를 클릭합니다. 이제 Duik Bassel을 활용한 리깅 작업 세팅이 끝났습니다.

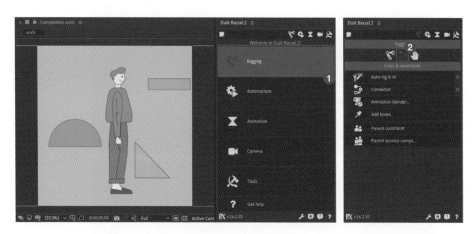

Add bones와 Auto-rig & IK 기능으로 양다리에 뼈대(B)와 IK 컨트롤러(C) 만들기

04 신체의 퍼펫 핀을 선택한 후 [Add bones]를 클릭하면 핀을 만들어준 대로 새로운 뼈대 레이어(B)가 자동 생성됩니다. 오른쪽 다리 레이어부터 만들어봅니다. ①[오른다리] 레이어를 선택하고 **U** 를 누릅니다. ②미리 설정되어 있는 세 개의 퍼펫 핀([hip], [knee], [ankle])을 모두 선택합니다. ③[Duik Bassel.2] 패널의 [Add bones]를 클릭합니다.

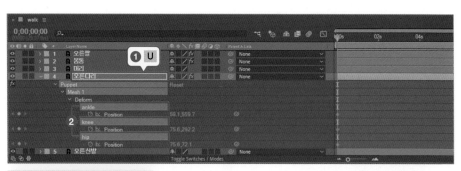

05 ①관절별 핀을 만들어준 대로 [Timeline] 패널에 새로운 뼈대 레이어가 자동 생성됩니다. ②[Composition] 패널에서 오른쪽 다리를 확인해보면 빨간색 압정 모양의 아이콘이 각 뼈대별로 생겼습니다. ③압정 아이콘은 [Effect Controls] 패널에서 [Color], [Size] 속성을 변경할 수 있습니다. ④압정 아이콘을 움직이면 관절별로 오브젝트가 움직입니다.

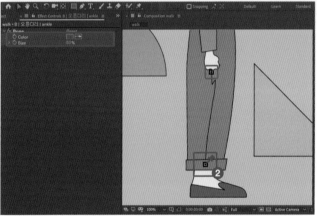

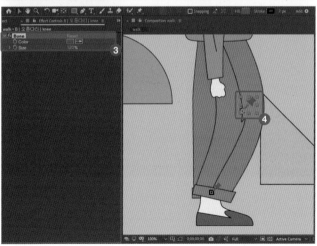

TIP [Add bones]를 클릭하면 뼈대 레이어가 자동 생성됩니다. 이때 레이어 이름은 [B | 오른다리 | ankle]입니다. 여기서 'B'는 Bone을 의미합니다.

06 뼈대가 만들어 졌다면 IK, 즉 중심이 될 뼈대에 컨트롤러(C)를 만들어줘야 합니다. 다리는 발목을 IK로 잡을 것이므로 ①②③[B | 오른다리 | ankle], [B | 오른다리 | knee], [B | 오른다리 | hip] 순으로 선택합니다. ④ 뼈대 레이어를 모두 선택한 후 [Duik Bassel.2] 패널에서 [Auto-rig & IK]를 클릭합니다. ⑤ 컨트롤러 레이어가 생성됩니다. 레이어 이름은 [C | 오른다리 | ankle]이며 'C'는 Controller를 의미합니다.

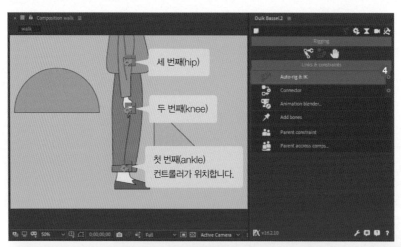

TIP IK 컨트롤러를 따라 나머지 뼈대는 자연스럽게 움직이게 됩니다. 이때 중요한 점은 중심이 될 뼈대 레이어를 먼저 선택해야 한다는 것입니다.* 여기서는 [B | 오른다리 | ankle]을 먼저 선택했습니다.

TIP 컨트롤러(Controller) 레이어는 보통 [Timeline] 패널의 가장 상단에 생성됩니다. 컨트롤러 레이어를 뼈대 레이어의 위쪽에 자리하도록 정리하면서 작업해야 레이어 순서가 헷갈리지 않습니다. 작업 중간중간 레이어를 정리하는 습관을 들여 효율적으로 진행합니다.

07 발목 부분에 IK 컨트롤러가 생성되었습니다. 컨트롤러의 컬러와 크기는 [Effect Controls] 패널의 [Controller]-[Icon] 속성에서 설정할 수 있습니다. ①컨트롤러가 잘 보이도록 [Color]와 [Size]를 조정합니다. ②컨트롤러를 움직여보면 발목을 따라 자유롭게 무릎이 굽혀지고 다리가 움직입니다.

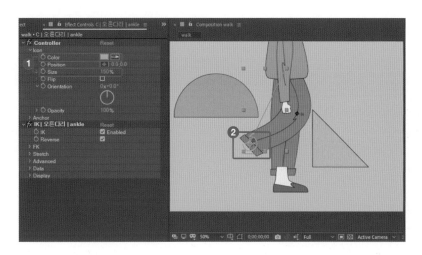

08 다리는 자유롭게 움직이는데 신발은 움직임이 없어 어색합니다. 오른쪽 신발이 오른쪽 다리와 함께 움직이도록 Parent 기능을 적용합니다. ①[오른신발] 레이어의 📀를 드래그해 컨트롤러 레이어인 [C|오른다리|ankle]에 연결합니다. ②두 레이어가 Parent 기능으로 연결되었습니다.

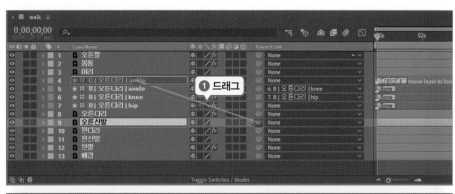

TIP Parent 기능은 229쪽을 참고하세요.

[Effect Controls] 패널에서 [IK | 오른다리 | ankle]–[Stretch] 속성의 더 보기 ▶를 클릭해보면 [Auto-Stretch] 속성을 확인할 수 있습니다. [Auto-Stretch]에 체크할 경우 이미지는 컨트롤러가 이동하는 대로 늘어나고, [Auto-Stretch]에 체크하지 않으면 이미지는 원본 이상으로 늘어나지 않습니다. 실제와 같은 움직임을 만들지, 과장된 움직임을 만들지에 따라 선택할 수 있습니다. 예제에서는 [Auto-Stretch]를 체크한 상태로 작업합니다.

▲ [Auto-Stretch] 체크 해제 | 컨트롤러를 이동해도 이미지 원본 이상으로 늘어나지 않습니다.

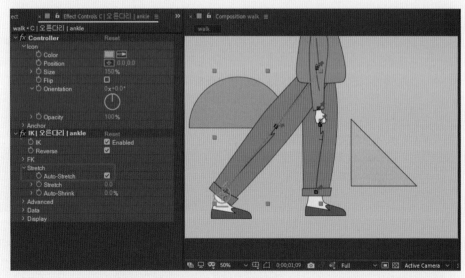

▲ [Auto-Stretch] 체크 | 컨트롤러를 이동하는 대로 이미지가 변화합니다.

09 왼쪽 다리도 **04~08** 과정과 같은 방법으로 뼈대와 IK 컨트롤러를 만듭니다. ①[왼다리] 레이어의 퍼펫 핀을 선택해 뼈대별 [B] 레이어를 생성합니다. ②IK 컨트롤러를 만들어줄 뼈대부터 차례로(ankle→knee→hip) 선택하여 왼쪽 발목에 [C] 레이어를 생성합니다. ③왼쪽 다리를 따라갈 [왼신발] 레이어를 Parent 기능으로 연결합니다.

TIP [왼다리] 레이어의 퍼펫 핀을 전체 선택하고 [Add bones]를 클릭합니다. 뼈대별 [B] 레이어가 생성됩니다. IK 컨트롤러를 만들어줄 뼈대부터 차례로 선택합니다. [B | 왼다리 | ankle], [B | 왼다리 | knee], [B | 왼다리 | hip] 순으로 선택합니다. 뼈 대 레이어를 모두 선택한 후 [Duik Bassel.2] 패널에서 [Auto-rig & IK]를 클릭합니다. 컨트롤러 레이어가 생성됩니다. 이름은 [C | 왼다리 | ankle]입니다. 왼쪽 다리를 따라갈 [왼신발] 레이어를 [C | 왼다리 | ankle] 레이어에 Parent 기능으로 연결합니다.

Add bones와 Auto-rig & IK 기능으로 양팔에 뼈대(B)와 IK 컨트롤러(C) 만들기

10 양팔도 위와 같은 과정으로 뼈대와 IK 컨트롤러를 만듭니다. [오른팔] 레이어부터 만들어 봅니다. ①[오른팔] 레이어를 선택하고 **U** 를 누릅니다. ②미리 설정되어 있는 네 개의 퍼 펫 핀([shoulder], [elbow], [wrist], [hand])을 모두 선택합니다. ③[Duik Bassel.2] 패 널의 [Add bones]를 클릭합니다.

11 ①관절별 핀을 만들어준 대로 [Timeline] 패널에 새로운 뼈대 레이어가 자동 생성됩니다. ②[Composition] 패널에서 오른쪽 팔을 확인해보면 빨간색 압정 모양의 아이콘이 각 뼈대별로 생겼습니다. ③압정 아이콘은 [Effect Controls] 패널에서 [Color], [Size] 속성을 변경할 수 있습니다. ④압정 아이콘을 움직이면 관절별로 오브젝트가 움직입니다.

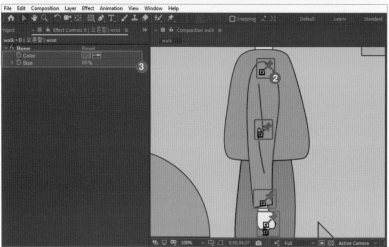

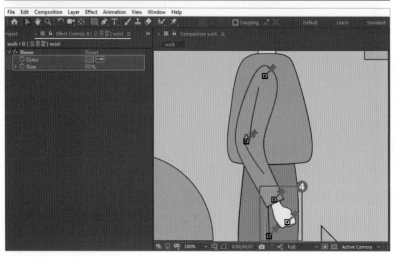

12 뼈대가 만들어 졌다면 IK, 즉 중심이 될 뼈대에 컨트롤러(C)를 만들어줘야 합니다. 팔은 손목을 IK로 잡을 것이므로 ①②③ [B | 오른팔 | wrist], [B | 오른팔 | elbow], [B | 오른 팔 | shoulder] 순으로 선택합니다. ④ 세 개의 뼈대 레이어를 선택한 후 [Duik Bassel.2] 패널에서 [Auto-rig & IK]를 클릭합니다.

TIP 뼈대에 컨트롤러를 만들 때 손(hand)은 따로 Parent 기능을 적용할 예정이므로 이 과정에서는 제외합니다.

13 ① 맨 위에 [C | 오른팔 | wrist] 컨트롤러 레이어가 생성됩니다. ② 컨트롤러가 잘 보이도 록 [Effect Controls] 패널의 [Controller]-[Icon] 속성에서 [Color]와 [Size]를 조정합니 다. ③ 마지막으로 남은 손([B | 오른팔 | hand]) 레이어는 손목([C | 오른팔 | wrist]) 레이 어에 Parent 기능으로 연결합니다.

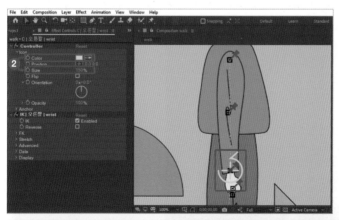

14 손목의 IK 컨트롤러를 움직여보면 손목을 따라 팔꿈치, 손이 함께 따라 움직입니다.

15 왼팔도 같은 방식으로 뼈대와 IK 컨트롤러를 만듭니다. 이때 왼팔은 몸통에 가려 보이지 않으므로 [왼팔] 레이어의 Solo █를 클릭해 활용하면 편리합니다.

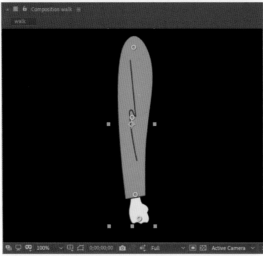

16 왼쪽 팔도 **10~14** 과정과 같은 방법으로 뼈대와 IK 컨트롤러를 만듭니다. ①[왼팔] 레이어의 퍼펫 핀을 선택해 뼈대별 [B] 레이어를 생성합니다. ②IK 컨트롤러를 만들어줄 뼈대부터 차례로(hand 제외, wrist→elbow→shoulder) 선택하여 왼쪽 손목에 컨트롤러 [C] 레이어를 생성합니다. ③마지막으로 남은 손([B | 왼팔 | hand]) 레이어는 손목([C | 왼팔 | wrist]) 레이어에 Parent 기능으로 연결합니다.

> **TIP** 위 [Timeline]은 왼팔의 손목을 중심으로 IK 컨트롤러를 만들고 왼손을 컨트롤러에 Parent 기능으로 연결한 상태입니다. 위와 같이 연결하려면 차근차근 실습합니다. [왼팔] 레이어에 미리 설정되어 있는 네 개의 퍼펫 핀([Shoulder], [elbow], [wrist], [hand])을 모두 선택하고 [Add bones]를 클릭합니다. 뼈대별 [B] 레이어가 생성됩니다. IK 컨트롤러를 만들어줄 뼈대부터 차례로 선택합니다. 이때 [B | 왼팔 | hand]는 제외합니다. [B | 왼팔 | wrist], [B | 왼팔 | elbow], [B | 왼팔 | shoulder] 순으로 선택합니다. 뼈대 레이어를 모두 선택한 후 [Duik Bassel.2] 패널에서 [Auto-rig & IK]를 클릭합니다. 컨트롤러 레이어가 생성됩니다. 이름은 [C | 왼팔 | wrist]입니다. 왼쪽 팔을 따라갈 [B | 왼팔 | hand] 레이어를 [C | 왼팔 | wrist] 레이어에 Parent 기능으로 연결합니다.

17 양쪽 팔과 다리에 뼈대와 컨트롤러를 모두 만들었습니다. 작업 중간중간 [Timeline] 패널에서 같은 묶음의 레이어를 잘 정렬하는 것이 중요합니다. 각 레이어의 연결 관계를 다시한 번 체크해보세요.

Add bones와 Auto-rig & IK 기능으로 몸통에 뼈대(B)와
IK 컨트롤러(C) 만들기

18 마지막 남은 [몸통] 레이어의 뼈대와 IK 컨트롤러를 만듭니다. ①[몸통] 레이어를 선택하고 U 를 눌러 ②미리 설정되어 있는 두 개의 퍼펫 핀([neck], [waist])을 모두 선택합니다. ③[Duik Bassel.2] 패널의 [Add bones]를 클릭합니다. ④관절별 핀을 만들어준 대로 새로운 뼈대 레이어가 자동으로 생성됩니다.

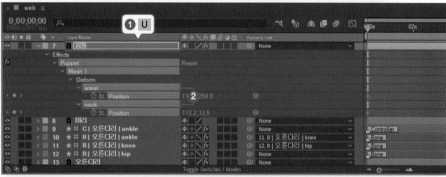

TIP [Composition] 패널에서 몸통을 확인해보면 빨간색 압정 모양의 아이콘이 목과 허리에 생겼습니다. 압정 아이콘은 [Effect Controls] 패널에서 [Color], [Size] 속성을 변경할 수 있습니다. 압정 아이콘을 움직이면 관절별로 오브젝트가 움직입니다.

19 몸통 뼈대가 만들어 졌다면 IK 컨트롤러(C)를 만들어줘야 합니다. 몸통의 중심이 될 뼈대
는 목(neck)입니다. ①②[B | 몸통 | neck], [B | 몸통 | waist] 순으로 선택합니다. ③두
개의 뼈대 레이어를 선택한 후 [Duik Bassel.2] 패널에서 [Auto-rig & IK]를 클릭합니다.

20 ①목 부분에 [C | 몸통 | neck] 컨트롤러 레이어가 생성됩니다. ②컨트롤러가 잘 보이도
록 [Effect Controls] 패널의 [Controller]−[Icon] 속성에서 [Color]와 [Size]를 조정합니
다. ③마지막으로 남은 [머리] 레이어는 목을 따라 움직이도록 [C | 몸통 | neck] 레이어에
Parent 기능으로 연결합니다.

21 목의 IK 컨트롤러를 움직여보면 목을 따라 머리, 몸통이 함께 따라 움직입니다.

22 양쪽 팔과 다리, 몸통에 뼈대와 컨트롤러를 모두 만들었습니다. [Timeline] 패널에서 연결 관계를 다시 한 번 체크해보세요.

Create Controllers 기능으로 골반에 컨트롤러(C) 만들고
다른 신체 부위 연결하기

23 앞서 양쪽 팔다리, 몸통에 뼈대를 만들고 뼈대와 컨트롤러를 연결해 리깅 작업을 했습니다. 그러나 신체가 부위별로 따로 움직이기 때문에 몸 전체를 함께 움직이기 위해서 인체의 중심인 골반에 컨트롤러를 만들고 팔, 다리, 몸통을 연결해줘야 합니다. ①[duik Bassel.2] 패널에서 [Create Controllers]를 클릭합니다. ②[Controllers] 탭 안의 십자 모양 아이콘⊕을 선택하고 ③[Composition] 패널에서 캐릭터의 골반 위치를 클릭합니다. ④[C | Position] 컨트롤러가 생성됩니다.

> **TIP** 컨트롤러가 잘 보이도록 [Color]와 [Size] 속성을 조정하였고, 새로 만든 컨트롤러가 잘 보이도록 오른팔의 뼈대와 컨트롤러의 눈을 끈 상태입니다.

24 ①[C | Position] 컨트롤러 레이어의 이름을 **C | 골반**으로 바꿉니다. 골반에 있는 컨트롤러를 중심으로 각 신체 부위가 함께 움직이도록 연결해보겠습니다. ②목인 [C | 몸통 | neck], 허리인 [B | 몸통 | waist], 양쪽 어깨인 [B | 오른팔 | shoulder], [B | 왼팔 | shoulder], 엉덩이인 [B | 오른다리 | hip], [B | 왼다리 | hip]을 [C | 골반]에 Parent 기능으로 연결합니다.

25 골반의 컨트롤러를 움직이며 골반을 중심으로 몸 전체가 함께 움직이는 것을 확인합니다.

STEP

02

리깅 애니메이션
만들기

앞선 작업으로 리깅 애니메이션을 위한 세팅이 끝났습니다. 본격적으로
캐릭터가 걸어가는 애니메이션을 만들기 위해 몇 가지 준비 작업을
진행합니다.

Shy 기능으로 복잡한 레이어 정리하기

26 복잡해진 [Timeline] 패널을 정리합니다. 앞으로는 컨트롤러(C)만 움직일 예정이므로 뼈
대는 숨겨두겠습니다. ① 모든 뼈대(B) 레이어의 눈을 끄고 ② 모든 뼈대(B) 레이어의 오
른쪽에 있는 Shy 🐥를 클릭합니다.

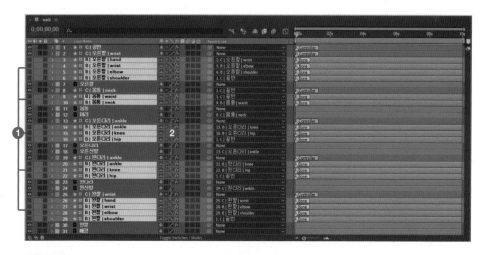

> **TIP** Ctrl 을 누른 채 레이어를 선택하고 눈이나 Shy 아이콘을 클릭하면 모든 레이어에 해당 기능이 적용됩니다. 레이어 오른쪽의
> Shy 🐥가 보이지 않는다면 [Timeline] 패널 왼쪽 아래의 Expand or Collapse the Layer Switches pane 🔲이 활성
> 화되어 있는지 확인합니다. 활성화되어 있어야 해당 아이콘이 보입니다.

27 [Timeline] 패널의 Shy ▥를 클릭해 활성화합니다. 모든 뼈대(B) 레이어가 [Timeline] 패널에서 숨겨지고 이미지 ai 레이어와 애니메이션에 필요한 컨트롤러(C) 레이어만 보입니다.

> **TIP** [Timeline] 패널의 활성화된 Shy ▥를 클릭해 비활성화 ▥하면 숨겨졌던 레이어가 다시 보입니다. [Timeline] 패널이 복잡할 때 필요한 레이어만 보이도록 하는 기능으로 간단하지만 실무에서 매우 유용하게 쓰입니다.

컨트롤러(C) 레이어의 위칫값을 0으로 세팅하기

28 움직임을 만들기 전 컨트롤러의 조정이 편하도록 [Position], [Rotation] 속성값을 0으로 세팅해야 합니다. ①[Duik Bassel.2] 패널 아래에 있는 Settings ▸를 클릭합니다. ② [Settings]-[User Interface] 탭에서 [Rookie]를 클릭해 ③[Standard]로 바꿔줍니다. ④[Apply changes]를 클릭한 후⑤[Back]을 클릭해 돌아갑니다.

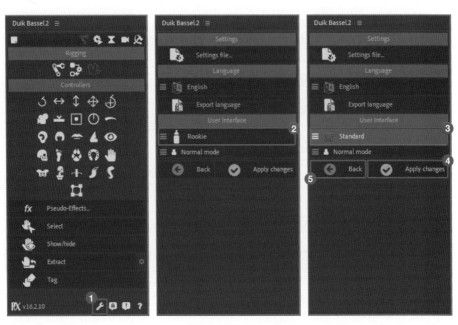

> **TIP** Duik Bassel의 단계는 'Rookie→Standard→Expert→God'으로 조정할 수 있습니다. 단계가 높아질수록 각 패널별 기능에 변화가 생깁니다.

29 ①[Links & Constraints] 탭으로 돌아와서 ②모든 컨트롤러(C) 레이어를 선택한 후 ③
[Zero]를 클릭합니다. ④모든 컨트롤러(C) 레이어에 Zero 기능이 적용되어 [Position]
속성이 **0, 0**으로 바뀌었습니다.

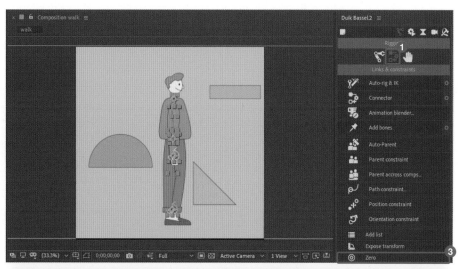

TIP Zero 기능은 [Position]과 [Rotation] 속성을 0으로 바꿉니다. 예제의 컨트롤러(C) 레이어는 [Rotation] 값이 원래 0이므
로 변화가 없습니다.

컨트롤러(C) 레이어에 움직임을 적용해 워크사이클 애니메이션 만들기

30 ①오른쪽 다리의 [C | 오른다리 | ankle] 레이어를 선택합니다. ② P 를 눌러 [Position] 속성을 열고 ③ Shift + R 을 눌러 [Rotation] 속성도 엽니다. ④가이드라인을 만들기 위해 [Composition] 패널을 클릭하여 활성화한 후 ⑤ Ctrl + R 을 눌러 눈금자를 표시합니다. ⑥눈금자에서 아래쪽으로 드래그해 신발 아랫부분에 맞추어 캐릭터가 걸어갈 지면 위치에 가이드라인을 만듭니다.

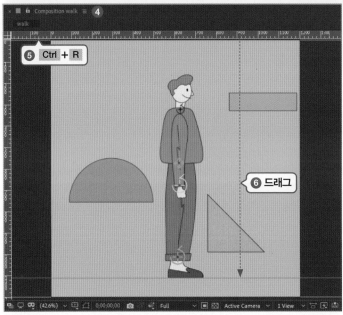

TIP Ctrl + R 을 다시 눌러 눈금자가 안 보이게, Ctrl + ; 를 눌러 가이드라인을 안 보이게 할 수 있습니다.

걸어가는 움직임을 처음부터 만들기란 생각보다 어려울 수 있습니다. 예제에서는 리처드 윌리암스(Richard Williams)의 저서 《Animator's Survival Kit》에서 '워크사이클 레퍼런스 다섯 단계(Walk Cycle Reference)'를 참고합니다.

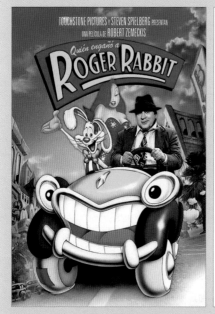

리차드 윌리암스는 실사와 애니메이션의 완벽한 결합으로 유명한 1988년의 영화 〈누가 로저래빗을 모함했나(Who Framed Roger Rabbit)〉의 애니메이션 감독으로 잘 알려져 있습니다. 그가 집필한 《The Animator's Survival Kit》는 애니메이션의 기초 이론을 공부하기 위한 교과서적인 책입니다. 근래의 모션 그래픽 영상은 캐릭터 일러스트 기반의 애니메이션과 경계가 점차 허물어지는 추세입니다. 애니메이터 수준의 공부까지는 아니더라도 애니메이션의 기본을 이해한다면 작업자의 개성을 더 발휘할 수 있을 것입니다.

이번 예제는 '다리-팔-몸'의 순서로 컨트롤러 레이어의 [Position], [Rotation] 속성을 조정해 움직임을 만듭니다. 위 참고 도서에서 말하는 워크사이클 다섯 단계를 참고합니다. 걸음을 내딛고 떼면 신체의 무게 중심이 이동합니다. 이때 중심점인 골반 지점이 '정위치-아래-위-정위치'로 변화하는 점도 참고합니다.

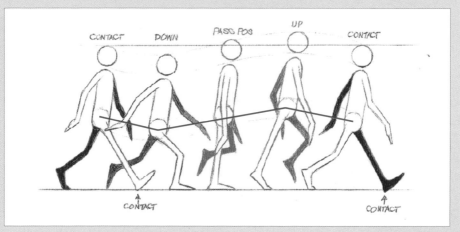

▲ 워크사이클 다섯 단계(출처 : 《Animator's Survival Kit》)

31 워크사이클 이미지를 떠올리며 [Composition] 패널에서 컨트롤러 아이콘을 직접 움직여 걸어가는 움직임을 만듭니다. 6프레임 단위로 총 9단계의 움직임을 만들 예정입니다. 오른쪽 다리의 컨트롤러 아이콘을 움직이면 각 프레임별로 [Position] 키프레임에 변화가 생깁니다. 이때 [Rotation] 속성은 직접 [Timeline] 패널에 값을 입력한 후 [Composition] 패널에서 조금씩 변화를 주는 것이 좋습니다. 다음 표는 각 속성의 키프레임 값을 정리한 것이지만, 똑같은 값으로 설정하지 않아도 됩니다. 먼저 움직임에 대해 이해한 후 프레임별로 움직임을 만들어줍니다. 움직임을 모두 적용했다면 프리뷰하여 움직임을 확인합니다.

Time	00F	06F	12F	18F	24F	01초 00F	01초 06F	01초 12F	01초 18F
[Position]	228,–8	177,0	–69,0	–152,–41	–197,–56	–210,–56	–21,–85	111,–66	228,–8
[Rotation]	0x–25°	0x0°	0x0°	0x25°	0x43°	0x60°	0x48°	0x33°	0x–25°

TIP 값의 절대적 변화보다는 자연스러운 걷기 움직임의 변화를 이해하며 컴포지션에서 컨트롤러를 직접 움직여보는 것이 중요합니다.

▲ 00F

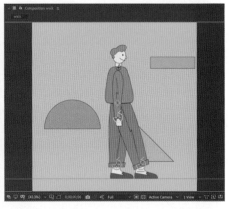

▲ 06F

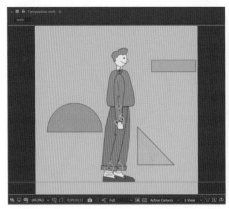

▲ 12F

▲ 18F

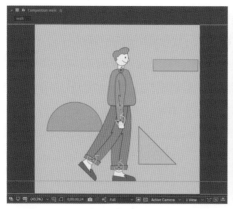

▲ 24F

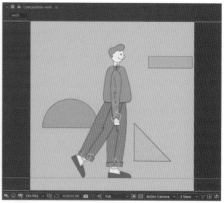

▲ 01초 00F

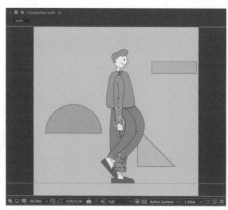

▲ 01초 06F

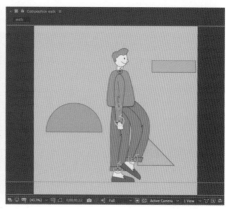

▲ 01초 12F

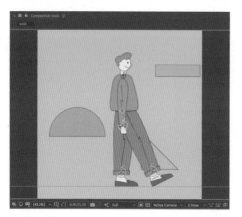

▲ 01초 18F

32 30~31 과정을 참고해 왼쪽 다리에 6프레임 단위로 9단계의 움직임을 만듭니다. ① 왼쪽 다리의 [C | 왼다리 | ankle] 레이어를 선택합니다. ② P 를 눌러 [Position] 속성을 열고 ③ Shift + R 을 눌러 [Rotation] 속성도 엽니다. ④ [Composition] 패널에서 컨트롤러 아이콘을 움직이며 왼쪽 다리에 키프레임을 만들며 움직임을 적용합니다. 움직임을 적용 했다면 프리뷰하여 양쪽 다리의 움직임을 확인합니다.

Time	00F	06F	12F	18F	24F	01초 00F	01초 06F	01초 12F	01초 18F
[Position]	−168,−51	−222,−57	−182,−219	34,−65	184,−7	220,0	91,0	−112,−26	−168,−51
[Rotation]	0x35°	0x60°	0x82°	0x32°	0x−35°	0x0°	0x0°	0x15°	0x35°

TIP 값의 절대적 변화보다는 자연스러운 걷기 움직임의 변화를 이해하며 컴포지션에서 컨트롤러를 직접 움직여보는 것이 중요합니다.

프레임별 시간 확인

▲ 00F

▲ 06F

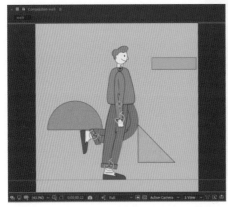

▲ 12F

▲ 18F

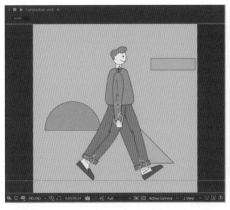
▲ 24F

▲ 01초 00F

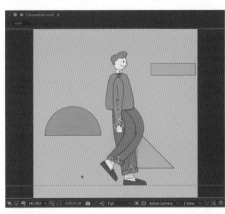
▲ 01초 06F

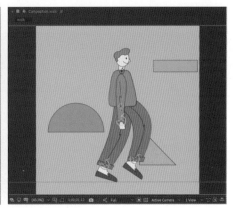
▲ 01초 12F

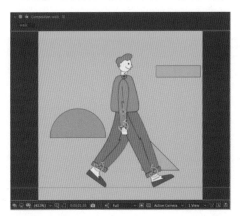
▲ 01초 18F

33 30~31 과정을 참고해 오른쪽 팔에 6프레임 단위로 9단계의 움직임을 만듭니다. ① 오른쪽 팔의 [C | 오른팔 | wrist] 레이어를 선택합니다. ② P 를 눌러 [Position] 속성을 열고 ③ Shift + R 을 눌러 [Rotation] 속성도 엽니다. ④ [Composition] 패널에서 컨트롤러 아이콘을 움직이며 오른쪽 팔에 키프레임을 만들며 움직임을 적용합니다. 움직임을 적용했다면 프리뷰하여 오른쪽 팔의 움직임을 확인합니다.

Time	00F	06F	12F	18F	24F	01초 00F	01초 06F	01초 12F	01초 18F
[Position]	−144,−48	−208−66	34,−30	186,−88	164,−64	56,−6	−58,−16	−187,−70	−144,−48
[Rotation]	0x30°	0x55°	0x−20°	0x−45°	0x−38°	0x−15°	0x11°	0x25°	0x30°

TIP 값의 절대적 변화보다는 자연스러운 걷기 움직임의 변화를 이해하며 컴포지션에서 컨트롤러를 직접 움직여보는 것이 중요합니다.

▲ 00F

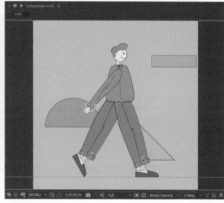

▲ 06F

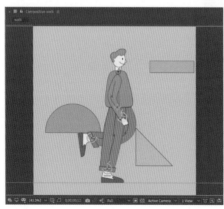

▲ 12F

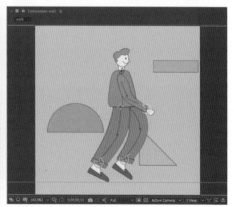

▲ 18F

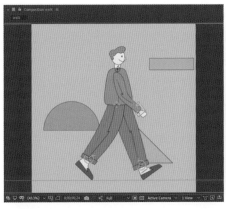

▲ 24F

▲ 01초 00F

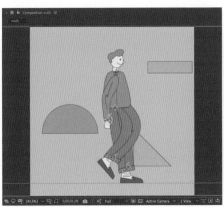

▲ 01초 06F

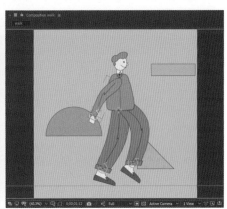

▲ 01초 12F

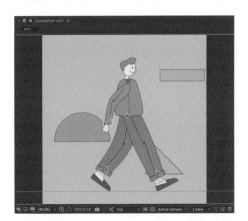

▲ 01초 18F

34 30~31 과정을 참고해 왼쪽 팔에 6프레임 단위로 9단계의 움직임을 만듭니다. ① 왼쪽 팔의 [C | 왼팔 | wrist] 레이어를 선택합니다. ② `P`를 눌러 [Position] 속성을 열고 ③ `Shift` + `R`을 눌러 [Rotation] 속성도 엽니다. ④ [Composition] 패널에서 컨트롤러 아이콘을 움직이며 왼쪽 팔에 키프레임을 만들며 움직임을 적용합니다. 움직임을 적용했다면 프리뷰하여 양쪽 팔의 움직임을 확인합니다.

Time	00F	06F	12F	18F	24F	01초 00F	01초 06F	01초 12F	01초 18F
[Position]	195,–65	230,–50	124,–32	–212,–112	–180,–65	–130,–42	97,0	150,–68	195,–65
[Rotation]	0x–45°	0x–55°	0x–25°	0x20°	0x40°	0x–10°	0x–20°	0x–40°	0x–45°

> **TIP** 값의 절대적 변화보다는 자연스러운 걷기 움직임의 변화를 이해하며 컴포지션에서 컨트롤러를 직접 움직여보는 것이 중요합니다.

▲ 00F

▲ 06F

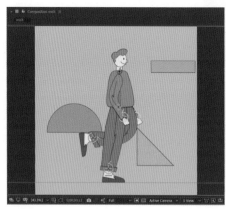

▲ 12F

▲ 18F

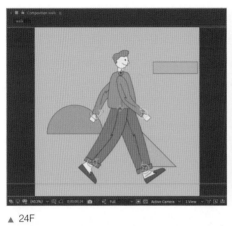

▲ 24F

▲ 01초 00F

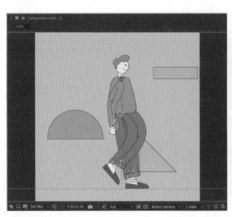

▲ 01초 06F

▲ 01초 12F

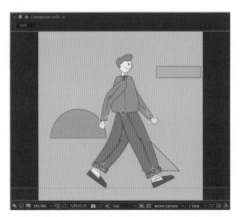

▲ 01초 18F

35 지금까지 과정만으로는 무게 중심의 이동이 없으므로 팔다리만 어색하게 움직입니다. 마지막으로 골반 중심점의 움직임을 만들어 자연스러운 걸음걸이를 완성해봅니다. ①골반의 컨트롤러 [C | 골반] 레이어를 선택합니다. ② P 를 눌러 [Position] 속성을 열고 ③ Shift + R 을 눌러 [Rotation] 속성도 엽니다. ④[Composition] 패널에서 컨트롤러 아이콘을 움직이며 골반의 움직임을 적용합니다.

Time	00F	06F	12F	18F	24F	01초 00F	01초 06F	01초 12F	01초 18F
[Position]	0,0	0,40	0,−20	0,−35	0,0	0,25	0,−25	0,−35	0,0
[Rotation]	0x0°	0x5°	0x2°	0x−6°	0x0°	0x6°	0x0°	0x−4°	0x0°

> **TIP** 이번 과정에서는 [Effect Controls] 패널에서 골반 컨트롤러 아이콘의 속성을 변경해 좀 더 잘 보이게 설정했습니다. 값의 절대적 변화보다는 자연스러운 걷기 움직임의 변화를 이해하며 컴포지션에서 컨트롤러를 직접 움직여보는 것이 중요합니다.

▲ 00F

프레임별 시간 확인

▲ 06F

▲ 12F

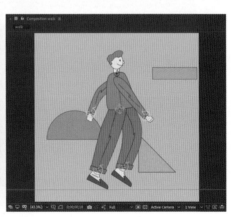

▲ 18F

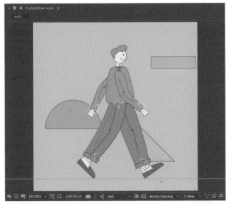

▲ 24F

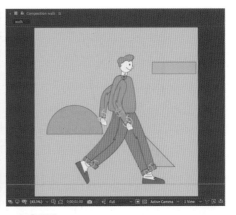

▲ 01초 00F

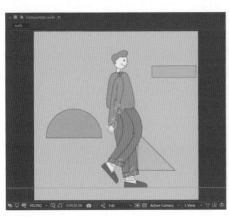

▲ 01초 06F

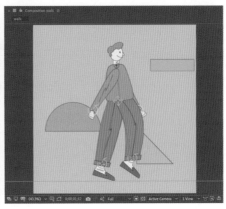

▲ 01초 12F

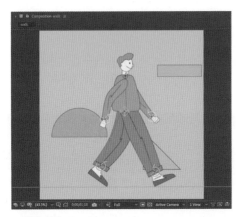

▲ 01초 18F

03

반복되는 걸음과
배경 움직임 만들기

앞선 작업으로 캐릭터가 걸어가는 움직임을 만들었습니다. Expression을
이용해 걷는 움직임이 반복되도록 합니다. 정지된 배경에도 움직임을
만들어봅니다.

Expression으로 반복되는 걸음 만들기

36 지금까지 만든 걸음걸이를 Expression을 이용해 반복되도록 만듭니다. ①먼저 Alt
를 누른 채 골반의 컨트롤러(C) 레이어에 만들어준 [Position] 속성의 키프레임 스톱워
치 를 클릭합니다. ②Expression 에디터 창이 열리면 **loopOut()**를 입력합니다. ③
[Timeline] 패널의 빈 곳을 클릭하여 빠져나옵니다.

37 ①36 과정처럼 모든 컨트롤러 레이어에 만들어준 [Position], [Rotation] 속성의 키프레임에 Expression을 적용합니다. ②좀 더 자연스러운 움직임을 위해 전체 키프레임을 선택하고 **F9**를 눌러 Easy Ease를 적용합니다. ③ **0** 이나 **Spacebar**를 눌러 프리뷰해봅니다. 자연스럽게 걷는 움직임이 반복되는 것을 확인합니다.

TIP 위 [Timeline] 패널을 확인하면 모든 컨트롤러(C) 레이어의 [Position]과 [Rotation] 속성에 loopOut과 Easy Ease를 모두 적용한 상태입니다.

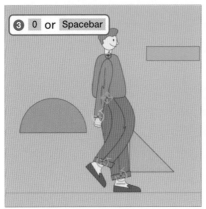 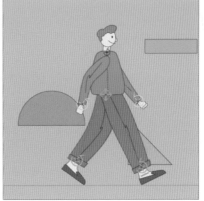

ADVANCE Expression을 추가하는 방법에는 세 가지가 있습니다.

①메뉴바에서 [Animation]−[Add Expression] 메뉴를 선택하거나 ② **Alt** 를 누른 채 키프레임 스톱워치를 클릭합니다. ③ **Alt** + **Shift** + **=** 를 눌러도 됩니다. Expression을 해제하고 싶을 때는 같은 방식으로 한 번 더 단축키를 사용합니다. 자세한 설명은 0쪽을 참고하세요.

지나가는 배경 움직임 만들기

38 캐릭터의 걸음걸이는 완성되었습니다. 마지막으로 멈춰 있는 배경이 지나가도록 움직임을 만들어 완성도 높은 연출을 이어나갑니다. ①[배경] 레이어를 선택하고 ② P 를 눌러 [Position] 속성을 엽니다. ③다음 표를 참고하여 키프레임을 만듭니다. 캐릭터는 앞으로 걷고 있으므로 배경은 뒤로 지나가는 느낌이 들도록 [Position] 속성을 변경합니다. ④ Alt 를 누른 채 [Position] 속성의 키프레임 스톱워치 ⏱ 를 클릭합니다. ⑤Expression 에디터 창이 열리면 loopOut()를 입력합니다. ⑥[Timeline] 패널의 빈 곳을 클릭해서 빠져나옵니다. ⑦ 0 이나 Spacebar 를 눌러 프리뷰해봅니다. 캐릭터가 걷는 움직임 뒤로 배경이 지나가는 것을 확인합니다.

Time	00F	1초 15F
[Position]	1185, 600	10, 600

레이어 정리하여 완성하기

39 모든 과정이 완성되었습니다. ①[Timeline] 패널의 활성화된 Shy 🖈를 클릭해 비활성화하면 ②숨겨두었던 뼈대(B) 레이어를 다시 확인할 수 있습니다. ③가장 하단에 생성된 [Zero] 레이어들은 **29** 과정에서 [Position] 속성에 Zero 기능을 적용하여 생성된 것입니다.

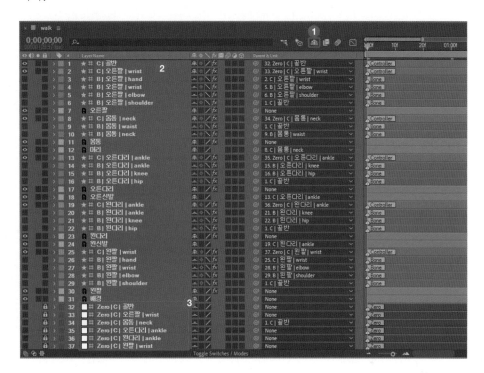

10 년차 선배의 멘토링   Solo, Shy 기능 활용하기

복잡해지는 작업 과정에서는 [Timeline] 패널의 Solo ◉, Shy 🖈를 적절히 사용하는 것이 좋습니다. 특히 작업 중간 중간 프리뷰할 때 컨트롤러 아이콘이 같이 보이는 게 불편하다면 컨트롤러(C) 레이어의 눈을 끄는 것도 좋습니다. 이번 예제에서는 키프레임 간격을 6프레임으로 동일하게 작업했지만, 실제에 가까운 걸음걸이를 만들고 싶다면 각 키프레임 사이의 시간 차이를 만드는 것이 좋습니다. 사람이 걸으면서 생기는 진행 에너지와 중력에 따라 발을 올릴 때의 속도는 느리고 땅으로 내릴 때의 속도는 빠르기 때문입니다.

자연스러운 움직임을 만들기 위해서는 움직임에 대한 개념을 제대로 이해한 후 다양하게 적용해보는 자세가 필요합니다.

40 0 이나 Spacebar 를 눌러 완성된 움직임을 프리뷰해봅니다.

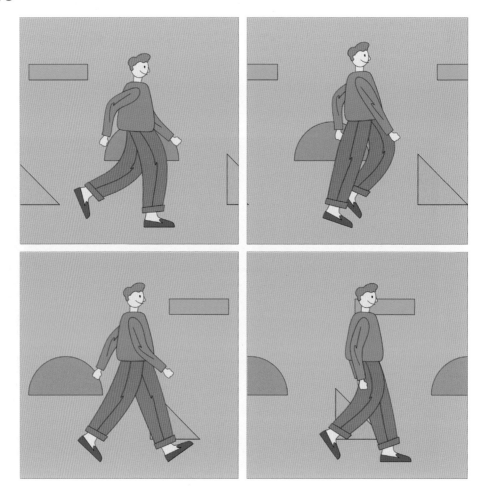

플러그인
활용하기

실무에서 자주 사용하는 애프터 이펙트용 플러그인을 소개합니다. 대부분의 플러그인은 애프터 이펙트에 내장된 이펙트보다 많은 기능을 제공합니다. 따라서 플러그인을 제대로 활용하려면 기능을 이해하기 위해 그만큼 더 많은 시간과 노력을 쏟아야 합니다. 많은 플러그인을 가지고 있다고 해서, 플러그인을 사용한다고 해서 무조건 뛰어난 영상을 만들 수 있다는 의미는 아니므로 적절한 콘셉트와 룩에 맞도록 사용하는 것이 좋습니다.

Trapcode Suite

애프터 이펙트 플러그인을 이야기할 때 가장 먼저 거론되는 것 중 하나가 Redgiant사의 Trapcode Suite입니다. Trapcode Suite 플러그인은 단일 플러그인이 아닌 여러 가지 플러그인을 모은 세트 개념으로, 10년 넘게 업데이트되고 활성화 중인 대표적인 플러그인입니다.

Trapcode 3D Stroke, Trapcode Echospace, Trapcode Form, Trapcode Horizon, Trapcode Lux, Trapcode Mir, Trapcode Particular, Trapcode Shine, Trapcode Sound Keys, Trapcode Starglow, Trapcode Tao 등을 포함합니다.

가장 다양하고 활발하게 쓰이는 것은 Trapcode Particular입니다. Trapcode Particular는 사용자가 애프터 이펙트에서 연기, 비, 구름, 먼지와 같은 맞춤형 입자를 만들 수 있는 입자 시스템 플러그인입니다. 바람, 중력과 같은 사실적인 물리를 사용하며 애프터 이펙트에 내장된 Particle World 플러그인보다 더 많은 기능을 제공합니다. 눈, 비가 내리고 꽃잎이 날리는 효과, 폭죽 효과, 은하계의 입자 효과 등이 Trapcode Particular를 활용한 대표적 결과물입니다.

TIP https://www.youtube.com/c/Redgiant/videos에서 Trapcode Suite의 다양한 예시 영상을 제공하고 있으니 참고해보세요.

▲ Trapcode Particular : 3D 입자 효과를 통해 연기, 눈, 물, 스페이스 SF 효과 등을 생성

▲ Trapcode 3D Stroke : 3D 선과 도형 애니메이션 생성   ▲ Trapcode Form : 3D 입자 그리드 및 객체 생성

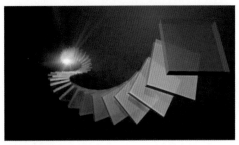

▲ Trapcode Echospace : 3D 레이어의 복제, 도미노식 오프셋 애니메이션 생성   ▲ Trapcode Horizon : 이미지 맵을 사용해 3D 공간에 무한 배경 생성

▲ Trapcode Lux : 조명, 스포트라이트 효과   ▲ Trapcode Mir : 프랙탈 표면, 지형 및 와이어 프레임 생성

🔖 링크 : https://www.redgiant.com/products/trapcode-suite/
🔖 가격 : $999(개별 구매 가능)

▲ Trapcode Shine : 3D 광선 효과 생성

▲ Trapcode Tao : 마스크 등의 경로를 따라 3D 지오메트리 생성

▲ Trapcode Starglow : 스타일리시한 광선 효과 생성

▲ Trapcode Sound Keys : 오디오의 시각화. 오디오에 따른 키프레임 생성

Sapphire

Boris FX사의 Sapphire Effects는 Trapcode Suite와 함께 긴 역사를 가진 플러그인입니다. Trapcode Suite와 플러그와 마찬가지로 유닛 안에 다양한 이펙트가 포함되어 있는데, 애프터 이펙트에 내장된 기본 이펙트 유닛(Adjust, Blur and Sharpen, Distort, Lighting, Render, Stylize, Time)의 확장형 이펙트라고 볼 수 있습니다. 애프터 이펙트의 기존 이펙트에서 응용된 더 디테일하고 다양한 효과를 만들 수 있는 270여 가지의 이펙트가 제공됩니다. 아래 링크에서 무료 트라이얼 버전을 다운로드하여 연습해보는 것도 좋습니다.

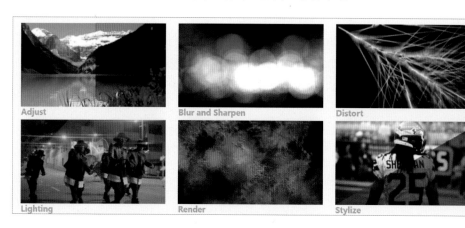

Time

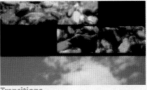

Transitions

▌ 링크 : https://borisfx.com/products/sapphire/
▌ 가격 : $62(월간 구독)

Optical Flares

Videocopilot사에서 제작한 Optical Flares는 애프터 이펙트에 기본적으로 설치되어 있는 렌즈 플레어보다 훨씬 많은 프리셋을 제공합니다. 사실적인 플레어가 포함된 사전 설정 라이브러리가 함께 제공되며, 사용자 성향에 맞게 설정할 수도 있습니다. 이 플러그인은 뮤직비디오, 영화 등의 합성 작업에 자주 쓰입니다.

▌ 링크 : https://www.videocopilot.net/products/opticalflares/
▌ 가격 : $124.95

> TIP https://www.videocopilot.net/tutorials/에서 다양한 VFX 관련 튜토리얼 영상을 확인할 수 있습니다.

Newton

Newton 플러그인은 Motion Boutique사에서 개발한 2D 물리 엔진으로, 사용자가 실제 물리를 2D 오브젝트에 적용할 수 있습니다. Newton이라는 이름처럼 중력, 자기장을 사용해 떨어지거나 용수철처럼 튀어 오르는 등의 실제적인 움직임을 구현할 수 있습니다.

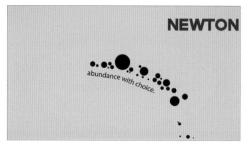 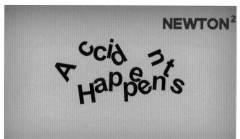

🏴 링크 : https://aescripts.com/newton/

🏴 가격 : $249.99

TIP https://youtu.be/6XvEmLjaPdc에서 다양한 예시 영상을 확인할 수 있습니다.

Datamosh

최근 90년대 레트로 콘셉트가 유행하면서 영상에 글리치 이펙트를 적용하는 것이 인기를 끌고 있습니다. Datamosh 플러그인은 의도적으로 영상을 손상시켜 픽셀이 깨진 듯한 움직임을 만들어줍니다. Datamosh를 사용하면 영상 데이터를 기록할 때 처리 오류가 발생한 것처럼 픽셀 및 색상 정보 등의 변화가 생깁니다. 주로 트렌디한 패션 필름, 뮤직비디오 등에서 많이 활용됩니다.

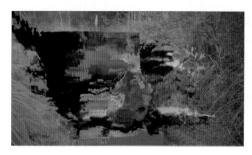 

🏴 링크 : https://aescripts.com/datamosh/

🏴 가격 : $39.99

TIP https://youtu.be/fbEWqv5S_cA에서 제작사의 예시 영상을 확인할 수 있습니다.

TIP https://youtu.be/tt7gP_IW-1w에서 Datamosh를 활용한 A$AP Mob-Yamborghini High(Official Music Video) ft. Juicy J의 뮤직비디오를 확인할 수 있습니다.

Magic Bullet Colorista IV

Colorista는 Red Giant사의 Magic Bullet Suite 플러그인들 중 하나로, 이미지와 영상의 전문적인 색 보정을 위한 대표적인 플러그인입니다. 특정 영역의 색감을 바꾸거나 피부톤을 보정할 수도 있습니다. 현재까지 꾸준히 업데이트되고 있으며 프리미어 프로와 호환되므로 영상 편집 시에 유용하게 사용할 수 있습니다.

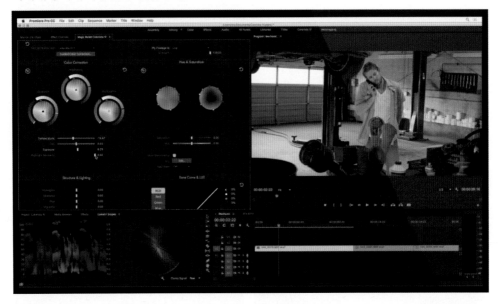

🚩 링크 : https://www.redgiant.com/products/magic–bullet–colorista/

🚩 가격 : $199

TIP https://youtu.be/SnQcUDvgLMU에서 예시 영상을 확인할 수 있습니다.

ADVANCE 플러그인과 스크립트를 사용하려면 애프터 이펙트의 기본 기능과 움직임에 대한 충분한 이해가 뒷받침된 상태여야만 최상의 결과물을 만들 수 있습니다. 탄탄한 기본기가 바탕이 되어야 응용이나 활용도 제대로 할 수 있기 때문입니다.

무료 혹은 유료 플러그인, 스크립트는 제작사에서 배포되거나 https://aescripts.com/ 웹사이트에서 찾아보는 것이 좋습니다. aescripts.com에서 할인 이벤트를 하는 경우도 있으니 다양한 플러그인과 스크립트를 둘러보기 좋습니다.

애프터 이펙트 실속 단축키

General

`Ctrl` + `A` 모두 선택하기

`Ctrl` + `Shift` + `A` 모두 선택 해제하기

`Enter` 레이어나 폴더의 이름 변경하기

`Esc` 스크립트 실행 중단하기

`Ctrl` + `D` 레이어나 효과 등 복제하기

`Ctrl` + `Q` 작업 종료하기

`Ctrl` + `Z` 최종 지시 되돌리기(Undo)

`Ctrl` + `Shift` + `Z` 최종 지시 다시 하기(Redo)

Project

`Ctrl` + `Alt` + `N` 새로운 프로젝트 열기

`Ctrl` + `O` 프로젝트 열기

`Ctrl` + `K` 컴포지션 세팅 변경하기

`Ctrl` + `Alt` + `Shift` + `N` [Project] 패널에서 새 폴더 만들기

`Ctrl` + `F` [Project], [Timeline] 패널에서 검색 기능 사용하기

Panels, Viewers, Workspaces and Windows

`Ctrl` + `0` [Project] 패널 열고 닫기

`Ctrl` + `5` [Effects & Presets] 패널 열고 닫기

`Ctrl` + `7` [Paragraph] 패널 열고 닫기

`Ctrl` + `1` 도구바 열고 닫기

`F3` 또는 `Ctrl` + `Shift` + `T` [Effect Controls] 패널 열고 닫기

`Ctrl` + `3` [Preview] 패널 열고 닫기

`Ctrl` + `4` [Audio] 패널 열고 닫기

`Ctrl` + `2` [Info] 패널 열고 닫기

`Ctrl` + `6` [Character] 패널 열고 닫기

Activating 도구

`Spacebar` 를 누르거나 마우스 휠을 클릭해 일시적으로 손 도구로 선택하기

`C` 카메라 도구(Unified Camera, Orbit Camera, Track XY Camera, Track Z Camera)

`Q` 마스크 도형 도구(Rectangle, Rounded Rectangle, Ellipse, Polygon, Star)

`G` 펜 도구(Pen, Add Vertex, Delete Vertex, Convert Vertex)

`Ctrl` + `T` 문자 도구(Horizontal Type, Vertical Type)

`Ctrl` + `B` 브러시, 스탬프, 지우개 도구(Brush, Clone Stamp, Eraser)

(줌 인 도구 활성화 시) `Alt` 확대(Zoom Out tool)	`Z` 줌 도구	
`Ctrl` + `P` 퍼펫 핀 도구	`W` 회전 도구	`V` 선택 도구
`Alt` + `W` 로토 브러시 도구	`H` 손 도구	`Y` 중심점 도구(Pan Behide)

Time Navigation

`Alt` + `Shift` + `J` [Go to Time] 대화상자 열기	`Shift` + `PageDown` 또는 `Shift` + `Ctrl` + `→` 10프레임 뒤로 이동하기
`Shift` + `Home` 또는 `Shift` + `End` Work Area의 시작점 또는 끝지점으로 이동하기	`Shift` + `PageUp` 또는 `Shift` + `Ctrl` + `←` 10프레임 앞으로 이동하기
`PageDown` 또는 `Ctrl` + `→` 1프레임 뒤로 이동하기	`I` 해당 레이어의 시작점으로 이동하기
`PageUp` 또는 `Ctrl` + `←` 프레임 앞으로 이동하기	`O` 해당 레이어의 끝점으로 이동하기
`Shift` + `F4` [Parent & Link] 활성화 및 해제하기	`Ctrl` + `Shift` + `X` Work Area에 맞춰 컴포지션의 길이 조절하기
`Home` 0프레임으로 이동하기	`End` 프레임 끝으로 이동하기
`J` 이전 프레임으로 이동하기	`K` 다음 프레임으로 이동하기

미리 보기(Previews)

`Spacebar` Preview 시작 또는 정지하기	`0` Ram Preview 시작하기
`F5`, `F6`, `F7`, `F8`, 스냅샷 보여주기	`Shift` + `F5`, `Shift` + `F6`, `Shift` + `F7`, `Shift` + `F8` 스냅샷 찍기

옵션 확인하기
(Showing properties and groups in the Timeline panel)

`A` [Anchor Point] 옵션만 펼치기	`E` [Effects] 옵션만 펼치기
`F` [Mask Feather] 옵션만 펼치기	`A`, `A` [Material] 옵션만 펼치기
`M` [Mask Path] 옵션만 펼치기	`E`, `E` [Expressions] 옵션만 펼치기
`T` [Opacity] 옵션만 펼치기	`U`, `U` 키프레임 적용한 옵션만 펼치기
`P` [Position] 옵션만 펼치기	`L`, `L` [Audio Waveform] 옵션만 펼치기
`R` [Rotation]과 [Orientation] 옵션만 펼치기	`U` 키프레임 또는 [Expressions] 옵션만 펼치기
`S` [Scale] 옵션만 펼치기	

Footage

`Ctrl` + `I` 이미지 등 소스 파일 불러오기	`Alt` + **더블클릭** 패널에서 동영상 열기
`Ctrl` + `Alt` + `I` 여러 파일 또는 이미지 시퀀스 가져오기	

레이어(Layers)

`Ctrl` + `Y` 새로운 Solid Layer 만들기	`Ctrl` + `↑` [Timeline] 패널에서 상위 레이어 선택하기
`Ctrl` + `Alt` + `Shift` + `Y` 새로운 Null Layer 만들기	`Ctrl` + `Shift` + `D` Split Layers(레이어 분할하기)
`Ctrl` + `Alt` + `Y` 새로운 Adjustment Layer 만들기	**레이어 더블클릭** 해당 레이어의 [Layer] 패널 열기
`Ctrl` + `↓` [Timeline] 패널에서 하위 레이어 선택하기	`Alt` + `[` 또는 `Alt` + `]` 레이어의 시작점 또는 끝점 트림하기(잘라내기)
`Ctrl` + `D` 레이어 복제하기	`Ctrl` + `Shift` + `Y` Solid 세팅 설정하기
`Ctrl` + `Alt` + `Home` 중심점 중앙 정렬하기 (가운데로 이동)	`Ctrl` + `Alt` + `↑` / `Ctrl` + `Alt` + `↓` 레이어 한 칸 위/아래로 이동하기
`Ctrl` + `Alt` + `Shift` + `↑` / `Ctrl` + `Alt` + `Shift` + `↓` 레이어 가장 위/아래로 이동하기	`[` , `]` 타임 인디케이터 위치로 레이어 시작점, 끝점 이동하기

보기(Views)

`,` [Composition] 패널 축소하기	`Caps Lock` 이미지 업데이트 숨기기
`.` [Composition] 패널 확대하기	`` ` `` Safe zones 보이기 또는 숨기기
`/` [Composition] 패널 100%로 설정하기	`Ctrl` + `` ` `` 그리드 보이기 또는 숨기기
`;` [Timeline] 패널에서 1프레임 최대로 크게 보기	`Ctrl` + `R` 눈금자 보이기 또는 숨기기
`+` [Timeline] 패널 확대하기	`Ctrl` + `;` 가이드라인 보이기 또는 숨기기
`-` [Timeline] 패널 축소하기	`Alt` + `'` 그리드(Proportional Grid) 활성화 및 해제

Modifying layer properties

`Alt` + `PageUp` 또는 `Alt` + `PageDown` 1프레임 앞이나 뒤로 이동하기
`Alt` + `Shift` + `PageUp` 또는 `Alt` + `Shift` + `PageDown` 10프레임 앞이나 뒤로 이동하기
`Ctrl` + `Alt` + `F` 크기와 위치를 컴포지션에 맞추기   `Ctrl` + `Home` 선택한 레이어를 중앙에 배치하기
`Ctrl` + `Alt` + `Home` 중심점을 레이어의 가운데로 이동하기

3D layers

`Ctrl` + `Alt` + `Shift` + `L` 새로운 조명 만들기(New light)

`Ctrl` + `Alt` + `Shift` + `C` 새로운 카메라 만들기(New camera)

`Alt` + `Shift` + `C` Casts Shadows 켜고 끄기

`F` 선택한 3D 레이어를 볼 수 있도록 카메라의 관심 영역 이동하기

`Ctrl` + `Shift` + `F` 모든 3D 레이어를 볼 수 있도록 카메라의 관심 영역 이동하기

여기서 소개하는 단축키는 Windows 운영체제 기준입니다.
macOS 사용자는 `Ctrl` 을 `Command` 로, `Alt` 를 `Option` 으로 바꿔 사용합니다. 키의 이름만 다를 뿐 기능은 같습니다.

Keyframes and the Graph Editor

`Shift` + `F3` [Graph Editor] 패널과 레이어바 모드 바꾸기

`F9` 키프레임에 Easy Ease 적용하기　　　`Shift` + `F9` 키프레임에 Easy Ease In 적용하기

`Ctrl` + `Shift` + `F9` 키프레임에 Easy Ease Out 적용하기

`Ctrl` + `Alt` + `K` keyframe Interpolation 설정하기

`Alt` + **더블클릭** Keyframe Velocity 설정하기

`Alt` + `Shift` + `=` Expression 에디터 창 불러내기

마스크(Masks)

`Ctrl` + `Shift` + `N` 새로운 마스크 만들기

`Ctrl` + `Shift` + `S` 조절점 클릭 Mask Point를 부드럽게 하거나 꺾이게 하기

저장, 내보내기, 렌더링(Saving, exporting, and rendering)

`Ctrl` + `S` 프로젝트 저장하기

`Ctrl` + `M` 렌더링하기

위 목록은 입문자가 자주 사용할 법한 단축키 위주로 정리해놓은 것입니다.
http://helpx.adobe.com/kr/pdf/after_effects_reference.pdf에서 관련된 모든 단축키를 확인할 수 있습니다.

출처 및 웹사이트

영상

www.saulbassposterarchive.com
www.artofthetitle.com
www.vimeo.com

텍스처 소스

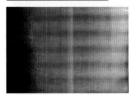

texturefabrik.com/2014/07/14/11-photocopy-textures-vol-3

구름 영상 소스

www.pexels.com/video/formation-of-clouds-855507

Noto Serif

Noto Serif

www.google.com/get/noto/#serif-lgc

BEBAS

BEBAS

www.dafont.com/bebas.font

MOON GET!

MOON GET!

www.dafont.com/moon-get.font

Fette Egyptienne

Fette Egyptienne

https://www.dafont.com/fetteegyptienne.font

▐ 예제에 사용된 소스와 폰트의 출처를 밝힙니다.

▐ 영상의 출처 및 웹사이트 링크는 해당 페이지 영상 아래에 자세히 표시되어 있습니다.

INDEX

10년차 디자이너에게 1:1로 배우는 모션 그래픽&영상 디자인 강의 with 애프터 이펙트